象棋实战丛书

马炮争雄之布局新变

傅宝胜　编著

时代出版传媒股份有限公司
安徽科学技术出版社

图书在版编目（ＣＩＰ）数据

马炮争雄之布局新变 / 傅宝胜编著. --合肥:安徽科学技术出版社,2019.1(2023.4重印)

（象棋实战丛书）

ISBN 978-7-5337-7461-5

Ⅰ.①马… Ⅱ.①傅… Ⅲ.①中国象棋-布局（棋类运动） Ⅳ.①G891.2

中国版本图书馆 CIP 数据核字（2018）第 000419 号

马炮争雄之布局新变   傅宝胜 编著

出 版 人：丁凌云   选题策划：倪颖生   责任编辑：倪颖生   王爱菊

责任校对：戚革惠   责任印制：梁东兵   封面设计：吕宜昌

出版发行：安徽科学技术出版社   http://www.ahstp.net

（合肥市政务文化新区翡翠路 1118 号出版传媒广场,邮编:230071）

电话：(0551)63533330

印   制：唐山富达印务有限公司   电话:(022)69381830

（如发现印装质量问题,影响阅读,请与印刷厂商联系调换）

开本：710×1010   1/16   印张：13.75   字数：247 千

版次：2023 年 4 月第 3 次印刷

ISBN 978-7-5337-7461-5   定价：55.00 元

前　言

这是一本介绍象棋布局"马炮争雄"的图书。

中炮对屏风马布局一直是象棋开局阶段的主流,围绕"马""炮"孰优孰劣的争论持续了多年尚无定论。总的来说,"马""炮"双方攻杀变化错综复杂,各种新式阵法层出不穷,构成了一个庞大的布局体系。掌握中炮对屏风马布局,是研究其他布局的基础。

本书分类归纳了 21 世纪以来国内大赛中象棋特级大师和大师们研制的"马炮争雄"布局新招,将其按布局分类组成十章,对其多种阵势变化加以评析,每局附有小结分析其优劣得失,遴选出较佳方案,以期能为读者借鉴大师的布局战法提供一个参考指南。

由于笔者水平有限,书中难免有不当之处,敬请读者批评指正。

作者写于古寿春

目　　录

第一章　中炮七路马对屏风马双炮过河

闻名遐迩的屏风马双炮过河是应对当头炮的积极阵势之一。这一阵势早在20世纪50年代即风行大江南北,是一种寓攻于守、变化繁复的布局。

双炮过河虽可控制红方兵林要道,压缩红方车马的活动范围,但布置线存在弱点,会被红方乘虚而入。总之,本布局将导致对攻激烈、异常复杂的局面,对双方着法的准确性要求甚严,尤其是红方,先手的控制难度较大,有时会因一着之差而失先失势。在各种全国大赛中,执红棋采用此定式者锐减,故此定式曾一度销声匿迹。进入21世纪,经过名家高手的探讨,这一布局又有了创新与发展,新着替代老谱,演绎出许多极其绝妙的变例。本章选择最新的有参考价值的双炮过河布局战术,做较为系统的阐述,以供读者参考借鉴。

第1局　双炮过河　右车压境（1）

1. 炮二平五　马8进7　　2. 马二进三　车9平8

3. 车一平二　马2进3　　4. 兵七进一　卒7进1

5. 马八进七　炮2进4

黑右炮过河,力求反击,是此形势下积极且流行的下法。若改走炮8进4,红则炮八进二,伏有兵三进一兑兵活马的先手,破坏了黑双炮过河的布局战术。进炮次序不同,实战效果大不一样,这是很值得注意的。

6. 兵五进一　……

冲中兵进攻着法自然,保持了复杂局面,为棋手广为采用。

6. ……　　　炮8进4

进左炮封锁,主动有力!至此形成中炮七路马对屏风马双炮过河的典型阵势。

7. 车九进一　……

红起左横车是应对双炮过河的主流变例。如改走兵五进一,则黑士4进5,兵五平六,象3进5,仕四进五,炮2平3,马七进五,车1平2,炮八平七,车2进

6,红虽过一兵,但黑方子力控制要道,颇具弹性,反夺主动。

7.……　　炮 2 平 3

黑平炮攻相,抢出右车牵制红八路炮,是双炮过河的新走法,淘汰了过去象3进5的消极应着。

8. 相七进九　车 1 平 2　9. 车九平六(图 1-1-1)……

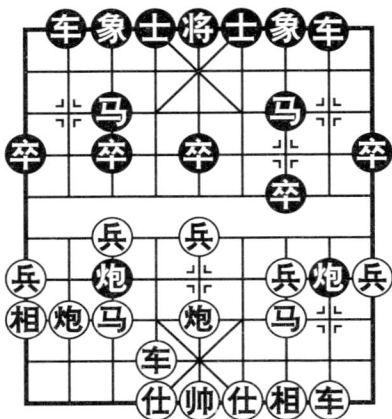

图 1-1-1

正着。如选择车九平四,黑炮3平5,马三进五(如仕四进五,车2进7,马三进五,炮8平5,车二进九,马7退8,马七进五,车2平5,黑方得子胜势),炮8平5,炮五平二,炮5平9,车二平一,炮9退2,车四进六,马3退5,炮二平五,车8进3,互有顾忌。至如图形势,黑方主要有两种着法:(1)车2进6;(2)炮3平6。下面仅介绍第1种着法。

(1)**车 2 进 6**——2012 年 10 月磐安全国象棋个人赛女子组第 8 轮广东时凤兰对云南党国蕾局例。

9.……　　车 2 进 6

右车压境,准备弃子夺势(详见下局),有胆有识,是黑方一路重要变化。

10. 兵三进一……

这是一步改进的新招!老式多走车六进六捉马,详见下局。

10.……　　卒 7 进 1

接受弃兵是现在流行的走法,过去黑走炮3平6,兵三进一,炮6进1,马三进四,炮8平6(如改走炮8平5,红有一车换双的手段,有兵渡河占优),车二进九,马7退8,马四进五,马3进5,炮五进四,车2进1,马七进六,前炮平1,车六进二！炮6进2,马六进七,马8进7,炮五退一,红抢先发难占优。

11.车六进二　　炮8进2

黑此时也可改走炮8退2,双方另具攻防变化。

12.仕六进五　　卒7进1！

黑方直接弃卒是一步改进的下法！2011年"伊泰杯"全国象棋甲级联赛江苏李群对阵北京蒋川弈成相同局面时,黑方走的是象3进5,炮八退二,卒7进1,车六平三,炮8平7,车三平二,车8进6,车二进三,炮3平7,炮八平七,士4进5,马七进六,对攻,红方可以满意。

13.车六平三　　炮8平7

14.车三平二　　车8进6

15.车二进三　　炮3平7

16.炮八退二　　车2平3

17.马七退六　　象3进5

18.炮八平七　　马7进6

19.兵七进一　　……

这是一步积极进取的新着。在2010年全国象棋个人赛上,江苏杨伊对云南党国蕾时也走成这个局面,红方走炮五平七,以下前炮平6,相三进一,车3平1,马六进五,炮6退2,车二进二,炮7退2,马三进二,红方稍好。

19.……　　　　马6进4

20.兵七进一　　马3退2

似可选择马3退5,然后由左翼盘出较好。

21.兵七平六　　马2进4

22.炮五平七　　车3平2

23.兵六进一　　后马进2

24.兵六平七　　马2进3

25.后炮进五　　象5进3

26.炮七平六(图1-1-2)

至此形成如图1-1-2形势,双方交换子力以后,红方虽有一个过河兵,但是子力空间狭窄,位置呆板,黑方优势,结果获胜。

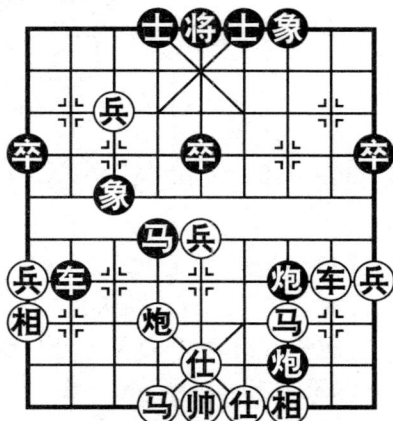

图1-1-2

第2局　双炮过河　右车压境(2)

1. 炮二平五　马8进7　　　2. 马二进三　车9平8
3. 车一平二　马2进3　　　4. 兵七进一　卒7进1
5. 马八进七　炮2进4　　　6. 兵五进一　炮8进4
7. 车九进一　炮2平3　　　8. 相七进九　车1平2
9. 车九平六　车2进6　　　10. 车六进六(图1-2-1)　……

红方进车捉黑双马,虽为老式着法,但仍不失为此形势下的感觉好手。以下黑方通过弃子战术,获得占势满意的布局,因此有必要加以详细介绍。

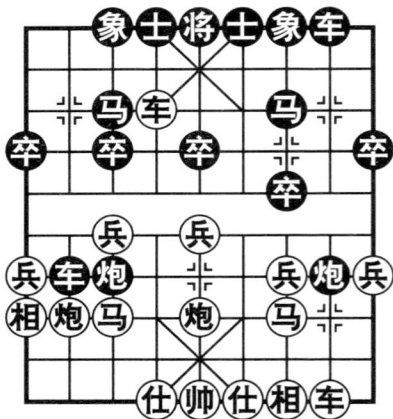

图1-2-1

车六进六——1994年全国象棋团体赛火车头陈启明对广东吕钦局例(接图1-2-1)。

10. ……　　　　　象7进5　　11. 车六平七　士6进5
12. 仕四进五　炮8退1

退炮打兵,妙!是黑方弃马后的有力后续手段。

13. 兵三进一　炮8平5　　14. 车二进九　马7退8
15. 马三进五　卒7进1

如改走卒5进1,则兵三进一,马8进7,车七进一,炮3平1,兵三进一,炮1平5,马七进五,炮5进2,相三进五,马7退8,马五进六,车2进1,车七退二,红有兵过河,残棋有利。

16. 炮五进二　车2进1　　17. 炮五平六　卒7平6

如图 1-2-2 形势,黑方弃子占势,足可满意,双方言和。

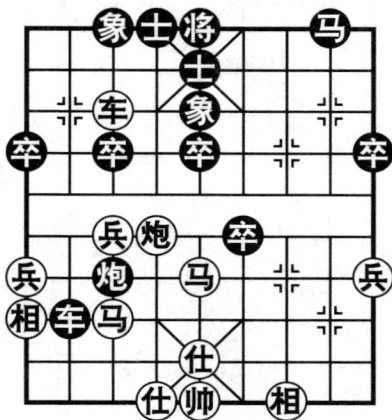

图 1-2-2

【小结】　黑双炮过河、右车压境是马方的一路重要变化。综观本局与前局实战,前者兵三进一拆黑炮架车进兵林争先夺势之新招,稳健中不失灵活;后者车六进六的老式着法,黑方弃马困住红车,双方各有所得。对比之下,前者较后者效率更高。

第3局　双炮过河　右炮过宫(1)

1. 炮二平五　马8进7　　2. 马二进三　车9平8
3. 车一平二　马2进3　　4. 兵七进一　卒7进1
5. 马八进七　炮2进4　　6. 兵五进一　炮8进4
7. 车九进一　炮2平3　　8. 相七进九　车1平2
9. 车九平六　炮3平6(图1-3-1)

黑平炮6路,进一可串打、退四可策应,富于挑战性。与黑车压境相比,这一手后黑由空间上的压制转为直接反击,使局面更趋尖锐,正因如此,这着为现代棋手所青睐。

如图 1-3-1 形势,红方有车六进六和兵五进一两种战法,后面分别阐述。

10. 车六进六　……

进车捉双马,已势在必行。至此,黑有炮6进1和象3进5两种应法,分述如下:

①炮6进1——2010 年 10 月 19 日石家庄全国象棋个人赛第 4 轮江苏王斌

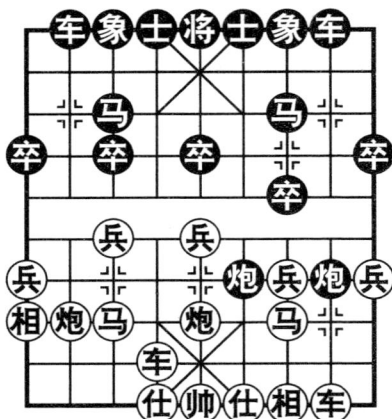

图 1-3-1

对湖北汪洋局例。

10. …… 炮6进1 11. 兵五进一 ……

如直接吃马走车六平三,请参阅中国岚县2013年"秀容御苑杯"象棋公开赛山西肖月清对四川武俊强之局:车六平三,象3进5,炮五进一,车2进7,车二进三,车8进6,炮五平二,车2平3,相九退七!车3进2,炮二进六,将5进1,相三进五,车3退2,车三进一,将5退1,车三平四,车3平5,仕六进五,炮6进1,车四进一,将5进1,车四退八,车5平7,炮二退二,马3退1,车四进五,马1进2,车四平五,马2进3,车五平七,车7平3,车七进二,将5退1,炮二进二,象7进9,车七平六,车3进2,车六退八。至此黑若兑车则成和,可惜黑选择强变,结果致负。

11. …… 炮6平3 12. 兵五进一 士4进5

13. 车六平七 马7进6 14. 车二进一 ……

红如改走兵五平六,则双方另具攻防变化。

14. …… 炮8退1 15. 炮五进三 炮3平1

黑如改走炮3平5,则相三进五,炮8平5,车二平五,炮5进3,仕六进五,红方白过一兵占优。该局例选自2007年第3届世界象棋大师赛王斌先胜蒋川的对局。

16. 炮八退二 ……

退炮好棋。如兵五平六,象3进5,车二平四,炮8平5,车四进三,炮1进2,炮八退二,车8进7,黑优。

16. …… 炮1平5 17. 兵五平六 象3进5

18. 车二平八！　炮 8 平 5　　　**19.** 马三进五　　前炮平 2

20. 相三进五　　炮 2 进 2　　　**21.** 车八退一　　车 2 平 4

22. 车七平六　　车 4 平 3　　　**23.** 车六平七　　车 3 平 4

24. 车七平六（图 1－3－2）……

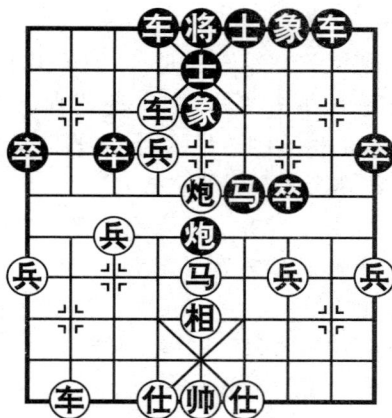

图 1－3－2

双方僵持,经裁判长裁决:黑方两打对红一打一闲,黑方变招。

黑方两打出现的盘面是:车 3 平 4 捉兵很明显为一打;车 4 平 3 产生最新的捉,即红马已经脱根,红炮如护马,车就会被黑士吃去,因而车 4 平 3 也为一打。

24. ……　　　　车 4 平 3　　　**25.** 车六平七　　将 5 平 4

26. 兵六进一

黑方据规则变招,现红方进兵确立胜势,黑已很难应对,红胜。

②象 3 进 5——2013 年 5 月 10 日北京全国象棋甲级联赛江苏王斌对广西党斐局例。

10. ……　　　　象 3 进 5　　　**11.** 兵五进一　　卒 5 进 1

黑如炮 6 退 4,兵五进一,炮 6 平 4,兵五进一,士 4 进 5,兵五平六,士 5 进 4,车二进一,红弃车抢攻,黑不满意。

12. 车六平七　　炮 6 进 1　　　**13.** 马七进八　　炮 6 平 2

14. 马八进七　　车 2 进 6

黑如士 6 进 5,则炮五进五,象 7 进 5,马七进五,红方弃子有攻势。

15. 马七进五　　……

红如马七退五,则士 6 进 5,马五进四,将 5 平 6,炮五平四,车 2 平 6,红方无趣。

15. ……	象7进5	16. 车七平五	士4进5
17. 车五退二	炮2平7	18. 车二进三！	车8进6
19. 车五平八	士5进6	20. 车八退二	卒7进1
21. 车八进六	将5进1	22. 车八退三	车8平7
23. 车八平五	……		

红如改走车八平三,则车7平3,车三退二,炮7平1,车三平五(应走车三进三吃马,红无大碍),将5平4,炮五平六,炮1进2,帅五进一,士6退5,车五平六,士5进4,炮六进五,车3平5,帅五平六,将4平5,黑方大优,结果获胜(选自2013年全国象棋甲级联赛孙逸阳对党斐之战)。

23. ……	将5平4	24. 车五平六	将4平5
25. 车六平五	将5平4	26. 车五平六	将4平5
27. 车六平五	将5平4		

红方连续几个回合的打将,为自己赢得了时间。

28. 炮五平六　士6进5(图1-3-3)

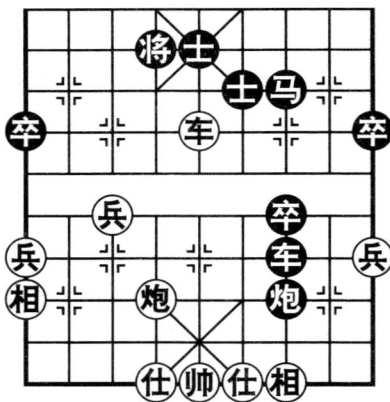

图1-3-3

如图1-3-3形势。黑方这手撑士,乃是凭感觉走出的棋。似应走士6退5,车五平六,士5进4,车六退二,炮7平1,车六平三,车7平4,仕六进五,马7进5,车三进二,马5进4,车三平六,炮1进1,炮六进二,炮1平4,兵七进一,炮4退3,相三进五,局势趋向平稳。

以下红方抓住黑撑士的细小失误,逐步运子扩大优势,结果获胜。

第4局　双炮过河　右炮过宫（2）

（第1—9回合同上局，即接图1-3-1）。

10. 兵五进一（图1-4-1）　……

冲中兵突破，是中路直攻战法，近几年来又成为流行变例。

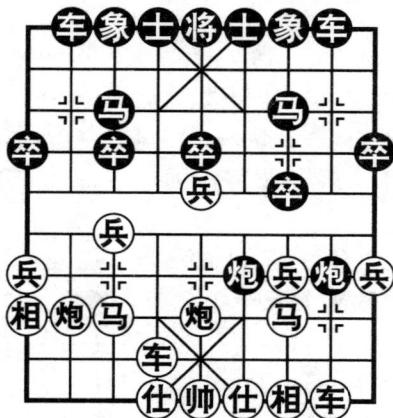

图1-4-1

如图1-4-1形势，黑方主要有两种应法：（1）士6进5；（2）象3进5。分述如下：

（1）**士6进5**——2010年11月16日在石家庄举行的全国象棋个人锦标赛第1轮郝继超对蒋川之战。

10. ……　　　　士6进5　　**11.** 马三进五　　车2进6

进车紧着，既监视红盘头马的活动，又有以静制动观其变的意图。如炮6退1，兵三进一，卒7进1，车六进三，车2进6，马五进三，炮8退1，车六平五，红方主动。

12. 马五进六　　炮8退2　　**13.** 兵五平四　　炮8平6

14. 车二进九　　后炮平5　　**15.** 马七进五　　……

早在第6届"五羊杯"分组预赛阶段广东吕钦与上海胡荣华弈成相同局面时，红方此手做出了混战的决断，改走：炮五进四，以下马3进5，车二退五，车2进1，马七进八，炮6退3，车二平四，炮6退1，马八进七，炮6平4，车六平四，车2退3，马六退七，炮4平5，前车进二，车2进2，后马退六，车2退3，兵七进一，车2平3！凶着，以车啃马变换得子，结果黑胜。

15.……　　　马7退8　16.炮五进三　车2进1

如卒5进1,炮八平五,马8进7,炮五进三,象7进5,马五退七,马3进5,马七进八,红方依然保持对黑方中路的压制。

17.炮五平四　马8进7　18.兵七进一　……

进兵邀兑,试图右炮左移。如马六进七去黑马,则车2退1,车六平五,卒5进1,炮四进三,卒5进1,马五退七,车2进1,车五进三,车2平3,黑方先弃后取,反先。

18.……　　　卒5进1　19.马六进七(图1-4-2)

进马吃马坏棋,如图1-4-2。不如兵七进一简明:兵七进一,马3进5,兵七平六,马7进6,马五进四,马5退6,兵一进一,红方主动。

以下黑退车捉马,得回失子,形势占优,结果获胜。

(2)象3进5——2010年9月全国象棋甲级联赛第15轮江苏程鸣对山东陈富杰之战(接图1-4-1)。

10.……　　　象3进5

飞右象是对士6进5的改进,是一步新变着。

11.马三进五　士4进5

如炮8退2,则兵五平四,士4进5,仕六进五,炮8进3,马五进六,炮8平3,车二进九,马7退8,马六进七,车2进6,马七退五,炮6平5,炮八退一,炮3进2,马五退四,马8进7,兵四平三,象5进7,车六进二,车2平4,马四退六,炮3退3,兵三进一,象7退5,马六进五,马7进8,双方均势(选自2010年全国象棋甲级联赛第9轮开滦郝继超与山东谢岿的对局)。

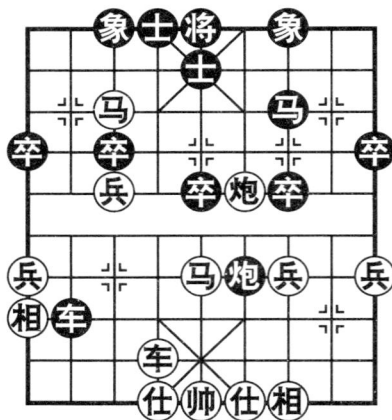

图1-4-2

12.马五进六　炮8退2　13.仕六进五　炮8平5

14.车二进九　马7退8　15.帅五平六　……

如改走马六进七,黑车2进7,红方无便宜。

15.……　　　炮6退4　16.马七进八　车2平4

17.马六进八　车4进8　18.帅六进一　炮6退1

19.后马进七(图1-4-3)

至此,形成如图1-4-3形势,红方略先,进入马炮残棋的纠缠。

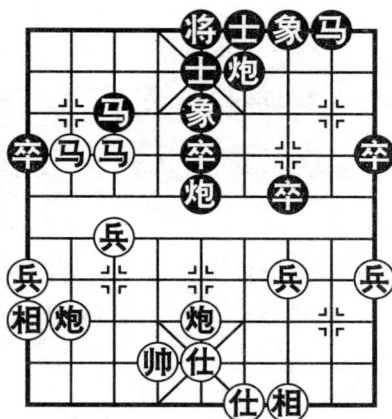

图 1-4-3

【小结】　黑双炮过河右炮过宫所列第 3 局和第 4 局中的四个变化,皆为近期出现的最新战术变化。第 3 局红进车士角捉马,双方对攻激烈,变化复杂,其中①变为红方一面倒的胜势,再演此局黑方需谨慎;②变第 10 回合黑飞右象应对,变化相对稳健,将在残局中与红抗争。第 4 局红第 10 回合冲中兵直攻战法,黑两种应法虽各具特色,但红机会更多。

第二章　中炮过河车急进中兵
对屏风马平炮兑车

"中炮急进中兵"是象坛的主要布局之一。进入21世纪,急进中兵战术为更多的高手所青睐,因此新招、新变不断涌现,其潜力的挖掘仍在继续。为防布局跌落陷阱,应密切关注其动态。

第1局　红急进中兵　黑急冲7卒(1)
——北京式"飞刀"和上海式"飞刀"与"反飞刀"

1. 炮二平五　马8进7　　**2.** 马二进三　车9平8

3. 车一平二　马2进3　　**4.** 兵七进一　卒7进1

5. 车二进六　炮8平9　　**6.** 车二平三　炮9退1

至此,形成中炮过河车对屏风马平炮兑车的基本阵形。屏风马因其阵势稳固并有较强的反弹力,是公认的对抗中炮过河车的有力武器。现黑退炮准备平7逐车,徐图进取。

7. 兵五进一　······

急进中兵,是想快速打开中路,冲垮对方防线,同时,也在气势上压迫对手,制造心理压力。

7. ······　　士4进5　　**8.** 兵五进一　······

红方再冲中兵是既定方针,也是流行的攻法。

8. ······　　炮9平7　　**9.** 车三平四　卒7进1

黑急冲7卒从红三路线展开反击,是当前经典的反击战术,效果不错。老式下法的卒5进1和象3进5,因着法消极,已淡出棋坛。

10. 马三进五(图2-1-1)　······

红马盘中出击,竭尽"火速"之能事,符合急进中兵这一布局构思。至此,如图2-1-1形势,黑方面临抉择,主要有卒7进1、车8进8两种走法,分述如下:

第一种着法:卒7进1——深圳全国象棋个人赛,北京张强对北京靳玉砚局例。

10. ······　　卒7进1

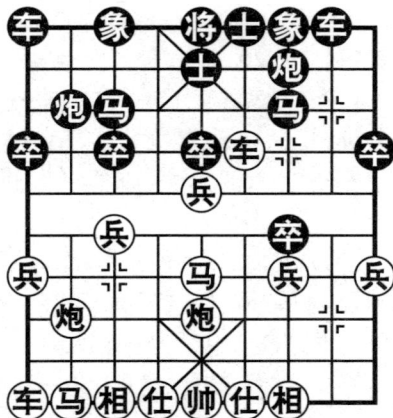

图 2-1-1

黑也可改走卒 7 平 6,红如接走车四退二,则卒 5 进 1,炮五进三,马 3 进 5,车四进四,炮 2 退 1,车四退二,象 3 进 5,炮八平三,马 7 进 8,车四平五,马 8 进 6,黑方追回失子,足可抗衡,双方平稳易和。此变为黑方极易忽视的重要变例,在赛制改革、黑方和棋得 2 分的今天,后手方走此变着在战略上意义重大,请读者留意。

11. 马五进六　　　车 8 进 8

黑飞车进点次底线,意在不让红飞边相,针对红方三路展开攻击,带有强制性。

12. 马八进七　　……

红如改走炮五退一拦车,使黑不能右移压马,请参阅本书第二章第 3 局"红急进中兵,黑急冲 7 卒(3)"的介绍。

12. ……　　　象 3 进 5

黑方飞象弃马取势,弈来颇具胆识!

13. 马六进七　　车 1 平 3　　**14.** 前马退五　　卒 3 进 1

黑也可改走车 3 平 4 或马 7 进 8,双方各有复杂攻防变化。

15. 马七退五……

红如改走兵七进一,则马 7 进 5,炮五进四,炮 7 进 8,仕四进五,车 3 进 4,黑车杀出,配合左翼沉底炮,攻势猛烈,对攻中红难把握。

15. ……　　　卒 3 进 1　　**16.** 炮八平六　　马 7 进 8

17. 车四平三　　炮 2 退 1　　**18.** 车九平八　　卒 3 进 1

19. 炮六进六!　　……

红进炮邀兑,巧手! 瓦解黑7路炮对红底线的威胁。

19.……   炮7平4   **20.车八进八** 炮4进5

21.炮五进一 卒7平6   **22.炮五进一!!……**

再进一步炮是新的改进,招法深藏玄机! 这是张强大师的创新杰作,可称"北京式飞刀"! 曾经有过马五进六的走法,则黑马8进6! 一马害三贤,红方速溃。

22.……   炮4平5

黑如改走车8退3,则红前马退三! 以下黑不能象5进7去马,因红有车八平五,成"大胆穿心"杀势,这也是红方"飞刀"的精华所在。

23.后马进四 车8平6   **24.马五退七** ……

"飞刀"战法的继续,精妙无比! 此时黑方难以为继,败局已定。

24.……   车6退2

如改走车3进4(象5进3,车八平五穿心杀!),兵五平六! 呈双重威胁,黑亦败定。

25.兵五平四

一手轻巧的平兵,顿现车八平五和马七进六的杀棋,黑方认负。

第二种着法:车8进8——太原全国象棋个人赛第1轮甲组上海孙勇征对通信体协潘振波的局例(图2-1-2)。

10.……   车8进8

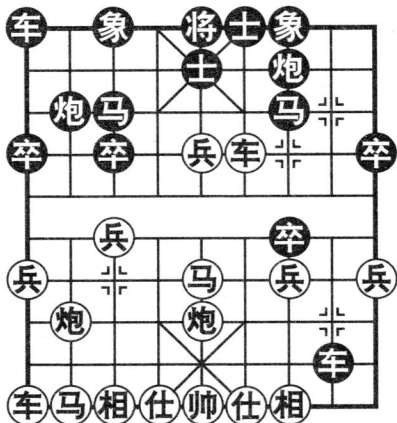

图2-1-2

黑方一改常见的卒7进1,而进车下二路,在行棋次序上做文章,是首创新招,旨在出其不意,给对手制造心理压力,迫红方表态。

11. 兵五进一!!（图2-1-2） ……

"面对大风起,就是不开船"。红方左翼大子按兵不动,继续冲中兵,招法新颖,立意积极,是孙勇征大师构思奇特的布局飞刀! 如改走马八进七或炮五退一,将成另路变化,详见以下介绍。如图2-1-2所示,黑方主要有甲、乙两种变化,分述如下:

甲变 卒7进1——孙勇征对潘振波局例:

11. ……　　　　　卒7进1

冲卒吃兵既得实惠又暗伏卒7平6捉马攻相,看似自然的好棋,但实战效果并不好。如改走车8平2,则兵五平六! 象3进5(如车2退1吃炮,红马五退七抽车),车四进二,红方主动。

12. 兵五平六	象3进5	**13.** 马八进七	卒7平6

弃卒攻相,是黑方当前最好的反击手段。

14. 车四退三	炮7进8	**15.** 仕四进五	炮7平9
16. 帅五平四	车8进1	**17.** 帅四进一	车8退1
18. 帅四退一	车8进1	**19.** 帅四进一	车8退5
20. 马七进六	车1平4	**21.** 马五进四	……

跃马连环强兑黑马,继续保持封住黑肋车的状态,又消除7路黑马助攻的隐患,是控制局面的紧凑好手。

21. ……　　　　　马3进5

献马欲使4路肋车通头助攻,企图乱中取胜,构思积极,堪称"苦肉计"。如改走马7进6,则红马六进四,以下红方暗伏种种杀机,黑局势不堪收拾。

22. 兵六平五	马7进5	**23.** 马四退三（图2-1-3）	……

孙勇征退马捉车想兑子简化局势稳中求胜,如图2-1-3所示。其实,战法偏软,错失胜机。可改走马六进五,黑如接走车8进4,则帅四进一,炮9平6,马四进五(如仕五退四,车4进9,红方难应),车4进2(如改象7进5,则炮五进五,士5进6,马五进七,红多子胜定;又如改走车4进8,则车九进一,车4平1,前马进七,将5平4,车四平六,炮2平4,炮八平六,红胜),后马进七,象7进5,仕五退四,车8退8,红方多子胜定。

23. ……	车8退1	**24.** 马六进五	车8平5

以后红方用时紧张,关键时刻处理不当,丧失好局,殊为可惜。

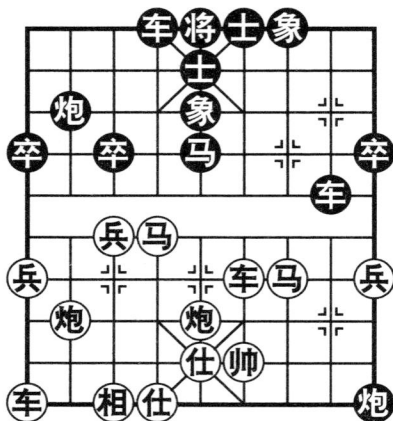

图 2－1－3

乙变 卒 7 平 6（接 图 2－1－2）——"亚洲杯"选拔赛河北苗利明对北京蒋川的局例：

11.…… 卒 7 平 6

平卒精巧，比上局的卒 7 进 1，谋略深藏，为此时的正着！被称为"北京式反飞刀"！

12. 兵五平六 马 7 进 8 **13. 车四平三 马 8 退 9！**

退马踩车，以退为进，方见卒 7 平 6 反飞刀的妙用，限制红车退二、三路线上，红车无立足之地。

14. 马五进四 象 3 进 5 **15. 车三平二 ……**

被迫兑车，无奈之举。红左翼车、马、炮原封未动，形势已大大落后，黑方反先。

15.…… 车 8 退 5 **16. 马四进二 炮 2 进 4！**

挥炮过河，强劲有力！如改走炮 7 进 8 贪相，则红仕四进五，卒 6 平 5，兵六平七，黑反而不利。

17. 马二进四 炮 7 平 6 **18. 炮五平三 卒 6 平 7！**

弃卒解杀，争先的巧手！如贪马改走士 5 进 6，则红炮三进七，士 6 进 5，炮三平九抽车，红方胜定。

19. 兵三进一 炮 2 平 7 **20. 马四退二 车 1 平 4**

21. 相三进五 车 4 进 3 **22. 马二退四 车 4 进 3**

23. 马四进五　马3进5　　**24.** 马五退七　马5进6

至此,黑方子力活跃,又攻势占优,局终黑胜。

【小结】 此布局是目前出现的最新攻防战术战法,着法精彩纷呈,双方对攻激烈。列举黑方两种变着,其中第一种着法,红方的新改进效果极佳,上演了一场精彩的杀局,看来黑方重演此局需重新审视。第二种着法甲变至21回合,红方已形成双马盘旋、八面威风的成功布局,后因关键时刻处理失误,而痛失好局,殊为可惜;乙变黑"反飞刀"术,玄机深藏,战术灵活,局面喜人,是对红第11回合兵五进一的警示,望读者朋友以此为鉴,避免重蹈覆辙。

第2局　红急进中兵　黑急冲7卒(2)
——黑龙江式"飞刀"与重庆式"反飞刀"和湖南式"飞刀"

1. 炮二平五　马8进7　　**2.** 马二进三　车9平8

3. 车一平二　马2进3　　**4.** 兵七进一　卒7进1

5. 车二进六　炮8平9　　**6.** 车二平三　炮9退1

7. 兵五进一　士4进5　　**8.** 兵五进一　炮9平7

9. 车三平四　卒7进1　　**10.** 马三进五　卒7进1

11. 马五进六　车8进8　　**12.** 马八进七　象3进5

13. 马六进七　……

黑方弃马,红方接受,是急冲中兵变例中的经典变化,也是读者朋友研究此路变化的核心内容。

13. ……　　　　　车1平3

14. 马七退五(图2-2-1)　……

如图2-2-1形势,前局介绍黑卒3进1为此局面下最为深奥和较为流行的变化,本局介绍黑马7进8和车3平4两变的最新战法。

第一种着法:黑马7进8——太原全国象棋个人赛第2轮重庆洪智对黑龙江聂铁文局例:

14. ……　　　　　马7进8

进马外肋,曾被公认为黑方可轻松取得抗衡局面的变化,但现遭到红方第19回合炮八进二布局飞刀的打击,给屏风马方提出了求和无望的难解课题。现黑方敢于这样下肯定有了新的研究与体会。黑如改走车3平4,请见下面介绍。

15. 车四平三　马8进6　　**16.** 车三进二　马6进4

17. 仕四进五　马4进3　　**18.** 帅五平四　马3进1

19. 车三退五　马1退2

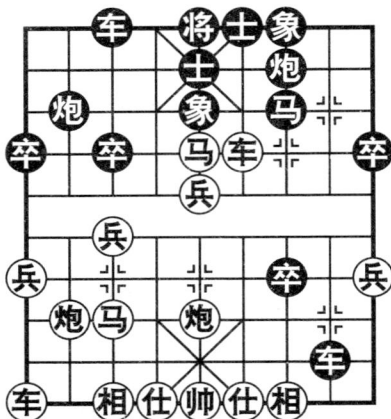

图 2－2－1

以马换炮是对流行着法车 8 退 3 的重大改进！否则将遭到红方炮八进二的布局飞刀！以下车 8 平 3，兵五平六！（弃马伏炮八平二侧击）后车平 4，车三平四，车 4 进 4，马五进七，车 4 平 5，后马进五，车 5 进 2，车四平五，车 3 平 6，仕五进四，车 6 进 2，帅四平五，马 1 退 3，帅五进一，车 6 平 7，帅五平六，车 7 退 2，炮八退三，红方多子易走，这是第 3 轮上海万春林先胜北京蒋川的局例。由于红方胜率极高，故黑方车 8 退 3 这一变着目前已在实战中消失。

20. 炮五平八　　车 8 退 4

改进之着。如改走车 8 退 3，则马七进五，车 3 平 4，后马进三，炮 2 进 3，相七进五，车 4 进 3，帅四平五，士 5 进 6，马三进四，车 8 退 2，车三平八！兑死黑炮，使黑失去反手之力，红优。这是"五羊杯"象棋冠军邀请赛广东许银川先胜广东吕钦的实战。

21. 炮八进三！　……

红进炮打车，巧妙！飞刀之招，伏打死黑车的凶着。如改走车三平五，既落后手，又嫌子力拥塞，不利于展开攻势。

21. ……　　　车 8 进 1

如改走车 8 平 5 吃兵，则马五退七打死车，红优。

22. 马七进五　　车 8 平 5

黑平中车是聂铁文大师精心设计的解围飞刀！在全国个人赛徐天红执黑对阵万春林时，双方也下到现在这一局面，当时黑走卒 3 进 1，最后红方多兵占势，黑谋和无望而败北。

23. 后马进三　　卒 3 进 1？

随手,解围飞刀毁于一旦。应改走车5平3吃兵窥相,严密控制红方左炮右移,才是飞刀战法的继续。

24. 炮八退三! ……

由于黑方的失机,红及时退炮伏转右移,高瞻远瞩,运子取势颇见功力,此手被称为重庆式"反飞刀"!

24. …… 卒3进1　　　**25. 炮八平二** 车5平6

26. 帅四平五 卒3进1　　　**27. 马三进二** 炮2退1

28. 马二退四! ……

红马进退腾挪,伏马四进五踩象攻杀。

28. …… 炮2进5　　　**29. 车三进三** 卒3平4

30. 马四进五!

弃马踩象抢攻,着法果断有力,洪智一展全国冠军的风采。至此红方优势,局终获胜。

第二种着法: 黑车3平4——第4届"嘉周杯"象棋特级大师冠军赛和"威凯房地产杯"全国象棋排名赛实战局例。

14. …… 车3平4

黑平肋车取攻势,是新的尝试。旨在出其不意,攻其不备。

15. 仕四进五 ……

红补仕是最早出现在网上的新着!是防黑马7进8踩车兼打底相带将军的反击手段。在首届"稔海杯"象棋棋王对抗赛上,吕钦执红对柳大华,此手改下车四进二,炮2退1,车四平三,炮2平7,马五进三,车8退6,炮八进五,车4进2,车九平八,车8平7,黑方多一子,形势趋有利。

15. …… 车8进1

对车4进6的重大改进!以下炮八平九,卒7平6,车九平八,炮2进4,兵九进一,炮7进8,炮九进一,车8进1,炮九平六,炮7平4,仕五退四,炮4平2,马七退八,马7进8,车四平二,卒6进1,马五进三,红优。这是谢靖对谢岿之战实例。

16. 炮八平九 马7进8　　　**17. 车四平三** 马8进6!

跃马再弃一子奔槽抢攻,乃既定方针!

18. 车三进二 车8平7　　　**19. 仕五退四** 炮2退1(图2-2-2)

黑退炮攻车,取势的关键一手!是逼红车选位的重要顿挫战术。如图2-2-2形势,红此时有车三退一和车三退三两种变化,介绍如下:

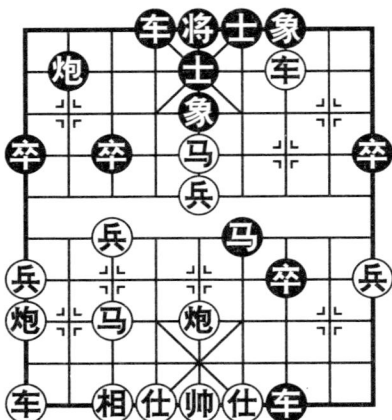

图 2－2－2

甲变　车三退一（吉林陶汉明对江苏徐天红之战）。

20. 车三退一 ……

退一步车看似无可非议，实则中刀之着。如改走车三退四，则马6进4，红必丢车。

20. …… 马6进7 **21.** 炮五平四 ……

红如改走仕六进五，则车4进8，下伏车4平5"大刀剜心"杀手，红亦难应。

21. …… 车4进8 **22.** 仕六进五 马7进6

23. 炮四退一 车7平9！ **24.** 马七进五 车4退2

至此，红如接走仕五退四吃马，则车9平6，帅五进一，车4平5，炮九平五，车5平6，黑方胜定。

注：因重复着数，陶、徐两位实战至第23回合与图2－2－2形势完全相同。

乙变　车三退三——"威凯房地产杯"全国象棋排名赛湖南式"飞刀"。

20. 车三退三 ……

被迫无奈的"象嘴献车"，惊险、刺激，曾取得过骄人战绩。以下黑如接走象5进7，则兵五平四，马6进5，炮九平五，车4进8，车九平八，炮2进7，马五进七，象7退5，后马进五，红方攻势如潮，这是朱晓虎先胜党斐局例。

20. …… 马6进4

不吃车而跃马叫杀，精妙！是布局的重大改进！

21. 车九进一　　象 5 进 7

以象飞车，顿挫有致，仅系一着之差，别有一番洞天。

22. 马五退三　　象 7 进 5！

飞象解杀反捉红马，看似平淡，实则争先，是步"飞刀"！为湖南的谢岿大师所创，被称为湖南式"飞刀"。

23. 马三退五　　……

如改走炮五进五，则士 5 进 6，马三进四，炮 2 平 6，仕六进五，卒 7 平 6，黑棋好下。

23. ……　　　　卒 7 进 1　　**24.** 兵五进一　　车 7 退 1！

两车欺一车，抢先之着！

25. 炮五退一　　……

如改走仕六进五，则马 4 进 3，车九平七，炮 2 进 8，仕五退六，车 4 进 9，黑胜。

25. ……　　　　车 4 进 4　　**26.** 车九平八　　炮 2 进 5

27. 马五进四　　炮 2 平 9

黑方优势，局终黑胜。

【小结】　此布局黑方的两种变着应法，第一种马 7 进 8 演至第 22 回合车 8 平 5 新的解围良策，因下一手卒 3 进 1 的失机而遭到红方炮八退三的重创，若此手改走车 5 平 3 吃兵窥相，控制红炮右移，则双方战线漫长；第二种着法车 3 平 4 占肋对攻虽属探索中的创新变化，但演至第 20 回合，红方两种变化均遭黑方锋利的布局飞刀，这无疑给红方的布阵提出了新的研究课题。

第 3 局　红急进中兵　黑急冲 7 卒（3）
——广东式"飞刀"与黑龙江心理战式"反飞刀"

1. 炮二平五　　马 8 进 7　　**2.** 马二进三　　车 9 平 8

3. 车一平二　　卒 7 进 1　　**4.** 车二进六　　马 2 进 3

5. 兵七进一　　炮 8 平 9　　**6.** 车二平三　　炮 9 退 1

7. 兵五进一　　士 4 进 5　　**8.** 兵五进一　　炮 9 平 7

9. 车三平四　　卒 7 进 1　　**10.** 马三进五　　卒 7 进 1

11. 马五进六　　车 8 进 8　　**12.** 炮五退一（图 2 - 3 - 1）　　……

红退窝心炮，是冷门战术，既能拦车又便于联相，玄机暗藏，广东棋手对此颇有创新研究，此着法被誉为广东式"飞刀"。如图 2 - 3 - 1 形势，黑方主要有马 3 退 4 和象 3 进 5 两种战法，分述如下：

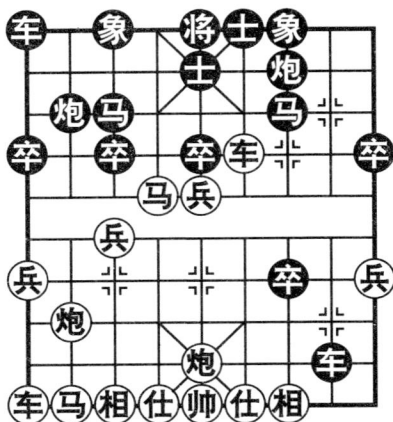

图 2-3-1

第一种着法：马3退4——"派威互动象棋超级排位赛"广东黄海林对黑龙江赵国荣局例。

12.……　　　　马3退4

黑方面对红方的退炮冷招,退马保存实力,并诱使红接走兵五进一,则马7进8,车四平三,炮2平7,马六进八,马4进3,兵五平六,象3进5,相三进五,车1平4,车三平二,马8进9,车二退五,马9进8,对攻中黑方易走。

黑方此手如习惯走马7进8的五步穿槽马,则正中红方飞刀,以下红车四平三,马8进6,车三进二,马6进4,车九进一,马4进6,炮五平四,炮2进7,马六进七,红方得子占优。

13. 车九进一　　卒5进1

黑如炮2进7贪马,则炮五进五,马7进5,车九平二,红方得车胜势。

14. 炮八平五　　车8退4　　15. 马八进七(图2-3-2)　……

红此手如改走车九平六,则卒7平6,相三进一,炮2进5,车四进二,炮2平9,后炮平一,车1进2,马六进八,车1平2,车四平三,车8平7,车六进七,车2进1,马八进七,炮9平3,车三进一,卒6平5,黑多子优,结果获胜。

至此,如图2-3-2,黑方以下有(1)马4进5、(2)车8平6等两种战法,分述如下：

(1)马4进5——黄海林对赵国荣局例。

15.……　　　　马4进5　　16.马六进五　　象7进5

17. 车四进二　　炮7退1

如改走炮2退1打车,则前炮进五,象3进5,炮五进六,将5平4,车九平

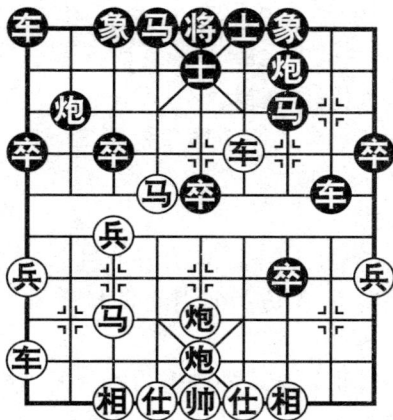

图 2-3-2

六,炮 2 平 4,车四平三,车 8 平 7,马七进八,黑方缺象,红方易走。

18. 车九平六　炮 2 平 4　　**19.** 马七进八　车 8 退 1

退车卒林丢弃中卒实属无奈,防红马八进七再退五踏中卒的凶猛攻势。

20. 后炮进四　车 1 进 2　　**21.** 后炮平七　……

平炮七路助马踏卒渡河,至此红势较优,后来黑方应着失误,局终红方获胜。

(2)车 8 平 6——赵国荣对吕钦局例。

如图 2-3-2 形势,赵国荣在缺乏准备的情况下,中刀落马于黄海林,留下难忘教训。2005 年全国个人赛,赵国荣执黑对阵孙勇征又弈出这个布局,黑方轻松获胜。可见赵国荣汲取教训,对此局有深层的研究。现执红棋,面对擅长此布局的广东吕钦,赵国荣"以其人之道,还治其人之身",与吕钦大打心理战,充满信心。

15. ……　　　　车 8 平 6

吕钦见对手以自己拿手的布局与之对垒,心犯嘀咕,临阵变招,走出平车邀兑的即兴之着。从以下实战看,此手乃败招,系心理上的中刀着法。

16. 车四退一　马 7 进 6　　**17.** 后炮进四　马 4 进 5

18. 车九平四　马 6 进 8

黑兑车后,红炮击卒镇中,红车穿宫出击,攻势显然,黑方处于守势,车在原位"踏步",吃亏不小。

19. 车四进三　马 8 进 6　　**20.** 仕四进五　马 6 进 7

21. 帅五平四　卒 7 平 6　　**22.** 后炮平三　炮 7 平 8

23. 车四退一　炮 8 退 1　　**24.** 车四平二　炮 8 平 9

25. 车二平三　象7进9　**26.** 炮三平二　将5平4

27. 炮二平六　将4平5　**28.** 车三退二

至此,红方得子占势大优,结果胜。

第二种着法:象3进5——太原全国象棋个人赛第1轮农业体协陈建昌对通信体协赵剑局例(图2-3-1)。

12. ……　　　　象3进5

在本章第1局介绍的当红方第12回合马八进七时,黑方补象弃马对攻。那么,现在红退窝心炮的情况下,黑方为何用此战术呢?

13. 兵七进一　马3退4

红冲弃七兵,使局势紧张复杂。如改走马六进七,则车1平3,马七退五,马7进5,黑有反击势头;黑方退马保存子力,变化复杂,红方仍持攻势。黑如改走卒3进1,则马六进七,车1平3,炮八平七,红优。

14. 兵七进一　……

如改走相七进五,则象5进3,兵五进一,马7进8,车四平二,炮2平7,相五进三,马8进9,车二退五,马9进8,相三进五,车1平2,马八进六,车2进6,黑方先手。这是广东宗永生对上海万春林的实战。

14. ……　　　　车1平3　**15.** 马八进七　卒5进1

红方马八进七不怕黑车3进3吃兵,因红有马七进八咬车战炮的先手;黑方的另一种着法炮2退1是步新招,则车九进二,马7进8,车四平三,卒5进1,马七进八,马8进6,车三退三,马6退4,炮八平七,前马进2,炮七进七,象5退3,车九平六,马2退3,黑方多子占优。

16. 相三进五　马7进8　**17.** 车四平二　……

红平车拴马空着!可改走车四平三,则马8进6,车三进二,马6退4,炮八退一,车8退2,炮八平七,炮2退1,车三退四,炮2平3,车三平六,炮3进6,车六进一,车3平2,车九进二,红仍持先手,形成各有顾忌的局面。

17. ……　　　　马8进9　**18.** 车二平三　炮7平8

19. 炮八退一　……

如改走车三退三吃卒,则炮8平6,车三平二,车3进3,炮八退一,车6退7,马七进五,车3平6,马五退三,前车进3,炮五平三,后车进1,车二平四,车6退4,马三进一,车6平9,黑方多卒,占优。

19. ……　　　　车8平6　**20.** 车三平二　车3进3!

弃炮杀兵,冷着惊人!精妙无比!

21. 车二进二　车6退3　**22.** 马六退五　卒5进1

23. 马五进七　　卒5平4

至此,小卒捉马夺回一子,优势明显,最后黑弃车杀仕,马炮齐鸣,精彩胜局一气呵成。

【小结】　综上所述,红退窝心炮这一冷门布局应该说风险与机遇并存,为喜爱攻杀的棋手所热衷,相信此布局在今后的大赛中会继续向纵深方向发展。

第4局　红急进中兵　黑急冲7卒(4)
——悄然兴起的红上仕拦车变例

1.	炮二平五　马8进7	2.	马二进三　车9平8
3.	车一平二　卒7进1	4.	车二进六　马2进3
5.	兵七进一　炮8平9	6.	车二平三　炮9退1
7.	兵五进一　士4进5	8.	兵五进一　炮9平7
9.	车三平四　卒7进1	10.	马三进五　卒7进1
11.	马五进六　车8进8	12.	马八进七　象3进5

13. 仕四进五(图2-4-1)……

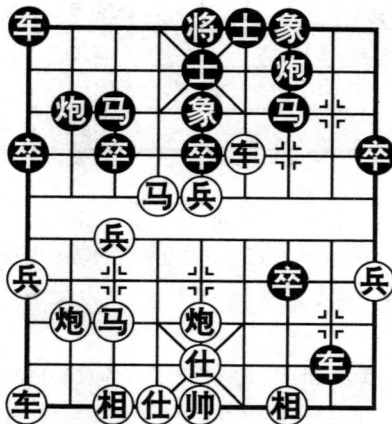

图2-4-1

上仕拦车曾是冷门战术,在第5届"威凯房地产杯"大师赛后悄然兴起,旨在静观其变,伺机而动。同时说明红方对此战术有了新的研究和体会。如图2-4-1形势,黑方有车8进1、车1平3、卒7平6和卒7平8四种战法,分述如下:

第一种着法:车8进1(接图2-4-1)。

13. ……　　　　　车8进1

进车吃相是此变例的主流战术。如改走卒7平6,则车四退三,炮7进8,车九进二! 黑方弃卒后,难有作为,红方优势;又如改走卒7平8,总觉速度过慢,不如车8进1直接,请参阅以下介绍。

14. 炮八平九(图2-4-2) ……

红方平炮亮车,强劲有力,这是在大赛中首次亮相的新招。过去多走车九进一,以下卒7平6,兵五进一,马3进5,双方对攻,黑方前景乐观。如图2-4-2形势,黑方主要有①马7进8和②炮2退1两种变着,分述如下:

①马7进8——"威凯房地产杯"全国象棋排名赛江苏徐超对重庆洪智的实战局例(接图2-4-2)。

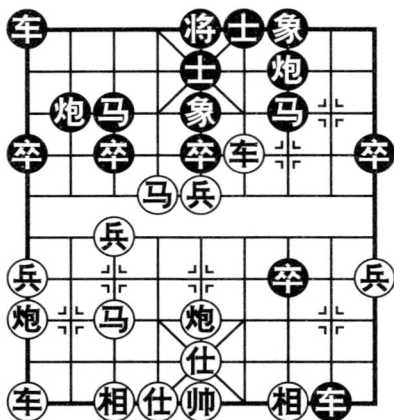

图2-4-2

14. ……　　马7进8　　15. 车四平三　炮2退1

死相不急吃,待机再下手,老练。

16. 兵五平四　……

平兵,控制黑马8进6的进击,细腻之着。如急于走车九平八,则车8平7,仕五退四,马8进6,车三平四,马6进4,黑方反先,见谢靖与谢岿的实战。又如改走兵五进一,马3进5,车三平五,炮7进8,红不好应付。

16. ……　　马3退4

退马加强对中象的防守,如走车1平3,红随时有马踏中象的攻击战术,表面看来退马无可非议,但似嫌太软。可考虑弃马强行出车反击,试演如下:车1平4,红如马六进五(如马六进七,则车4进2,马七退九,车8平7,仕五退四,马8进6,黑方弃子争先,足可一战),车4进8,车九进一(提车邀兑,稳健之着。如马五进三,则炮2平7,车三进二,车8平7,仕五退四,马8进6,以下黑伏有马6

进7和马6进4双重攻击手段,红方难应),车4平1,马五进三,炮2平7,马七退九,炮7平9,双方对攻,黑势不弱。

17. 车九平八　车1进2　　**18.** 炮五平六!……

平炮看似想联相防守,实则伏炮六进七的偷袭狠着,含蓄而巧妙!

18. ……　　卒5进1　　**19.** 炮六进七　马8进6

红炮打马偷袭成功;黑如改走将5平4,则车三进二!炮2平7,车八进九,将4进1,马七进八,红胜势。又如改走车1平4,炮六平八,车8平7,仕五退四,车4进2,炮九进四,车4平1,车三平七,黑难应。

20. 炮六退三　　……

红方退炮是想通过先弃后取的手段阻止黑方反扑。

20. ……　　车1平4

如改走马6退4,则兵四平五,马4进3,车八进三,马3退5,炮六平五!车8退4,车三进二!红方胜势。

21. 相七进五　车8退5

黑如走马6退4去马,红仍有兵四平五之手段。

22. 马七进六　炮7平6

如改走马6退4,炮九平六,黑难走。

23. 炮九平六　马6进8　　**24.** 后炮退一　卒5进1

25. 前马进四　车4进1　　**26.** 车三退三　……

有此一手,连消带打,红方已呈胜势。

26. ……　　车8平6

黑如改走车4平6,则兵四进一,卒5平4,兵四进一,炮6平9,兵四进一,红兵长驱直入,胜利在望。

27. 炮六进五　车6退1　　**28.** 炮六平九　卒3进1

29. 炮九退三　卒5平4　　**30.** 车三平二　卒3进1

31. 相五进七　卒4平3　　**32.** 相三进五

至此,红方多子占优,最后战至第51回合,黑方投子认负。

②炮2退1——郑州全国少年象棋赛许帅对莫梓亮的实战局例(接图2-4-2)。

14. ……　　炮2退1　　**15.** 车九平八　马7进8

16. 车四平三　车8平7　　**17.** 仕五退四　马8进6

18. 车三平四　马6进4　　**19.** 马六进七　……

红方选择吃马是新的尝试性战术。如改走炮五平六,则车7退2,仕四进五，车1进2，马七进六，车7进2，仕五退四，卒7平8（平卒亮车，意在保马），兵五进一，红方优势。这是第5届“威凯房地产杯”谢靖对谢岿的实战。

19. …… 马4进3 **20.** 帅五进一 卒5进1

21. 车八进一 车7退1 **22.** 车四退五 车7平6

23. 帅五平四 马3退5 **24.** 炮九平五 ……

可改走相七进五，既利于防守，又保持九路炮边线出击的态势，更为理想。

24. …… 车1进2 **25.** 前马退五 车1平4

至此，形成红方多子，黑有攻势，双方各有顾忌的局面。

第二种着法：车1平3——郑州全国少年象棋赛许帅对朱家祥的实战局例（接图2-4-1）。

13. …… 车1平3

保存子力也是一种探索性的招法。

14. 炮八平九 炮2退1 **15.** 车九平八 马7进8

16. 车四平三 车8进1 **17.** 兵五平四 卒3进1

漏算之着，招致无穷后患。

18. 马六进五！ ……

飞马踹象，临门一脚十分精彩！

18. …… 象7进5 **19.** 炮五进五 将5平4

20. 马七进六 马3进4 **21.** 炮九平六 炮2平4

不如改走车3进2，红如接走车三平五，则马8进6，形成混战，尚有一搏，效果好于实战。

22. 炮六进三 炮4进4 **23.** 车八进七

进车催杀，红方胜势。

第三种着法：卒7平6（接图2-4-1）。

13. …… 卒7平6

黑方弃卒窥相抢先发难，首次亮相于大型比赛的战场，以下红方主要有①炮五平三、②兵五进一两种战法，分述如下：

①炮五平三——河南“楚河汉界杯”全国象棋等级赛陕西李景霖对浙江邢毅的实战局例：

14. 炮五平三 ……

平炮护相是对黑卒7平6战术的新尝试。如改走车四退三吃卒，请参阅第一种着法中的评注。

14. …… 马7进8 **15.** 车四平三 炮7进6

黑此时不能改走马8进6飞马献炮,因红方已补中仕。试演如下:马8进6,车三进二,马6进4,车九进一,卒5进1,车九平六,马4进6,炮八平四,卒6进1,炮三平七,象5退7,马六进七,车8退6,前马进五,士6进5,车三进一,士5退6,仕五进四,红方多子胜势。(选自陕西李景霖对湖北潘文亮之战。)

　16. 炮八平三　马8进6　　　**17.** 车三退二　马6退4

黑方兑马选择正确,如改走马6进4,红则车九平八,黑攻势受阻。

　18. 兵五平六　炮2进4　　　**19.** 兵六进一　车1平4

　20. 兵六平七　炮2平9　　　**21.** 车三平一　炮9平8

　22. 相七进五　卒6平7　　　**23.** 炮三平四　卒7进1

　24. 前兵进一　车8平6　　　**25.** 车一平二　车4进6

这一段黑方先左车卡相眼,再右车过河占领兵线,原因是利用红方左车晚出和棋形的弱点,并不急于吃回失子,弈来次序井然,气势磅礴。

　26. 车九平八　……

如改走炮四进二,黑则炮8进1! 红亦难走。

　26. ……　　　卒7平6　　　**27.** 仕五进四　车4平7

　28. 相三进一　车6退1

至此,黑方先手破仕占优,最后获胜。

②兵五进一——孙浩宇对才溢的实战局例。

　14. 兵五进一　……

冲中兵貌似凶悍,实则轻举妄动。

　14. ……　　　马3进5　　　**15.** 车四退三　……

原来构思冲中兵后的飞马踏象,现不成立,转而退车吃卒,却留下痛失底相的无穷后患。

　15. ……　　　炮7进8　　　**16.** 马六进四　车8进1

　17. 车九进一　车1平4　　　**18.** 车四平三　炮7平4

　19. 仕五退四　炮4平6

"剥皮"解杀还将,巧妙之极!

　20. 车九平三　马7进8　　　**21.** 后车退一　……

藩篱破碎,兑车无奈。如改走前车进二,则炮6退2,帅五进一,车8平3,也是黑优。

　21. ……　　　车8平7　　　**22.** 马四进三　炮6退8

　23. 车三退三　马5进6　　　**24.** 炮五平三　象7进9

　25. 马三退一　象5进7

妙手高飞象,满盘尽生辉!

26. 马一退三　炮6进2　　**27.** 炮三平四　炮6进4

28. 炮八平四　车4进7

黑方大优。

第四种着法:卒7平8——"楚河汉界杯"全国象棋等级赛广东张学潮对湖北黄勇实战局例(接图2-4-1)。

13. ……　　　卒7平8

平卒外肋轰相亦是探索性的新招。

14. 炮八平九　炮2进4

进炮兵林吸引红退车阻击,构思新颖!

15. 车四退三　炮7进8　　**16.** 车四平八　车8进1

17. 车九进一　车1平3　　**18.** 马六进七　车3进2

19. 兵五进一　车3退2

退车无奈! 如改走马7进5吃兵,则红炮九进四,黑方难以招架。

20. 兵五进一　象7进5　　**21.** 车九平八　炮7平4

22. 仕五退四　炮4平6　　**23.** 前车进六　……

进车邀兑,消除缺仕怕双车之患,明智之举。

23. ……　　　炮6平3　　**24.** 帅五进一　炮3退4

25. 马七进五　车8退1　　**26.** 帅五退一　车8平2

27. 车八退八　卒3进1　　**28.** 炮五进五　士5进4

29. 炮九平五　车3进3　　**30.** 前炮退三

红退炮奠定胜势,最后红胜。

【小结】 此布局红方上仕拦车的冷门战术和炮八平九的新招,犹如放出的飞刀刀锋悠然回转,使急攻变为缓攻,其杀伤力不容小视,给急进中兵的布局注入了新鲜血液。其中第一种着法①变,红方效果很好,黑方在应对上存在问题;②变吃马的尝试又为这一战术增添了新的内容,其优劣尚待更多的实战检验。第二种着法黑平车保马的探索未见成效,重演此局需谨慎。第三种着法①变平炮护相的新战术,首试成功,给黑方提出了新的研究课题;②变狂冲中兵,有勇无谋,实不可取。第四种着法平卒外肋轰相造成左翼黑车通道堵塞,使车炮联合作战的威力锐减,不如卒7平6献卒轰相具有杀伤力。

第5局　红急进中兵　黑急冲7卒(5)

——旧瓶装新酒变例黑退贴将马

1. 炮二平五　马8进7　　2. 马二进三　车9平8
3. 车一平二　马2进3　　4. 兵七进一　卒7进1
5. 车二进六　炮8平9　　6. 车二平三　炮9退1
7. 兵五进一　士4进5　　8. 兵五进一　炮9平7
9. 车三平四　卒7进1　　10. 马三进五　卒7进1
11. 马五进六　马3退4(图2-5-1)

如图2-5-1形势,黑这手退贴将马是一代宗师杨官璘在1983年全国象棋个人赛上所创,旨在保存实力,伺机而动。退贴将马在近年全国大赛上又悄然兴起,说明黑方对此战术有了新的研究和体会。

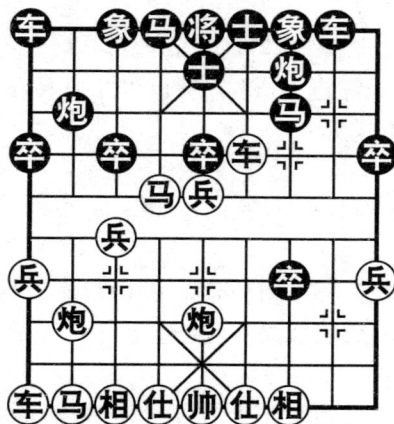

图2-5-1

至此,红方有兵五进一和仕四进五两种战法,分述如下:

第一种着法:兵五进一(接图2-5-1)。

12. 兵五进一　……

这是2012年12月首届"碧桂园杯"全国象棋冠军邀请赛上海孙勇征对黑龙江赵国荣时,红方选择的战法。

12. ……　　　马7进8　　13. 车四退四　……

退车掩护右翼是在1985年全国象棋团体赛上由特级大师王嘉良所创的。

13. ……　　　炮7进8　　14. 仕四进五　马8进9

15. 兵五平六 ……

平兵是对过去皆走车四平二兑车的改进,意在破坏黑右炮左移的计划,是最新的布局飞刀!

15. …… 马4进5 **16.** 车四平二 车8进7

17. 炮八平二 炮2进4

若改走卒7进1,则兵六进一,卒7平8,马六进四,将5平4,兵六平五,象3进5,车九进二,红优。

18. 车九进二 炮2平6 **19.** 炮五进二 马9进8

20. 相七进五 炮7平9 **21.** 兵六进一 车1平2

可考虑炮6进3,相五退三,炮6平4,相三进五,炮4退7,马六进四,炮4退1,车九平八,相互对攻,胜负难料,但黑方抽掉红过河兵,应能满意。

22. 马六进四 车2进9 **23.** 马四进三 炮6退5

24. 兵六平五 象3进5 **25.** 炮二进六 炮9平4

26. 相五退七 炮4退8 **27.** 炮五平三 象5进7

如改走士5进4,则炮三进五,将5进1,车九平五,炮6平8,马三退四,将5平6,炮三退五叫杀,红方优势。

28. 仕五退六 ……

落仕露帅,虽攻守两利,但不如马三退二叫杀得马来得干净利落。最终红胜。

第二种着法: 仕四进五——2013年首届"财神杯"全国电视象棋快棋邀请赛湖北柳大华对黑龙江赵国荣实战局例(接图2-5-1)。

12. 仕四进五 ……

补仕意在避免对手跃马踏车先手炮轰底相,是新奇的战术! 名家的流行走法是兵五进一。

12. …… 卒5进1 **13.** 马八进七 马4进5

14. 马七进五 马7进8

可考虑卒7平6,车四退三,马5进4,马五进六,炮7进8,车九进一,炮7平9,帅五平四,车8进9,帅四进一,车8退5,车九平七,车8平6,车四进二,马7进6,仕五进四,象3进5,炮八平六,车1平2,车七进二,炮2进7,车七平四,车2进4,马六退七,马6进8,车四平二,马8退7,黑棋优势。

15. 车四退四 马5进4

可考虑炮7进8,以下红如接走车四平二,则卒7平6,马六进五,象3进5,马五进四,车8进2,车二退二,炮7退5,黑棋优势。

16. 马五进六　车8进3　　**17.** 炮八进三　车8平4

18. 炮八平五　象7进5

可改走炮2平5,马六退五,车1平2,马五进四,马8进9,相三进一,车2进4,前炮退一,车4平6,马四退三,车6进4,仕五进四,车2平7,马三退四,黑方优势。

19. 帅五平四　马8退6　　**20.** 前炮平二　马6进5

21. 炮二进四　炮7退1　　**22.** 车四进三　……

若改走马六退五,马5进3,车九平八,车1平2,马五进三,马3进5,相七进五,象5进7,车四进六,炮2进6,局势较平稳。

22. ……　　　　　卒7平6　　**23.** 车九平八　车4平7

24. 车四退一　车7进6　　**25.** 帅四进一(图2-5-2)

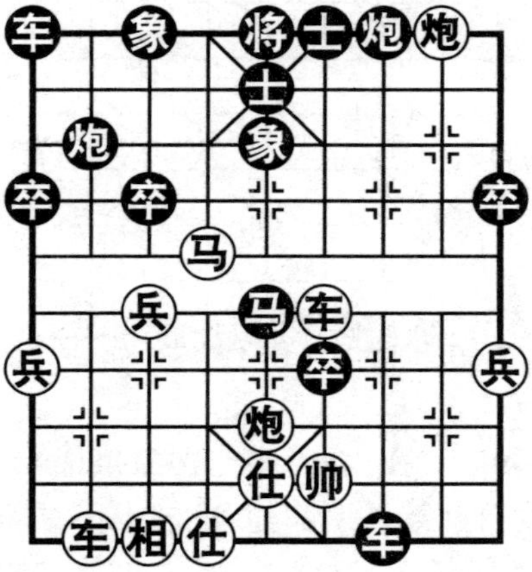

图2-5-2

如图2-5-2形势,互相博杀进入高潮。但黑终因双车低头而呈现左右难以兼顾之势,结果红胜。

【小结】　此布局黑方退贴将马的战术,虽是旧瓶装新酒,但仍然为急冲中兵增添了新的变化内容。其中,第一种着法兵五进一变例,黑方难占便宜,红方第15回合先分兵照将,再兑车,封堵了黑右炮左移的通道,这一新的布局飞刀战术获得成功;第二种着法仕四进五变例,在快棋赛中收到出其不意的效果,这把最新布局"飞刀"战术虽高奏凯歌,但黑方尚有较多的对抗之策,重演红阵,须进一步研究。

第6局　红急冲中兵　黑马退窝心

——最新变例黑退窝心马

1. 炮二平五　马8进7　　2. 马二进三　车9平8
3. 车一平二　马2进3　　4. 兵七进一　卒7进1
5. 车二进六　炮8平9　　6. 车二平三　炮9退1
7. 兵五进一　马3退5（图2-6-1）

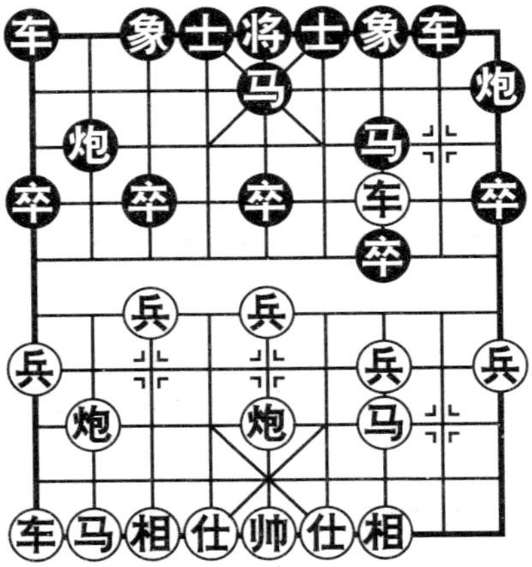

图2-6-1

马退窝心是最新变着。早在1964年全国象棋锦标赛上曾出现过退窝心马之着法,双方由第7个回合开始的对弈过程是:马八进九,车8进5,兵五进一,马3退5,炮八进四(可参阅第3轮傅光明对朱剑秋之战)。现针对红方的急进中兵,退马窝心是一种强制性战术,应该说是老谱新用。黑如改走士4进5,将形成十分流行的攻防变化。

如图2-6-1形势,红方主要有车三退一和炮八进四两种战法,分述如下:

第一种着法:车三退一——"首都家具联盟"杯全国男子象棋表演赛河北申鹏、张江对湖北柳大华、党斐之战局例。

8. 车三退一　……

退车吃卒,车离险地,比赛中下法较少,一般都是走炮八进四,其变化详见以下介绍。

8. ……　　　　象3进5　9. 车三平六　车8进6

进车兵林似嫌过急,不如马5进3静观其变。

10. 马八进七　马5退3

退马削弱中路防守力量,也与上一手进车自相矛盾,应干脆走车8平7或马5进3,会好于实战。

11. 马七进五 车8平7 **12.** 炮八进一 车7退3

这两手棋的交换,红棋先手紧握,十分满意。

13. 车九进一 炮2平4 **14.** 炮八退三 ……

退炮右移准备打车,灵活。如改走车六平八,黑有炮4进5打马骚扰的棋。

14. …… 炮9平4 **15.** 车六平八 前炮进6

16. 车九进一 后炮平7 **17.** 车九平六 炮4平6

18. 兵五进一 士4进5 **19.** 兵五进一 马7进5

20. 车六进四 ……

这一段红方走法十分简明,算准进车拴链车马交换子力后,获优。

20. …… 马5进6 **21.** 车六平三 马6退7

至此,红方明显占优,终局红方获胜。

第二种着法:炮八进四(接图2-6-1)。

8. 炮八进四 卒3进1 **9.** 兵七进一 炮9平7(图2-6-2)

黑炮攻车,如图2-6-2所示,红方主要有炮五进四和车三平二两种战法,分述如下:

(1)炮五进四——惊动棋坛的重要变例(接图2-6-2)。

10. 炮五进四 ……

红方炮打中卒虽谋得多兵之利,但自身的棋形亦显露出诸多弱点。

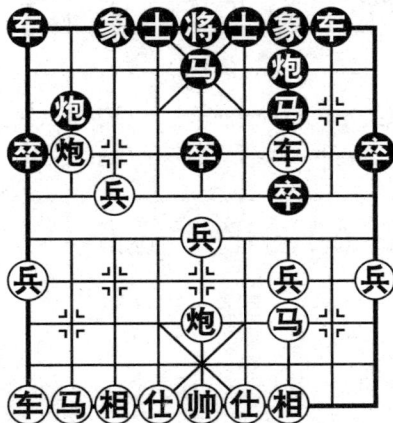

图2-6-2

10. …… 马7进5

踩炮交换是正确的选择。如误走象3进5,则车三平四,马7进5,车四平五。黑方因飞象而不能反架中炮进行反击,红方多兵占优。

11. 车三平五 炮2平5! **12.** 相七进五 ……

如误走马八进七,则马5进7,车五退一,炮7平5,红方失车败定。

12. …… 马5进7 **13.** 车五平四 车8进7!

14. 车四进二 炮7平9 **15.** 车四平三 车1平2

16. 兵七平八 马7进5 **17.** 车三平一 车8平7

18. 兵五进一 炮5进2 **19.** 仕六进五 车7进2

20. 车一退二 马5退6 **21.** 车一平四 车2进1

至此,红方残相,黑方以下伏有车7退2捉相的攻势,反先占优。

(2)**车三平二**(接图2-6-2)。

10. 车三平二 车8进3 **11.** 炮八平二(图2-6-3) ……

如图2-6-3所示,黑方有①炮2平5、②马5进6两种变着,分述如下:

①炮2平5——"锦州杯"全国象棋锦标赛(团体)第3轮女子组湖南石一佐对江苏杨伊的实战局例(接图2-6-3)。

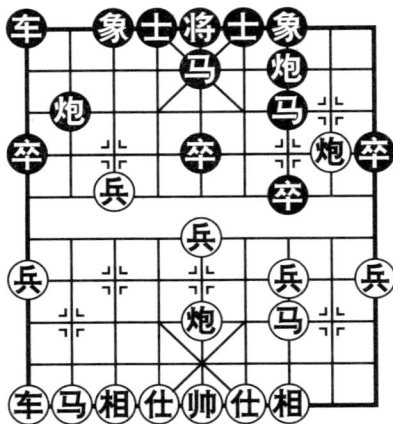

图2-6-3

11. …… 炮2平5

架炮反击,准备亮车助攻,积极的一手。

12. 马八进七 车1平2 **13.** 车九进一 炮5进3

14. 马三进五 卒5进1 **15.** 兵七平六 车2进4

16. 兵六平五 炮5进2 **17.** 相七进五 车2平5

18. 炮二退五　……

退炮落空。应改走车九平四，炮7平8（如马7进5，则炮二进三，红优；又如象7进5，则炮二进三，炮7退1，炮二平一，亦属红优），车四进七，炮8进1，炮二平三，象7进9（如马7进5，则车四退一，炮8进7，车四平六，前马进3，车六退二，车5平4，马五进六，下伏炮三平五的攻着，红方稍优），马五进四，红占优。

18. ……　　　马5进3　　　**19. 车九平四　炮7平5**

20. 车四进六　车5退2　　　**21. 车四退一？　……**

漏算，失兵致败。应改走车四平五，象3进5，炮二平三，和势。

21. ……　　　炮5进5　　　**22. 马七进五　车5进4**

23. 炮二平五　马7退5！

回马金枪，精妙！黑车摆脱险地，形成多卒之势。

24. 车四平七　车5平7　　　**25. 车七进一　象3进5**

26. 车七退一　车7平9　　　**27. 车七平九　马5退3**

至此，黑多卒占优。最后黑方获胜。

②马5进6——"锦州杯"全国象棋锦标赛（团体）第1轮安徽倪敏对上海浦东邢毅实战局例（接图2-6-3）：

11. ……　　　马5进6

跳出窝心马是最新变着，置空头炮于不顾，风险较大。不如以改走炮2平5为宜。

12. 炮二平五　马7进5　　　**13. 兵五进一　……**

中兵渡河似凶实软，错失占优良机。应改走炮五进四，以下马6进5，仕四进五，马5退3，炮五退四，红有空头炮，威风凛凛，大占优势。

13. ……　　　炮2平5

灵活，有此一手，迫使子力交换，红方的攻势荡然无存。

14. 兵五进一　炮5进5　　　**15. 相七进五　马6进5**

16. 马三进五　马5退3　　　**17. 马五进六　车1进2**

黑亮车投入战斗。至此，红虽有兵渡河，但左翼车马原地未动，黑方兵种齐全且占位良好，已呈乐观之势。最后又兑去一马，双方言和。

【小结】　此布局黑退窝心马，呈现一个崭新的局面，黑方具有较强的对攻性。第一种着法红退车吃卒及第二种着法炮击中卒，皆不可取，且成为黑方反夺主动的关键，唯红平车邀兑，可保持先手不失。总之，这一布局双方都有很多回旋余地，需要更多的实战来检验局面的优劣。

第三章　五九炮过河车对屏风马平炮兑车

五九炮过河车对屏风马平炮兑车自 20 世纪 60 年代开始流行,是马炮争雄的主流战术之一。20 世纪 80 年代初期,因受顺炮缓开车、反宫马等兴起的布局的影响,其使用率大有逐步减少的趋势。步入 90 年代,经棋手们锲而不舍的努力探讨,又发掘出许多新颖的变化。进入 21 世纪,"五九炮过河车对屏风马平炮兑车"战术迅速崛起,其中不乏攻守新着、新变亮相,开拓出马炮争雄的一片崭新天地,很值得读者关注与借鉴。

第 1 局　红五九炮局(1)

1. 炮二平五　马 8 进 7　　**2.** 马二进三　车 9 平 8

3. 车一平二　卒 7 进 1　　**4.** 车二进六　马 2 进 3

5. 兵七进一　炮 8 平 9　　**6.** 车二平三　炮 9 退 1

7. 马八进七　士 4 进 5　　**8.** 炮八平九　……

平炮通车,开辟左翼战场,形成全面出击之势。

8. ……　　　车 1 平 2　　**9.** 车九平八　炮 9 平 7

10. 车三平四　马 7 进 8

黑方跃马外肋,威胁红方右翼。至此,双方形成五九炮过河车对屏风马平炮兑车的典型局面。此手里如误走卒 7 进 1(骗着!),兵三进一,马 7 进 8,车四平三! 马 8 退 9,炮五进四! 象 3 进 5,车三平四,炮 2 进 5,马七进六! 红方已呈多兵之势,占优。

11. 炮五进四　……

炮击中卒,旨在先得实利,曾风行一时,近年来又有了新的研究和发展。如改走车四进二,炮 7 进 5,相三进一,炮 2 进 4,兵五进一,炮 7 平 3,以下红有兵五进一、马三进四、炮九进四等多种走法,均有复杂变化。

11. ……　　　马 3 进 5　　**12.** 车四平五(图 3 - 1 - 1)　……

如图 3 - 1 - 1 形势,黑方主要有卒 7 进 1 和炮 7 进 5 两种变化。分述如下:

第一种着法:卒 7 进 1——"锦州杯"全国象棋锦标赛(团体)第 6 轮安徽钟

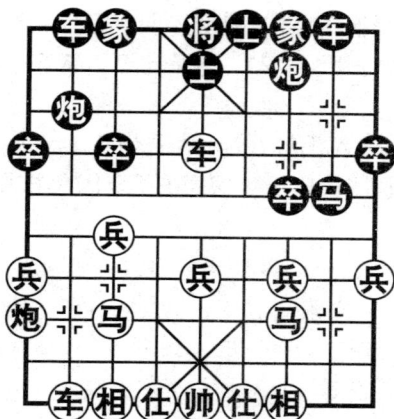

图 3 - 1 - 1

涛对四川李智屏局例。

　　12. ……　　　　卒 7 进 1

　　弃 7 路卒是极强的反击之着,在全国象棋甲级联赛中,特级大师许银川执黑对阵谢靖大师时就曾使出了这一变着。

　　13. 兵三进一　马 8 进 6　　　　**14. 马三进四　炮 7 进 8**

　　15. 仕四进五　炮 2 进 6　　　　**16. 炮九进四　车 8 进 9**

　　17. 相七进五　炮 7 平 4　　　　**18. 仕五退四　炮 4 平 6**

　　19. 马四退三　炮 6 平 2　　　　**20. 马三退二　前炮平 8**

　　21. 帅五进一　……

　　上帅阻炮防黑造杀,是红方此时的好手!

　　21. ……　　　　车 2 进 7　　**22. 马七进六　炮 2 平 3**

　　先进车捉马,再炮 2 平 3,是李智屏大师的改进之着。许银川执黑对谢靖走成与此局相同局面,第 21 回合黑先走炮 2 平 3,红车五平七迅速杀通卒林线,威胁黑方 3 路底象。变换一个行棋次序,确保 3 路卒的存在,可见李智屏对此局也深有研究。

　　23. 相五退七　……

　　机警而细腻! 防止黑炮 8 平 2 造杀。

　　23. ……　　　　象 3 进 5　　**24. 车五平二　炮 8 平 4**

　　25. 马六进七　车 2 退 4

　　大漏着,顷刻致败! 应改走以炮换马,尚可纠缠。

　　26. 马七进五!　……

妙手！马踏中象迫黑换车,红方胜势不可动摇。

26. …… 　　　车 2 平 8 　　**27. 马五进三** 　将 5 平 4

28. 马三退二

至此红方五兵俱在,进入优势残局,结果获胜。

第二种着法:炮 7 进 5——"千年银荔杯"全国象棋甲级联赛第 6 轮北京蒋川对火车头于幼华局例。

12. …… 　　　炮 7 进 5 　　**13. 马三退五** 　　……

红方如改走相三进五,则炮 2 进 6,马七进六,卒 7 进 1,马六进七,车 8 进 2,仕六进五,车 8 平 4,车五退二,车 4 进 1,兵七进一,马 8 进 6,黑方满意。

13. …… 　　　炮 2 进 5

如改走炮 2 进 6,则马七进六(如贪走车五平一,则炮 7 平 8!马七进六,马 8 进 7,马五进七,炮 8 进 3,下伏炮 8 平 9 和车 8 进 9 捉相先手,黑优),卒 7 进 1,马六进四,马 8 退 7,马四进三,炮 7 退 4,车五平三,炮 7 平 5,车三退三,车 2 进 7,相七进五,车 8 进 8,车三平四,车 8 退 2,兵五进一,车 2 平 1,车八进一,车 8 平 4,马五退七,车 1 退 1,车八进八,红方易走。这是"磐安伟业杯"全国大师冠军赛辽宁尚威对河北张江的实战。

14. 马五进四 　象 7 进 5 　　**15. 车五平一** 　炮 7 平 8

16. 炮九进四 　马 8 进 7 　　**17. 马四进五** 　炮 8 进 3

18. 车一平二 　车 8 进 3 　　**19. 炮九平二** 　车 2 进 4

20. 马五进七 　马 7 进 9 　　**21. 车八进一** 　　……

不如改走炮二退四防守较好,黑如车 2 平 6,则车八进二,车 6 进 5,帅五进一,车 6 平 7,帅五平六,红方多子较优。

21. …… 　　　车 2 平 6 　　**22. 仕六进五** 　车 6 退 1

23. 炮二进三 　象 5 退 7 　　**24. 前马退六** 　马 9 进 7

25. 帅五平六 　炮 8 退 7!

弃子取势,佳着!

26. 兵七进一 　炮 8 平 4 　　**27. 兵七平六** 　车 6 平 3!

28. 车八进一 　车 3 进 3 　　**29. 帅六进一** 　炮 4 进 3

黑方大占优势,结果获胜。

【小结】 此布局黑方第一种着法弃卒、弃马、轰相抢攻,虽然来势汹汹,但红方只要应对得当,可以保持多兵的优势局面;第二种着法黑方的反击方法行之有效,充分发挥子力灵活的优点,从实战分析看,属黑方主动,机会多多。

第2局　红五九炮局（2）

（接上局图3-1-1）。

12.…… 炮7进5 **13.马三退五** 炮2进5

14.马五进四 ……

红如改走相五进七，黑有两种方法。甲：车8进2，马五退七，炮2退1，仕六进五，炮7进1，后马进六，车8平4，车五退二，车4进4，车五平二，马8退7，车二平六，车4平5，黑方满意（选自"千年银荔杯"全国象棋甲级联赛第2轮沈阳苗永鹏先和广东黄海林的实战快棋对局）。乙：卒7进1，马五退七，马8进6（如炮2进1，则前马进六，马8进6，车五退二，车8进3，仕六进五，象3进5，相五进三，车8平6，炮九平四，马6进7，相三退五，红方占优（这是"磐安伟业杯"全国象棋大师冠军赛第9轮辽宁苗永鹏先胜江苏廖二平的实战局例），车五退二，车8进8，车八进二，车2进7，后马进八，车8平2，马八进九，卒1进1，黑方夺回一子，局势趋于平稳。

14.…… 卒7进1 **15.马四进五** 马8进6

16.车五平七 车8进8（图3-2-1）

17.车八进二 ……

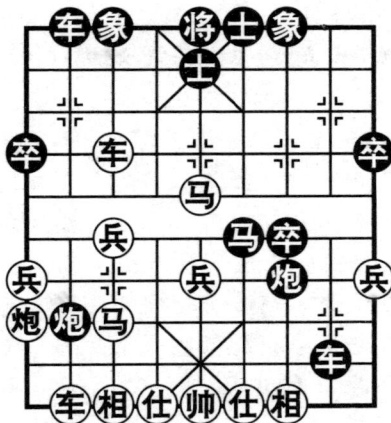

图3-2-1

如图3-2-1所示形势，双方激战正酣。现红方进车砍炮，这是张强的新招。以往实战中曾经出现过的走法是相七进五，车8平6，车七平四，车2进3！车四进二，炮7平6，车四平二，炮6进3，黑方攻势强大，红方难以应付。因此，红方相七进五这一变例并不是好的选择。

17. ……　　　车 2 进 7　　　**18.** 车七进三　　士 5 退 4

19. 马五进六　　将 5 进 1　　　**20.** 马七进六　　车 8 平 4

如改走马 6 进 4 催杀,则车七退一,将 5 进 1,后马进七,将 5 平 6,车七平四,红胜。

21. 车七退一　　将 5 进 1　　　**22.** 后马进七　　车 4 退 5

23. 马六进八　　将 5 平 6　　　**24.** 炮九进四　　车 2 退 4

25. 马七进六　　士 6 进 5　　　**26.** 炮九平六　　车 2 平 4

27. 车七退二　　车 4 平 3

兑车无奈。如改走车 4 退 2 吃马,则车七平四,将 6 平 5,马八退七抽车,红胜定。

28. 马八退七　　将 6 退 1　　　**29.** 马七退五　　卒 7 平 8

30. 兵九进一

至此,形成红双马四兵仕相全对黑方马炮双卒单缺象的残局,红方优势,胜率较大。选自张强先和才溢的实战局例。

【小结】 此布局红方弃车砍炮的新招战法获得成功,取得了较大的优势。对此,黑方需重审局势,改进着法(如第 14 回合可先补象走象 7 进 5 稳固己方阵形,较为稳妥,可与红方抗争)。

第 3 局　　红五九炮局(3)

1. 炮二平五　　马 8 进 7　　　**2.** 马二进三　　车 9 平 8

3. 车一平二　　卒 7 进 1　　　**4.** 车二进六　　马 2 进 3

5. 兵七进一　　炮 8 平 9　　　**6.** 车二平三　　炮 9 退 1

7. 马八进七　　士 4 进 5　　　**8.** 炮八平九　　车 1 平 2

9. 车九平八　　炮 9 平 7　　　**10.** 车三平四　　马 7 进 8

11. 炮五进四　　马 3 进 5　　　**12.** 车四平五　　炮 7 平 5

13. 马三退五　　卒 7 进 1(图 3-3-1)

如图 3-3-1 所示形势,黑方卒 7 进 1,最早是河北队在 2004 年全国个人赛上创出的布局新招。黑棋一反常规改炮 2 进 5 封压为卒 7 进 1,让红方升车牵住自己的无根车炮,却换来了策马踏车抢先在红方右翼发难的进攻势头,旨在弃子博杀,一决雌雄。这也是黑方近期较为流行的套路。

14. 车八进四　　马 8 进 6　　　**15.** 车五退二　　车 8 进 8

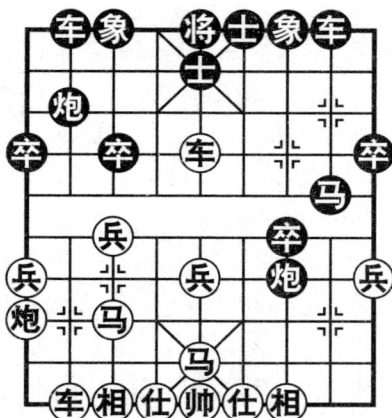

图 3-3-1

16. 炮九退一　　车 8 退 1　　　**17.** 相三进五　　炮 7 平 8！

18. 马五退三　　车 8 平 7　　　**19.** 炮九平八　　炮 8 退 1

20. 炮八进六（图 3-3-2）　……

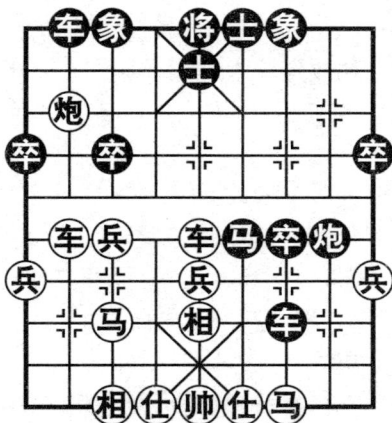

图 3-3-2

如图 3-3-2 形势，黑方有马 6 进 5 和象 3 进 5 两种变化，分述如下：

第一种着法：马 6 进 5——第 26 届"五羊杯"象棋冠军赛广东吕钦对重庆洪智局例（接图 3-3-2）。

20. ……　　　　马 6 进 5　　**21.** 相七进五　　炮 8 平 5

22. 兵五进一　　……

红进中兵无奈，如改走炮八平五，则象 7 进 5，车八进五，车 7 平 5，仕六进五,炮 5 退 1！黑优。

22.…… 车 7 平 5 **23. 仕四进五** 象 3 进 5

24. 马七进六 车 5 退 2 **25. 马六进七** 卒 7 平 6

26. 马三进四 车 5 进 1

正着。如误走车 5 进 2,马四进二,卒 6 平 7,马二进三！车 2 平 1,马三进三！红马乘机扑出,直奔卧槽,黑方败势,这是河北苗利明执黑对阵广东吕钦的实战。

27. 兵七进一 车 5 平 3 **28. 马七退五** 车 3 退 2

29. 马四进六 车 3 平 4 **30. 车八退一** 卒 6 平 5

31. 马五退三 车 4 平 7 **32. 马三退四** 卒 5 进 1

黑方残棋主动、易走,结果黑胜。

第二种着法:象 3 进 5——上海"城大建材杯"象棋大师冠军赛蒋川对张强局例(接图 3－3－2)。

20.…… 象 3 进 5

补象是阎文清大师推出的布局飞刀,当时认为是含蓄有力的好棋。

21. 马七进六 **……**

红方新的战术改进！如改走仕六进五,马 6 进 5,相七进五,炮 8 平 5,兵五进一,车 7 平 5,马七进六,车 5 退 2,马六进七,卒 7 平 6,马三进四,车 5 进 1,黑方可战。

21.…… 马 6 进 5 **22. 相七进五** 炮 8 平 5

23. 兵五进一 卒 7 平 6 **24. 兵五进一** 车 2 平 4

25. 兵七进一 卒 3 进 1 **26. 炮八进二** 车 4 进 2

27. 兵五进一 士 5 进 6 **28. 炮八平九**

红方多子且左翼形成攻势占优,结果获胜。

【小结】 此布局一变直接发动进攻,将形成双方各有顾忌的残棋形势,战线漫长,黑方机会较多;二变补中象是软手,嫌缓！被红跃马抢先。总之,黑方抢渡 7 卒对攻的创新战法,是经得起大赛推敲的突破常规的新构思,为屏风马平炮兑车一方抗衡五九炮过河车炮打中卒变例开辟了一条推陈出新之路。

第 4 局 红五九炮局(4)

1. 炮二平五 马 8 进 7 **2. 马二进三** 车 9 平 8

3. 车一平二 马 2 进 3 **4. 兵七进一** 卒 7 进 1

5. 车二进六 炮 8 平 9 **6. 车二平三** 炮 9 退 1

7. 马八进七 士4进5 **8.** 炮八平九 炮9平7

9. 车三平四 马7进8 **10.** 车九平八 车1平2

11. 车八进六 卒7进1 **12.** 车四退一 卒7进1

13. 马三退五 象7进5 **14.** 炮五平六（图3-4-1） ……

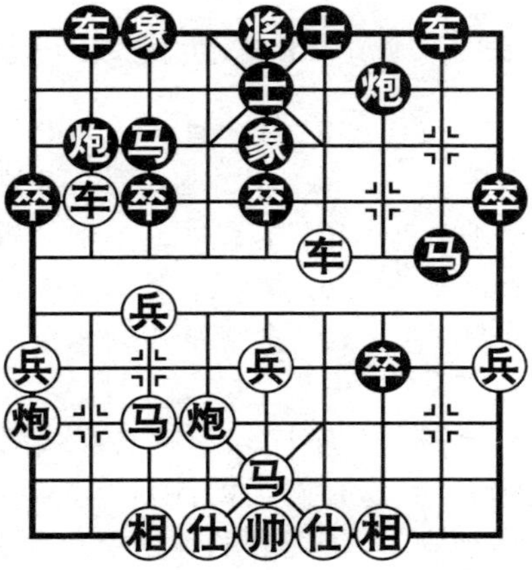

图3-4-1

如图3-4-1形势,红方平仕角炮为新颖之招。此时较为常见的走法是马七进六,马8退7,车四退一,车8进4,炮九进四,炮2平1,车八进三,马3退2,马六进五,车8平1,炮九平八,马7进5,炮八平五,车1进2,前炮平二,双方均势(选自"启新高尔夫杯"象棋甲级联赛沈阳卜凤波先和北京靳玉砚的实战)。红方此手的平仕角炮如误走车八平七,则炮2进4,兵七进一,炮2平3坠落陷阱,黑方双炮先后轰相,弃子强攻占优。

14. …… 炮7平9

软手。削弱了自己的防守,招引麻烦。可考虑走炮7进2,较为稳妥。

15. 车八平七 炮2进4 **16.** 兵七进一 炮9进5

17. 炮九平八 炮9平5 **18.** 相七进五 ……

飞相正确,如误走炮六平五,则炮2平3,叫杀抽掉红方一车,黑方形势好转。

18. …… 炮2平4 **19.** 兵七平八 车2平1

20. 马七进八 炮4退1 **21.** 马八进六 ……

红方大军压境,黑方已处败势。

21. …… 车1进2 **22.** 马六进八 炮4退4

23. 车七平六 士5进4 **24.** 车六平五 炮5平4

25. 车五进一 士6进5 **26.** 相五退七

红方攻势如火如荼,结果获胜。(选自亚洲名手赛中国选拔赛上海孙勇征先胜北京靳玉砚的实战)

【小结】 此布局黑方面对红方平仕角炮的新变,行棋自相矛盾,导致迅速崩溃。红方的着法也为这一布局增添了新的内容。

第5局 红五九炮局(5)

1. 炮二平五	马8进7	**2.** 马二进三	车9平8
3. 车一平二	卒7进1	**4.** 车二进六	马2进3
5. 兵七进一	炮8平9	**6.** 车二平三	炮9退1
7. 马八进七	士4进5	**8.** 炮八平九	车1平2
9. 车九平八	炮9平7	**10.** 车三平四	马7进8

11. 马七进六 ……

这是"威凯房地产杯"大师排位赛广东李鸿嘉首试创造的新招。因本次赛制采用贴时贴分的全新规则,尤其是预赛后的淘汰赛,新规则规定只下一盘,先手和棋就淘汰,因此,引起激烈竞争,李鸿嘉的新招源于此背景。如改走炮九进四,则形成流行布局,黑有炮7进5或卒7进1两种选择,另有复杂攻守变化。

11. …… 卒7进1 **12.** 车四进二 炮2退1

红方进车捉炮,让黑退右炮打车时离开"炮台",给红左车进七捉马争先提供机会。

13. 车四退三(图3-5-1) ……

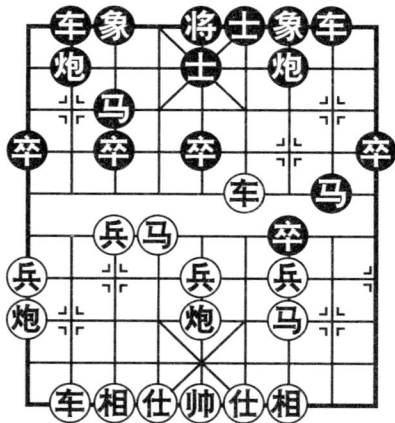

图3-5-1

如图3-5-1形势,黑方主要有卒7进1和马8退7两种变化,分述如下:

第一种着法:卒7进1——第5届"威凯房地产杯"大师排位赛广东李鸿嘉对湖北汪洋局例。

13.……	卒7进1	14. 马三退五	马8退7
15. 车四退一	象3进5	16. 车八进七	车2平3

此时局面与本布局红双车过河变例中所形成的局面基本相似,区别是双车过河变例中第11回合红不跃马(马七进六)而走车八进六,结果现在多跳一步马,这就是采用新变着的原因。

17. 炮九进四	炮2平4	18. 炮九退二	车8进4
19. 马六进七	车8平6	20. 马五进七	炮4进1
21. 车四进一	马7进6	22. 车八退二	炮7进8
23. 仕四进五			

至此,双方形成对攻,红仍持先手。后来兑车进入残局,红因失误而致败。

第二种着法:马8退7——第5届"威凯房地产杯"象棋大师排位赛广东李鸿嘉对湖北柳大华局例。

13.……	马8退7	14. 车四进一	卒7进1
15. 马三退五	炮2进7		

黑方7卒吃兵之前先退马咬车,使红车不能回到河沿,现在又进炮压封红车,使红左车没有进七捉马的机会,这些都是黑方对上局的重大改进。

16. 车四进二	炮2退7	17. 车四退四	炮2进7
18. 马五进七	……		

红肋车通过捉炮的顿挫,回到了河口佳位,现跳出窝心马,正着。如车四进四捉炮,黑炮2退7,车四退四,炮2进7,双方不变判和,根据赛事新规则,红方和棋将被淘汰出局。

18.……	象7进5	19. 马六进七	……

红如改走仕六进五或仕四进五拦炮,黑车8进8或车8进9都有攻击手段。

19.……	卒7平6	20. 炮五平三	马7进8
21. 车四平三	炮7进6	22. 车三退二	马8进6
23. 右马进八	……		

进马连环切断黑车炮联系,再平炮赶黑车回原位,似乎争得先机。其实黑炮顺势左移沉底取势,反而获得攻击机会。此着应改走车三退一捉炮,以免除后患为宜。

23.……	炮2平9	24. 炮九平八	车2平1
25. 兵七进一	炮9进1	26. 车三进二	车8进9

黑有猛烈攻势,结果黑胜。

　　【小结】　此布局红方跃马盘河,是在新的竞赛规则下产生的创新战法,有其积极的意义。虽然本次大赛此着效果不佳,但全盘否定也大可不必,关于此着优劣的评价还有待进一步研究和探讨。

第四章　中炮过河车急进中兵
对屏风马两头蛇

中炮过河车急进中兵对屏风马两头蛇是急冲中兵系列的旧式战法,曾流行一时,以后逐渐销声匿迹。最近,在推陈出新的布局理念下,老树发新芽,此布局又有了最新变化。

第1局　红急冲中兵　黑急进3卒
——香港黄式"新招"与河北阎式"破新招"

1. 炮二平五　马8进7　**2.** 马二进三　卒7进1

3. 车一平二　车9平8　**4.** 车二进六　马2进3

5. 兵五进一　……

红方准备用盘头马进攻,在过河车的配合下从中路发动攻势,旨在迅速打开局面。如改走车二平三,则炮8退1打车争先。该类战术变化在《吴氏梅花谱》中有分析介绍,结论是黑优。

5. ……　　　　　卒3进1

重大改进之着,比过去的士4进5要好,因下手棋就有炮2进1赶走红方二路车的积极手段,它带有一定的强制性和很大的诱惑性。至此形成中炮过河车急冲中兵对屏风马两头蛇的基本阵形。

6. 兵五进一　士4进5　**7.** 兵七进一(图4-1-1)　……

弃七兵活通马路,旨在打通中路,盘马助攻,在速度上争得优势。这是全国象棋个人赛香港黄志强弈出的新招! 是一把"飞刀"!

7. ……　　　　　卒3进1　**8.** 兵五进一　卒3进1

急进3卒于兵林是创新战法! 如改走马3进5,则马三进五,马5进4,马五进七,马4进5,相七进五,红马抢占相头好位,局势占优,乃属黑方"中招"之着。从以后的实战进程看,黑方进卒很有大局观,这是河北阎文清弈出的招法,被誉为阎式"破新招"!

9. 兵五平六　……

如改走马三进五,卒3平4,马八进七,炮2进4,红方仍然难走。

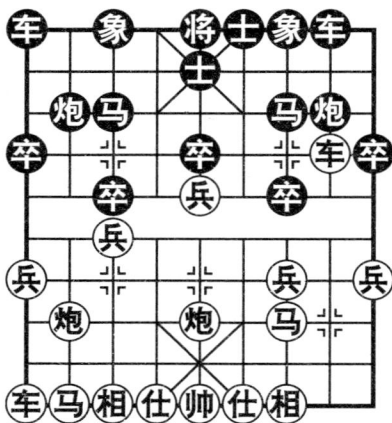

图 4-1-1

9. …… 象 3 进 5 　　10. 兵六平七 马 3 进 5

11. 马三进五 车 1 平 3

先弃后取,紧凑有力,乃控制局势之妙手!

12. 炮五进四 车 3 进 3 　　13. 炮八平五 ……

如改走炮五平三,车 3 平 5,黑也夺回失子占优。

13. …… 炮 2 进 1

精细。如误走卒 3 平 4,红前炮平三乘机摆脱,黑方难以追回失子,反倒不好。

14. 车九进一 卒 3 平 4 　　15. 马八进七 卒 4 平 5

16. 马七进六 车 3 平 4 　　17. 车九平七 ……

如改走马六进八,车 4 平 3,马八退六,车 3 平 4,红马长捉黑车违例,需变着。

17. …… 车 4 进 2 　　18. 前炮平九 炮 2 进 6

19. 炮九进三 车 4 进 4 　　20. 帅五进一 卒 5 进 1

21. 相七进五 炮 2 平 1

妙手兑炮,已成多子必胜之势。

22. 车七进八 车 4 退 9 　　23. 车七平六 将 5 平 4

24. 炮九退九 炮 8 平 9

至此,黑多子胜定。(选自全国象棋个人赛香港黄志强先负河北阎文清的实战)

【小结】 此布局红兵七进一的"飞刀"战法,遭到黑方卒 3 进 1 的破解,难见成效。红方的进攻方案亟须改进，以免重蹈覆辙。

第2局　红急冲中兵　黑进马盘中

1. 炮二平五　马8进7　　**2.** 马二进三　车9平8
3. 车一平二　卒7进1　　**4.** 车二进六　马2进3
5. 兵五进一　卒3进1　　**6.** 兵五进一　士4进5
7. 兵五进一　马3进5

这一回合双方的应对只能如此。红如改走马八进七，则炮2进1，车二退二，卒5进1，马七进五，炮2平5，下一手黑有车1平2亮车的先手，黑阵稳固，形势乐观，足可与红抗衡。

8. 马三进五　马5进6

如改走马5进4，则红马八进七，炮2平5，仕六进五，车1平2，车九平八，炮8平9，车二平三，马7进5！炮五进四，车2进3！相七进五，车2平5，车三平五，马4退5，黑方采用先弃后取战术，兑子简化使局势趋于平稳，局终激战成和。这是2007年"锦州杯"全国象棋锦标赛（团体）天津齐辉先和南方棋院时凤兰的实战。

9. 马八进七　炮8平9　　**10.** 车二平四　马6进5
11. 炮八平五　炮2平5　　**12.** 车四平三（图4-2-1）……

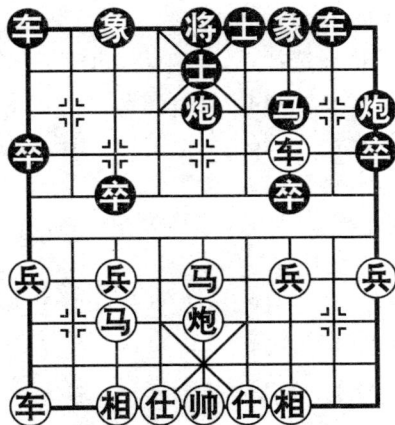

图4-2-1

红平车压马，有力之着。但如图4-2-1形势，黑兑去红方中炮已成必然趋势，红方子力简化，且兵种不全，尽管占些优势，但争胜已十分困难。现在黑方主

要有①炮5进5、②车8进2两种变着,分述如下:

①炮5进5——"锦州杯"全国象棋锦标赛男子团体第5轮盘锦吕学东对甘肃梁富春局例。

12. ……　　　炮5进5　　**13.** 相七进五　马7退9

14. 车九平八　……

出车不是当务之急。似应走车三平一,牵制黑炮9进4,也许还有一线争胜之机。

14. ……　　　炮9进4

炮轰边兵刻不容缓,有此一招,和势更浓。

15. 车三平一　炮9平5　　**16.** 马七进五　马9进8

17. 兵七进一　象3进5　　**18.** 车八进六　马8退6

19. 车一平四　卒3进1　　**20.** 马五进七　象5进3

飞象杠马头,紧要的一手,如误走卒1进1,则马七进六,既窥槽又踩别马腿,黑方难应。

21. 马七进五　车8进2　　**22.** 兵九进一　象7进5

23. 仕六进五　象5退3　　**24.** 车八平七　象3进5

黑可抗衡,结果和局。

②车8进2——"锦州杯"全国象棋锦标赛男子团体第4轮盘锦丰鹤对黑龙江二队李洪全局例。

12. ……　　　车8进2

高车保马应为此时的正确选择,以后有炮9退1,平炮逐车争先的手段。

13. 仕六进五　炮5进5　　**14.** 相七进五　炮9退1

15. 车九平八　炮9平7　　**16.** 车三平一　马7进8

17. 车一平三　车8平7　　**18.** 车三进一　……

正着,红如强行求变走车三平二,则马8进7,红方三路线受压,难以把握局势。

18. ……　　　马8退7　　**19.** 车八进六　车1进2

20. 兵一进一　卒1进1　　**21.** 兵一进一　象7进5

22. 车八平四　炮7退1　　**23.** 兵七进一　卒1进1

这一段黑方在弱势下,行棋十分老练,现乘机兑去边兵,又向和势逼进一步。

24. 兵九进一　车1进3　　**25.** 兵七进一　象5进3

26. 马五进六　象3进5　　**27.** 车四平八　仕4退5

28. 马六进四　车1进4　　**29.** 仕五退六　车1退8

红方略优,结果成和。

　　【小结】 此布局战法,红第 7 回合冲兑中兵向黑 3 路马盘中战术发出挑战。从本局实战中黑方的两种变化来看,红方虽占略优局面,但子力的过多交换致使局面简化,争胜的机会不多,除非战略和棋的需要,否则红方的进攻得另辟蹊径。

第五章　中炮过河车对屏风马右炮过河

大家知道,在"中炮直车七路马对屏风马"的布局中,黑方"双炮过河"式,将导致对攻异常激烈的复杂局面。因在此布局中,炮方先手权的控制难度较大,致使在高水平的全国大赛中,执红棋采用此式者明显减少,故将第5回合马八进七有意改为急进过河车即车二进六,旨在避免黑双炮过河的出现。本章论述的右炮过河源于双炮过河,其对攻性很强,符合现代弈战的精神,是一种高风险的布局。

下面列举了一些近年来由特级大师、大师们"领衔主演"的右炮过河最新变化,和读者共同讨论和研究。

第1局　红急冲中兵式

1. 炮二平五　马8进7　　**2.** 马二进三　车9平8

3. 车一平二　马2进3　　**4.** 兵七进一　卒7进1

5. 车二进六　炮2进4

右炮过河,属冷门战术,也是后手方欲决一死战的首选布局。

6. 兵五进一　象3进5　　**7.** 兵五进一(图5-1-1)　……

红冲中兵是新招,但嫌过急。一般多走马八进七,士4进5,兵九进一,形成正常的变化,将在下局介绍。如图5-1-1形势,黑方续走:

7. ……　　　　士4进5

黑方应改走卒5进1吃中兵,红如接走马三进五,则士4进5,马五进六,车1平4,与实战着法相同,也为黑方优势。

8. 马三进五　　……

进马盘中错失良机! 应改走兵五平六,马7进6,马八进七,卒7进1,车二平四,马6进7,车四平二,红方占优。又如红改走车二平三,炮8进6,车三进一,炮8平7,黑方弃马陷车,红方不利。

8. ……　　　　卒5进1　　**9.** 马五进六　炮8平9

10. 车二平三 车1平4

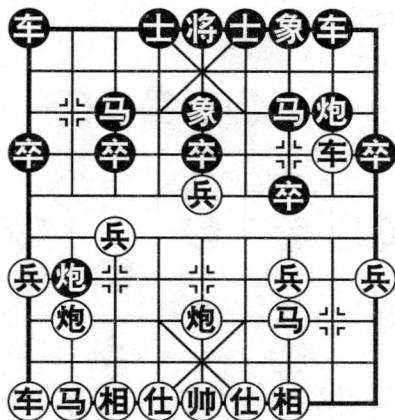

图 5-1-1

平车弃双马,算度深远的佳着!

11. 马六进七 车4进7　　**12.** 炮八平九 炮2平5

13. 仕六进五 炮9进4　　**14.** 马八进七 炮9进3

黑方再弃一车,精妙之至,由此构成杀着。黑如误走车4平3吃马,则车九平八,车3平4,炮九进四,红方反而捷足先登。

15. 炮九平六 车8进9　　**16.** 帅五平六 炮9平7

17. 帅六进一 炮5平4

黑胜。(选自广东何文显对湖北柳大华之战)

【小结】 此布局红方急进中兵的新着并不成功。黑方灵巧运子和弃子攻杀的战略战术,给了观者以充分的艺术享受。若红方再遇此局,则急需改进无可置疑。

第2局 红吃弃马式

1. 炮二平五 马8进7　　**2.** 马二进三 车9平8

3. 车一平二 马2进3　　**4.** 兵七进一 卒7进1

5. 车二进六 炮2进4　　**6.** 兵五进一 象3进5

7. 马八进七 士4进5　　**8.** 兵九进一 ……

挺边兵是稳健着法。如改走车二平三,则车1平4,车三进一,车4进6,黑方弃子后将形成复杂的对攻局面,红方难以把握。

8.······　　　炮 2 平 3　　**9.** 车二平三　　车 1 平 4

出肋车弃马搏杀是既定方针。

10. 车三进一（图 5 - 2 - 1）······

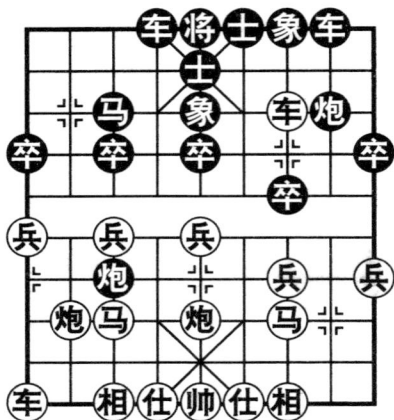

图 5 - 2 - 1

如图 5 - 2 - 1 形势,黑方有车 4 进 8 和炮 8 进 3 两种着法,分述如下:

第一种着法:车 4 进 8——全国象棋个人赛广东张学潮对河南李林局例。

10.······　　　车 4 进 8

进车于红方次底线是首次亮相在全国赛上的进攻战术。常见的下法是车 4 进 6。

11. 车三退一　炮 8 进 3　　**12.** 车三平四　车 4 平 3

平车捉马,试探红方应手。如改走炮 8 平 3,则车四退三,前炮进 3,仕六进五,黑方无后续手段,红优。

13. 马三退五　······

机警! 如改走马七进五,则炮 3 平 7,相三进一,车 3 平 7,黑方有攻势。

13.······　　　卒 7 进 1　　**14.** 车九进三　炮 8 进 1

15. 炮五进一　炮 3 平 7

如改走炮 8 平 5,马七进五,卒 7 进 1,前马退七,红优。

16. 炮五平二　车 8 进 6　　**17.** 车九平六　车 8 退 2

18. 相七进五　炮 7 平 8　　**19.** 相五进三（红方优势）

第二种着法:炮 8 进 3——全国象棋个人赛北京蒋川对江苏王斌局例。

10.······　　　炮 8 进 3

进炮骑河,灵活的新着,既控制红方冲中兵进攻又有向右移侧击的功效,适时的佳着!

11. 车九进三　车4进6

红方伸车弃相捉炮,强劲有力;黑方进车兵林线,正着。如改走炮3进3,则仕六进五,红仍多子占优。

12. 马七退五　炮8平3　　**13.** 炮五平六　……

车口献炮是退马窝心的后续手段,精巧!算准黑如车4进1,车九平七,车4平2,车七进一,卒3进1,车七平六,兑子后红优。

13. ……　　车4平7　　**14.** 车三退一　车8进6

15. 兵九进一　前炮平2　　**16.** 车九进一　……

如改走相三进五,车7平4,炮六平七,炮2退1,黑方占优。

16. ……　　车7平3　　**17.** 兵九进一　……

如改走相三进五,车8平4,炮八退二,卒1进1,车九平八,炮3退1,黑优。

17. ……　　炮3进4　　**18.** 马五退七　车3进3

19. 马三退五　车3退1　　**20.** 车三平四　……

机警!如改走兵九平八,炮2平5,马五进三,炮5平7,车三平四,车3退1,红方失子,黑优。

20. ……　　车3平4　　**21.** 炮六平七　车8平3

稳健之着,如改走将5平4,车九退四,马3进1,车四退四,炮2平5,马五进三,马1进2,双方激烈对攻,互有顾忌。

22. 车四退四　卒3进1　　**23.** 兵五进一　……

忍痛弃兵,为马五进三的出路计,否则黑卒7进1,红马出路受阻。

23. ……　　卒5进1　　**24.** 马五进三　卒7进1

25. 车九平三　卒3进1

各有顾忌,终局成和。

【小结】 此布局第一种着法车4进8并未取得理想效果,尚需改进;第二种着法骑河炮战术,有强劲的反击力,是有待继续探索的新兴布局变例。

第3局　红进三兵式

1. 炮二平五　马8进7　　**2.** 马二进三　车9平8

3. 车一平二　马2进3　　**4.** 兵七进一　卒7进1

5. 车二进六　炮2进4　　**6.** 兵五进一　象3进5

7. 马八进七　士4进5　　**8.** 兵九进一　炮2平3

9. 兵三进一 ……

稳健的下法,不为黑方弃马而心动。

9. ……　　炮 8 平 9　　**10. 车二进三** ……

兑车正着。如改走车二平三,则炮 2 平 7,以下红如贪吃马走车三进一,卒 7 进 1,红车被打死,速败。

10. ……　　马 7 退 8(图 5 - 3 - 1)

如图 5 - 3 - 1 形势,红方有兵三进一和兵五进一两种着法,分述如下:

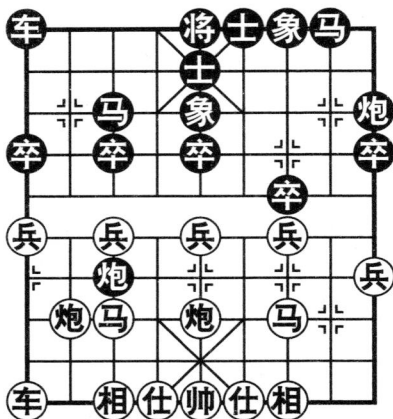

图 5 - 3 - 1

第一种着法:兵三进一——"锦州杯"全国象棋锦标赛(团体)男子组第 5 轮甘肃王维杰对盘锦李冠男局例。

11. 兵三进一　　象 5 进 7　　**12. 马七进五**　　车 1 平 4

13. 车九进三 ……

似应考虑兵五进一,黑如接走车 4 进 6,马五进六,象 7 进 5,马三进四,车 4 平 6,兵五进一,红兵渡河助阵,占优。

13. ……　　车 4 进 6　　**14. 马五进三**　　炮 9 平 7

15. 相三进一　　象 7 进 5　　**16. 车九平八**　　车 4 平 8

17. 前马退五　　炮 3 进 2　　**18. 仕六进五**　　炮 7 进 5

飞炮兑马,战法简明。迫红交换子力,使红车马受牵,攻势受阻。

19. 炮八平三　　车 8 平 7　　**20. 兵五进一**　　卒 5 进 1

21. 炮五进三　　马 8 进 7

双方均势,终局战和。

第二种着法:兵五进一——"锦州杯"全国象棋锦标赛(团体)女子组第 6 轮

湖南石一佐对南方棋院时凤兰局例。

11. 兵五进一　……

冲中兵意在盘马由中路进攻,较兵三进一更为积极。

11. …… 　　卒5进1　　**12. 马七进五　车1平2**

13. 车九进三　……

失误之着。导致以下黑方7卒过河,形势急转直下。应改走车九进二,黑如接走卒7进1,则马五进三,炮3进1,车九进一,红优。

13. …… 　　车2进7　　**14. 车九平七　卒5进1**

15. 炮五进二　卒7进1　　16. 车七平六　车2平6

17. 炮五进一　卒7进1　　18. 马五进三　……

弃马搏杀似凶实劣,并不能对黑构成威胁,应改走仕六进五,黑如接走车6退2,马五进六,车6退1(如卒7进1,马六进七,炮9平3,帅五平六,铁门栓杀,红胜),马六进八,炮9退1,炮五退三,卒7进1,车六进四,虽同样弃子,但有攻势,进程好于实战。

18. …… 　　车6平7　　**19. 马三进二　车7平6**

弃卒车守肋道,红方攻势烟消云散。

20. 车六平三　将5平4　　21. 仕六进五　……

软着!应改走车三平六,将4平5,车六进三,抢占卒林要道,尚可继续纠缠。

21. …… 　　车6退4　　**22. 车三平六　将4平5**

23. 马二进三　车6退2　　24. 马三退二　马8进7

25. 帅五平六　车6平8　　26. 车六进三　马7进5

黑方多子占优,结果获胜。

【小结】　此布局第一种着法红兵三进一,乃稳健战法,可保持略先局面;第二种着法兵五进一,立意积极,却因失误导致过程不尽如人意,然而,瑕不掩瑜,红最终获胜。综观两种变着,由于黑方的兑车战术,给红方的争胜增添了困难,相信针对黑方的右炮过河,红方会有新的对策出现,让我们拭目以待。

第六章　中炮过河车对屏风马左马盘河

中炮过河车对屏风马左马盘河的布局特点是对攻性强、变化复杂。这一布局是历届全国象棋比赛中经常出现的一种布局战法,我国著名象棋特级大师杨官璘对此布局有很深的研究。

左马盘河是屏风马方抵御中炮过河车的一种反击力较强的防守阵势,它的战略思想是以攻为守,伺机强渡 7 卒闪击过河车,挑起争端,展开反击,借以摆脱左翼车炮受封制的局面。后因平炮兑车战术的出现,左马盘河被冷落了一段时间。进入 21 世纪,随着棋手们在实战中不断研究和改进,又出现了很多新颖有趣的攻守变例,并取得良好效果,使这种布局的战略战术内容更加丰富。

第 1 局　　中炮高左炮对屏风马左马盘河
——21 世纪焕发青春的高左炮

1. 炮二平五　马 8 进 7　　**2.** 马二进三　车 9 平 8

3. 车一平二　卒 7 进 1　　**4.** 车二进六　马 2 进 3

5. 兵七进一　马 7 进 6

至此,形成中炮过河车对屏风马左马盘河的基本阵势。

6. 马八进七　……

红如改走炮八进三伸炮骑河,企图强渡七兵,逐马抢攻,这是中炮方的一路强硬变化。以下黑卒 7 进 1,炮五进四! 马 3 进 5,车二平五,炮 2 平 5,炮八平五! 士 4 进 5,兵三进一,红方顺利消灭了黑方 7 路过河卒。读者务必注意和了解此路变化,详细攻防请参阅徐家亮、刘彬如共著的《左马盘河集》。

6. ……　　　象 3 进 5

黑如改走卒 7 进 1 胁车,是突破常规的走法,详见下局介绍。

7. 炮八进一　士 4 进 5

红方高左炮在 20 世纪 60 年代曾风行一时,至今仍是攻击盘河马的锐利武器;黑方补士伺机而变,战术含蓄而强硬。如改走卒 7 进 1,则另有攻防变化。

8. 车二平四　炮 8 进 2

如改走马6退4,则红方车四退二,炮8平7,炮八进三,炮7进4,马三退五,马4退3,马七进六,车8进6,兵一进一,炮2平1,马五进七,车1平2,车九平八,炮1进4,马六进四,红方先手。

9. 兵三进一(图6-1-1)……

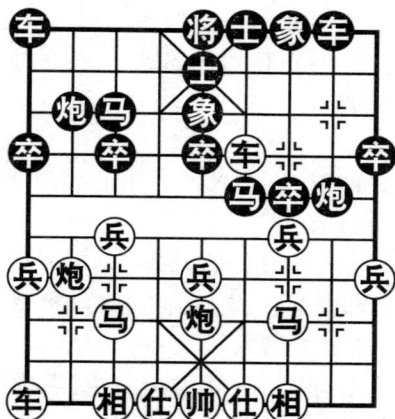

图6-1-1

如图6-1-1形势,黑方主要有炮2进1和炮2进2两种变化,分述如下:

第一种着法:炮2进1——山西赵顺心实战局例。

9.……　　　炮2进1

升炮卒林乃创新战法,黑显然是有备而来的。如改走卒7进1,则红方车四退一,炮8平7,马三退五,车8进8,炮五平三,炮7进3,马五进三,车8平2,炮八进一,卒7进1,马三退五,车1平4,车九进一,车2退1,车四进八,红方优势。

10. 兵三进一　卒3进1　　**11.** 车四进二　炮2退2

退炮打车是继第9回合新颖战法的连续动作。如改走象5进7,则红方兵七进一,车8进3,马三进二,炮2退2,炮五平三,象7进9,炮八进三,卒5进1,炮八平三,车8平7,车四退三,炮8平6,马二进三,红方略优。

12. 车四退二　马3进4

飞马踏车。按照新设计的战车时刻表正点运行,一场搏杀在所难免!

13. 车四平五　象5进7　　**14.** 兵七进一　马4进3

如改走车1平3,则兵七平六,车3进7,兵六平五,红优。

15. 车五退一　象7退5

弃马背水一战,虽勇猛惊人,但毕竟损失太大,后援过慢,难成气候。如改走象7进5,则马三进四,炮8进3,炮五退一,车1平4,车五平四,车4进7,这样弃马,好于实战。

16. 车五平四　炮8平3　　**17.** 马三退五　车1平4

18. 炮五平四　车8进8　　**19.** 车九进一!　……

提横车防黑车4进8点穴,冷静的好手。如改走炮八退二,车4进8,炮四退一,车8平6,车四退四,炮3进3,车四进一,炮3平5,相三进五,马3进2,马五退三,马2退4,车九进二,马4退2,仕四进五,马2进3,车九退一,炮2进8,车九平七,车4平3,趋于和势。

19. ……　　　　　车8退3

黑如改走炮2进3,车四退一,炮2平1,相七进九,炮3平5,兵五进一,车4进5,炮四平五,黑方亦不出棋,红优。

20. 相七进五　炮2平3　　**21.** 炮八进三　……

红方得子后,提横车、卸中炮、飞左相,防守章法严密,现挥炮过河由守转攻。

21. ……　　　　　车8退2　　**22.** 车九平八　车8进5

进车一搏是劣势下的无奈选择。正常应对为:后炮平2,炮八平四,炮3平2,车八平九,马3退4,车四退二,黑方不致速溃。

23. 炮八进三　车4进2　　**24.** 炮八平九　车8平6

25. 相五进七　后炮进4

红方飞相盖马,伏跳出窝心马的巧手,精彩!黑方炮轰红相,暗伏弃子圈套,巧妙!

26. 车八进八　士5退4　　**27.** 马五进四!　……

穿出窝心马解围还杀,精妙无比!如贪炮误走车八退五,士4进5,车八平七,马3进5,马七进六,车4进3!车七平六,炮3进5!马五退七,马5进3,车六退三,车6平4,黑胜。

27. ……　　　　　士6进5

黑如车6退1吃炮,红有马四进五的凶着。

28. 车八退一　……

红胜。以下黑象5退3,车四进三,车4平5,车八平五,车5退1,车四进一,臣压君杀。

第二种着法: 炮2进2——特级大师杨官璘研究出的新招(接图6-1-1)。

9. ……　　　　　炮2进2　　**10.** 兵三进一　炮2平7

11. 马三进四　车8进5

如改走炮8进3,车四退一,炮8平3,炮八进四,红方先手。

12. 车四退一　车8进7　　**13.** 马四进六　车8平7

14. 马七退五　炮7进5　　**15.** 马五退三　车7进2

16. 车四平二　炮8平6

如改走车1平4,马六进七,车4进8,车二退五,车7平8,车九平八,车4退6,马七退九,车4平2,炮八进三,红方优势。

17. 帅五进一　车7退1　　**18.** 帅五退一　车7进1

19. 帅五进一　车1平2

黑方"一将一要抽吃"。应由黑变,黑方不变作负。所以黑方变着。

20. 车九平八　车2进4　　**21.** 兵七进一　……

弃兵抢先,正着。如改走马六进五,车2平8,马五进七,将5平4,炮五平六,车8进4,帅五进一,车8平4,炮八平六,车4退1,帅五平六,炮6退3捉炮,黑方大占优势。

21. ……　　　　　车2进1

如改走车2平3,炮八平七,马3退4,炮五平七,车3平1,马六进八,士5进4,车二平九,卒1进1,马八进七,将5进1,车八进九捉马,红方胜定。

22. 马六进七　车7退1　　**23.** 帅五退一　炮6平4

24. 帅五平六　车2平4　　**25.** 炮八平六!　车4进1

26. 帅六平五　车4进2　　**27.** 车八进九　士5退4

28. 车八平六　车4退8　　**29.** 马七进六　将5平4

30. 兵七进一

红方胜定。

【小结】　本局黑方采用的巡河炮保马对付红方的高左炮在大型比赛中已不多见。所列两种着法,第一种着法炮2进1的新颖战法,勇猛惊人,虽初战受挫,但仍有改进的余地,值得注意;第二种着法炮2进2为早期的主流变化,形势发展为红方主动,仍控制局势。

第2局　黑速冲7卒(1)
——21世纪初兴起的挑战传统理论的"飞刀"战法

1. 炮二平五　马8进7　　**2.** 马二进三　车9平8

3. 车一平二　马2进3　　**4.** 兵七进一　卒7进1

5. 车二进六　马7进6　　**6.** 马八进七　卒7进1!

黑速冲7卒挑起战斗,是对传统象3进5走法的突破和挑战。盘河马战术不飞中象而先冲7卒逐车的变化,长期被象棋理论家否定,认为其"轻率、冒进或虚浮"。

这一新兴的飞刀战法,引人注目!

7. 车二平四 ……

红如改走车二退一,则黑有两种变着:①卒7进1,车二平四,卒7进1,马七进六,象7进5,车四平二,车1进1,炮八平三,车8进1,黑可抗衡;②马6退7,车二平三,炮8退1,兵三进一,炮8平7,车三平八,炮2进5,炮五平八,卒3进1,车八进二,车1进2,车八平九,象3进1,兵七进一,象1进3,黑可满意。

7. …… **马6进8** **8. 兵三进一** ……

红如改走马三退五,请参见下局。

8. …… **马8进7** **9. 炮五进四** **马3进5**

10. 车四平五 **士6进5** **11. 炮八平三** **炮8进7**(图6-2-1)

如图6-2-1形势,红方多双兵,子力活跃,兵种齐全,感觉局势不错,但黑方有沉底炮攻势,反击力量不可小视。现在红方主要有仕六进五、马七进六、车九进一3种战法,分述如下(皆由特级大师刘殿中评注):

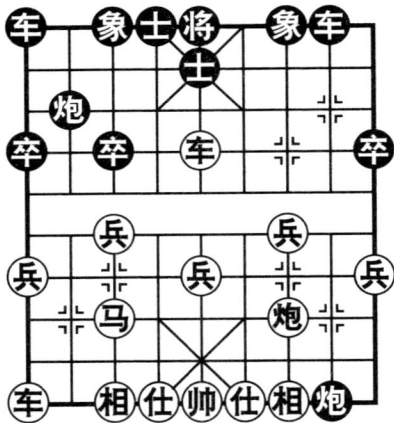

图6-2-1

(1)**仕六进五**——第5届全国象棋大师冠军赛厦门蔡忠诚对陕西张惠民局例。

12. 仕六进五 **车8进7**

红方补仕是求稳的变化。黑方进车捉炮嫌早,可走车1进2或炮2平6,变化复杂。

13. 炮三平四 **炮2平6** **14. 车五平四** **炮6平5**

15. 马七进六 **车1平2**

黑出右车后,四子齐攻,攻势大增。

16. 相七进五　炮 8 平 9　　　**17.** 车四平五　车 8 进 1

18. 马六退七　车 2 进 4　　　**19.** 兵七进一　车 2 平 3

20. 车九平六　车 8 平 6　　　**21.** 车六进六　车 3 平 8

22. 帅五平六　车 8 进 5　　　**23.** 帅六进一　炮 9 平 7

黑有攻势,结果获胜。

(2) 马七进六——全国象棋团体赛第 2 轮上海万春林对深圳黄海林局例。

12. 马七进六　炮 2 平 6

黑平炮肋道,防止红马六进四至关重要,否则红可先行发动攻势。

13. 车九进二　车 8 进 8

红方如改车九平八,则黑车 1 进 2 亦有攻势。黑方进车凶猛,看来是胸有成竹。

14. 相七进五　炮 6 进 5

红方飞相无疑是一步坏棋,但走什么好? 这大概也是难题。黑方双车双炮速度快、攻势猛,红难以防守。现黑进炮打车佳着,破坏了红在黑车 1 平 2 以后走车九平八兑车的打算。

15. 相五退七　车 8 平 6　　　**16.** 车五平四　……

红弃仕无奈,如仕六进五,黑炮 6 进 2,红方防线亦溃。

16. ……　　　　　车 6 进 1　　　**17.** 帅五进一　炮 8 退 2

18. 车九平六　炮 6 进 1　　　**19.** 炮三退一　车 1 平 2

20. 车六平二　车 2 进 8　　　**21.** 帅五进一　车 6 平 5

22. 帅五平六　车 5 平 4　　　**23.** 帅六平五　车 2 退 1

黑方获胜。

(3) 车九进一——全国象棋团体赛林业赵利琴对安徽申鹏局例。

12. 车九进一　炮 2 平 6　　　**13.** 兵三进一　车 1 平 2

14. 车九平三　车 2 进 4　　　**15.** 炮三进二　车 8 进 7

进车捉马明智。如改走车 2 平 7 吃兵,红则炮三平五先弃后取,反而占优。

16. 炮三平五　象 3 进 5　　　**17.** 马七进六　车 8 平 6

红方跃马如改走相七进五,黑车 2 进 3,以下红如接走马七进六,车 8 平 6,黑胜;黑方平车胁仕机警,以下形成子力转换。

18. 仕六进五　车 2 进 5　　　**19.** 仕五进四　车 2 平 3

20. 帅五进一　车 3 退 1　　　**21.** 帅五退一　车 3 平 7

22. 车五平二　车 7 进 1　　　**23.** 马六进七　炮 8 平 9

24. 炮五平一　车 7 平 6　　　**25.** 帅五进一　炮 9 退 4

26. 兵一进一　象5进7

黑方略优,结果获胜。

第3局　黑速冲7卒(2)
——回马金枪安徽梅式"飞刀"

1. 炮二平五　马8进7　　**2.** 马二进三　车9平8
3. 车一平二　马2进3　　**4.** 兵七进一　卒7进1
5. 车二进六　马7进6　　**6.** 马八进七　卒7进1
7. 车二平四　马6进8　　**8.** 马三退五　……

回马金枪先避一手,是后中先的积极战法。这是安徽梅娜对阵厦门吴文文时创用的新招,也是对兵三进一老式战法的重大改进,被誉为梅式"飞刀"。

8. ……　　　卒7进1　　**9.** 马七进六　……

如改走炮八进一,则象7进5,炮八平三,车8平7,车四退二,马8进7,马五进三,车7进6,黑先。

9. ……　　　炮8平5(图6-3-1)

如图6-3-1形势,红方有马五进七和炮八平七两种战法,分述如下:

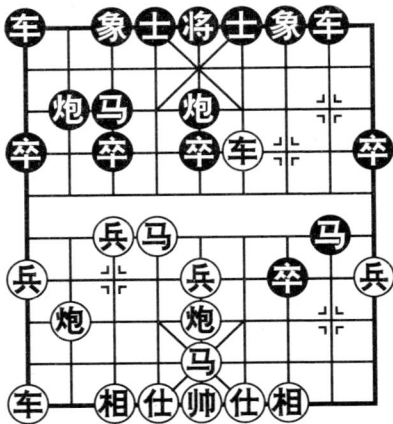

图6-3-1

(1)**马五进七**——"怡莲寝具杯"全国象棋锦标赛第8轮江苏徐超对北京蒋川局例。

10. 马五进七　炮2进4!

黑右炮过河乃推陈出新的招法!过去多走士4进5或炮5平7,则另具攻守变化。

11. 兵七进一　卒 3 进 1　　**12.** 马六退八　卒 3 进 1

13. 马八进七　士 4 进 5　　**14.** 车四退二　卒 3 进 1

15. 前马退九　马 3 进 4　　**16.** 车四平六　卒 3 进 1

17. 车六进一　车 1 平 2!

好棋! 如贪炮吃回失子走卒 2 平 3,则马九进八,炮 5 平 2,炮五进四,黑方速溃。

18. 炮八平九　……

似可考虑改走炮八进四,以下黑如接走卒 1 进 1,则车六平九,车 2 进 3,车九平七,车 2 退 3,炮五进四,车 8 进 3,车七进一,下伏马九进八的凶着,红势不错。

18. ……　　车 2 进 5　　**19.** 车九进一　车 8 进 3

20. 车九平六　……

应改走车六进一,以下卒 1 进 1,车九平六,尚有一场恶战,鹿死谁手,难以预料。

20. ……　　炮 5 进 4　　**21.** 仕六进五　马 8 进 6

22. 前车平七　……

如改走后车进二捉炮,则车 2 进 4,车六平五,车 2 平 3,仕六退五,马 6 进 7,帅五进一,车 3 退 1,车六退四,马 7 退 6,黑得车胜。

22. ……　　象 7 进 5　　**23.** 车七退三　卒 1 进 1

24. 帅五平六　卒 5 进 1!

死子不急吃,老练。

25. 车六进四　车 8 进 2　　**26.** 炮五进三　车 8 平 4

27. 车七平六　车 4 进 2　　**28.** 仕五进六　卒 1 进 1

29. 炮九进二　马 6 退 5　　**30.** 车六平五　炮 5 平 9

兑子简化后,黑方形成车炮双卒的优势残局。红方子力位置较差,结果黑方获胜。

(2)**炮八平七**——"怡莲寝具杯"全国象棋锦标赛女子组第 10 轮江苏张国凤对安徽赵寅局例。

10. 炮八平七　……

平炮瞄卒准备亮车,置对方中炮镇住窝心马于不顾,系别出心裁的强硬战术。

10. ……　　车 8 进 4!

机警之着！如误走炮 5 进 4，则车九平八，车 1 平 2，车八进三，炮 5 退 1，马六进五，红优。

11. 车九平八　　车 1 平 2　　　**12.** 车八进六　　士 4 进 5

补士固防静观其变，如改走车 8 平 4，则车四退二，马 8 退 7，车四平一，另有一番争斗。

13. 马六进五　　马 3 进 5　　　**14.** 炮五进四　　车 8 平 4！

平车占肋，伏出将助攻之手段，好棋！

15. 炮七平八　　车 4 进 4！

弃炮进车点穴是平车占肋的连续动作，入局好手！

16. 车八退三　　……

如误走炮八进五，则车 1 进 2，车八进一，将 5 平 4，马五进六，车 4 退 2，仕四进五，炮 5 进 4，红方难以应付。

16. ……　　　　象 3 进 1　　　**17.** 炮八退二　　车 2 进 1！

黑方占优。结果红方失利。

【小结】　以上两局黑方速冲 7 卒的变着，是对传统象棋理论的挑战，是一种大胆的革新。红方在第 8 回合的两种战法：(1)兵三进一的变化演示，三战皆胜的事实表明黑方机会多多；(2)马三退五的"梅式飞刀"，实施宁舍一兵不失先手的积极战略，行之有效。所列两变中，黑方蒋川大师所创炮 2 进 4 的诱敌之招新颖，虽取得胜利，但其性能的优劣尚待更多的实战来检验；张国凤特级大师所创炮八平七的新招，从实战进程看，被小将赵寅牢控其窝心马的通道，总是留下后患，难与黑方抗争。

第 4 局　　五九炮过河车对屏风马左马盘河

——全国象棋团体赛布局动态之一

1. 炮二平五　　马 8 进 7　　　**2.** 马二进三　　车 9 平 8

3. 车一平二　　卒 7 进 1　　　**4.** 车二进六　　马 2 进 3

5. 兵七进一　　马 7 进 6　　　**6.** 马八进七　　象 3 进 5

先补中象是传统厚实的下法，较为稳健。

7. 炮八平九　　车 1 平 2　　　**8.** 车九平八　　炮 2 进 1

此手高炮乃构思奇特的新招！既能消除红方车八进六过河，又可守护卒林线，保留卒 7 进 1 胁车，静观其变。

9. 炮九进四　　……

红方的战法亦很奇特，含有诱敌之意。

9.……　　　　卒7进1

冲卒反击,干净利落。如误走马3进1,则车八进六!车2进3,炮五进四,象5退3,炮五平八,炮8平5,相七进五,车8进3,炮八平二,红方多兵,略优。

10. 车二退一　马6退7　11. 车二平九　……

只能如此!如改走车二进一,卒7进1,车二平三,卒7进1,车三进一,卒7平6,黑方优势。

11.……　　　　卒7进1

正着。如误走马3进1,兵三进一,红优。

12. 炮九进三　将5进1(图6-4-1)

如图6-4-1所示,黑方"御驾亲征"别具一格,显示出弈战的风格和决战的雄心。如改走象5退3,车九平三,卒7进1,车三进二,车2平1,车八进六,卒7平6,车三平七,卒6平5,相七进五,象7进5,车七进一,红方稍优。如图6-4-1形势,红方有(1)马三退一、(2)马七进六两种战法,分述如下:

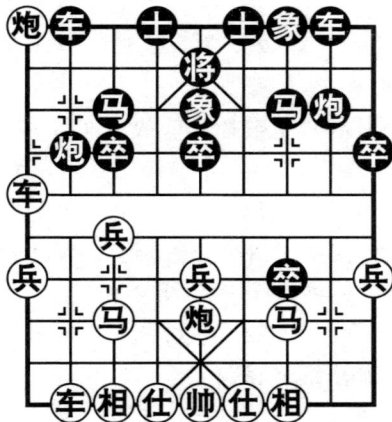

图6-4-1

(1)马三退一——太原全国象棋个人赛女子组北京唐丹对浙江金海英局例。

13. 马三退一　……

退马求稳失先,不如马七进六凶猛。

13.……　　　　炮8进7　**14. 车九进二　车8进8**

由此,双方展开对攻。

15. 车九平七　车2平1　16. 车七进一　……

进车照将"助人为乐",应改车八进六,实战效果会大不一样。

16. ……　　　将5退1　　**17.** 车七平三　　马7进8

18. 车八进六　　马8进6

飞马过河,死子不急吃,好棋! 至此,黑方取得满意局面,结果黑胜。

(2)**马七进六**——"锦州杯"全国象棋团体赛第2轮云南王瑞祥对杭州宋城盖明强局例。(**注:**双方由仙人指路对飞右象开局,转为中炮过河车对屏风马左马盘河,殊途同归。由第7回合开始,与本谱吻合)

13. 马七进六　　……

飞马出战,斗志昂扬,显示出红方弃子争先的战斗风格,属飞刀战法。

13. ……　　　卒7进1　　**14.** 车八进六!　……

再弃车砍炮,技惊四座,勇猛过人! 是上一着飞刀战法的继续。

14. ……　　　车2进3　　**15.** 马六进五　　马7进5

16. 炮五进四　　象5退3

如错走马3进5,则车九进三杀,红胜。

17. 炮五平八　　炮8平5　　**18.** 仕六进五　　将5退1

19. 相三进五　　车8进1　　**20.** 炮八退四　　卒7进1

21. 炮八退一　　车8平1

兑车造成少兵的不利局面,是败招。应改走车8平7,坚持纠缠,鹿死谁手,尚难预料。

22. 车九进三　　马3退1　　**23.** 炮八进七!……

进炮困马是佳着! 如改走炮八平三,炮5退1,炮三平一,象7进5,炮一进五,炮5进5,黑虽少两子,但挟兵种占优之利,可望和棋。

23. ……　　　炮5平8　　**24.** 炮九平八　　……

平炮封锁边马出路,着法细腻、精巧!

24. ……　　　卒7平6　　**25.** 仕五进四　　象7进5

如改走炮8进1护马跳出,则红有兵七进一的手段,红方亦多兵占优。

26. 兵五进一　　卒3进1

如改走炮8进1,兵五进一,马1进2,后炮退一! 士6进5,兵七进一,象5进3,兵五进一,红得子胜势。

27. 兵七进一　　象5进3　　**28.** 兵九进一

边兵助攻,黑必死无疑。至此红方大优,结果获胜。

【小结】　此布局(1)变黑方御驾亲征的新招,收到了预期效果。然而,毕竟主帅在外,不很安全,还需改进。(2)变红方弃马弃车抢攻,勇猛可嘉,飞刀战法虽取得胜利,但仍需更多的实战来检验。

第5局　中炮过河车屈头马对左马盘河
——全国象棋团体赛布局动态之二

1. 炮二平五　马8进7　　**2.** 马二进三　车9平8

3. 车一平二　卒7进1　　**4.** 车二进六　马2进3

5. 马八进七　马7进6

黑方左马盘河,是对攻性较强的选择。似可改走卒3进1,较为稳健和灵活多变。

6. 兵五进一　……

红进中兵直接发起攻势,着法针锋相对。

6. ……　　卒7进1

箭在弦上,不得不发。

7. 车二退一(图6-5-1)　……

如图6-5-1形势,本届比赛中,黑方出现(1)马6退7、(2)卒7进1两种战法,分述如下:

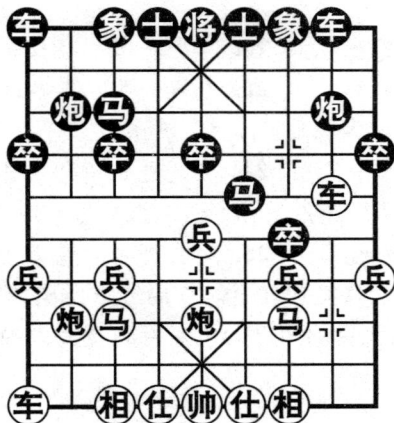

图6-5-1

(1)**马6退7**——第5轮辽宁锦州巴国忠对内蒙古尉强局例。

7. ……　　马6退7

此局面下,喜爱攻杀的棋手多选择马6进7,马三进五,卒7平6,车二退二,双方另有复杂攻防变化。

8. 车二平三　卒7平6　　**9.** 兵五进一　士4进5

如改走炮8退1,则双方另具攻防变化。

10. 马七进五　……

贯彻中路进攻的初衷,正着。如改走车九进一,象7进9,车三进一,卒5进1,车九平四,卒6平5,红方盘头马进攻受阻(选自本届团体赛第2轮青岛董文韬先负内蒙古尉强之战)。

10. ……	炮8退1	**11. 兵五进一**	炮8平7
12. 车三平五	马3进5	**13. 马五进六**	炮2平5
14. 马六进五	象3进5	**15. 炮五进四**	马7进5
16. 车五进一	炮7进6		

这一段双方皆为必然着法,大量兑子后,黑方有卒渡河,局势可以满意。

17. 车九平八	车1平2	**18. 车五平七**	……

顺手扫卒,下伏炮八平五摆脱车炮受牵的先手,好棋。

18. ……　　卒6进1

软着。应改走卒6平5,红如接走炮八进四,卒9进1,车七退二,车8进5,炮八平五,车2平4,车八进六,卒5平4,车七平八,车8平5,仕六进五,炮7平8,黑形势乐观。

19. 炮八平五	车2平4	**20. 车七平四**	卒6平5
21. 炮五平八	车4平2	**22. 炮八进四**	车8进6

似以改走车8进4较为稳妥。

23. 兵三进一	车8平7	**24. 相七进五**	卒5进1
25. 相三进五	车7平3	**26. 仕四进五**	车3平4
27. 兵三进一	炮7退1	**28. 兵九进一**	炮7平5

至此,红虽缺相,但三兵渡河,略优,终局红方残棋获胜。

(2)**卒7进1**——第3轮锦州巴国忠对青岛董文韬局例。

7. ……　　　卒7进1

8. 兵五进一　……

猛攻中路,逼退黑马,好棋!如改走车二平四,卒7进1,马七进五(如兵五进一,炮8平5,黑优),卒7进1,车四平二,炮2进4,兵七进一,车1进1,形成双方对攻,黑卒逼近九宫,红不能选择此路变化。

8. ……	马6退7	**9. 兵五进一**	士4进5
10. 兵五平六	象3进5	**11. 车二平三**	……

红中兵乘势冲至卒林,现巧手平车,逼黑兑子交换,弈来称心如意。

11. ……	卒7进1	**12. 车三进二**	卒7平6

13. 炮五进一　　卒 6 进 1　　**14.** 车九进一　　卒 6 进 1

15. 帅五平四　　炮 8 进 7　　**16.** 相三进五　　炮 8 平 9

17. 车九平三　　……

红方左侧暗车在围剿黑卒途中顺势亮相助攻,形势大好;反观黑过河卒被迫换仕后,单车伐炮,后继无援,形势不容乐观。

17. ……　　　　马 3 进 5　　**18.** 前车退三　　车 1 平 4

平车弃马,孤注一掷,也许是此时最佳选择。如改走马 5 退 7,则红前车进二,占尽优势。

19. 兵六平五　　……

平兵吃马,接受挑战,只能如此。

19. ……　　　　车 8 进 9　　**20.** 帅四进一　　车 4 进 8

21. 仕六进五　　炮 9 平 3　　**22.** 兵五进一　　象 7 进 5

如改走炮 3 退 1,兵五进一,将 5 进 1,后车退一,车 8 退 1,帅四退一,红亦优。

23. 炮八退一!　　……

缩炮精巧! 防黑炮 3 退 1 反扑。

23. ……　　　　车 8 退 5　　**24.** 前车平四　　将 5 平 4

25. 车三进三　　……

联霸王车欲兑死车,机警!

25. ……　　　　炮 2 平 4　　**26.** 车三平二　　车 8 平 7

27. 车二平三　　车 7 平 8　　**28.** 炮八平九

红平炮生根,缠住黑车炮,死守下二路,令黑方进攻无门,以后红方勇弃双车,巧妙取胜。

【小结】　以中炮过河车屈头马进中兵攻击屏风马左马盘河战法可取。特别是(2)变第 8 回合再冲中兵的创新变着更值得借鉴。

第七章　中炮直横车对屏风马两头蛇

中炮直横车对屏风马两头蛇是棋坛长盛不衰的主流布局,近年尤为盛行。其布阵特点是:红方双马正起,双车迅速出动,极富攻击力,对黑造成了较大威胁;黑方则运用"两头蛇"制约红马,凭借稳固阵形,采取防守反击的策略与红棋分庭抗礼。

这一布局的对攻性较强,近年又开发出不少新的攻防变化,且在全国大赛上应用愈来愈多。总之,这一布局的实用价值令人关注,是众多棋手喜欢研究的一个布局内容。

第 1 局　红先邀兑三兵式

1. 炮二平五　马 8 进 7　　**2.** 马二进三　车 9 平 8

3. 车一平二　卒 7 进 1　　**4.** 车二进六　马 2 进 3

5. 马八进七　……

红方不挺七兵而跳正马,加快大子出动速度,使两翼子力均衡发展,是先手方的一种流行攻法。

5. ……　　　　卒 3 进 1

黑方挺 3 卒活己马制彼马,下伏炮 2 进 1 逐车的手段,是灵活之招。

6. 车九进一　……

形成中炮直横车对屏风马两头蛇布局阵势。红方高横车,欲演左右夹击之势。

6. ……　　　炮 2 进 1　　**7.** 车二退二　象 3 进 5

8. 兵三进一　……

另一路主要变例兵七进一变化丰富且更为激烈(详见下局介绍),与兵三进一交替使用对付黑方两头蛇,可谓游刃有余。

8. ……　　　卒 7 进 1　　**9.** 车二平三　马 7 进 6(图 7-1-1)

如图 7-1-1 形势,红方主要有车九平四和兵七进一两种战法,分述如下:

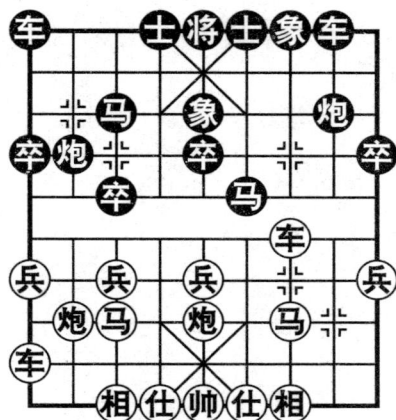

图 7-1-1

（1）**车九平四**（接图 7-1-1）。

10. 车九平四 炮 2 进 1

红方先平车捉马是一步经典攻着。如改走兵五进一，炮 2 进 1，车九平二，士 4 进 5，兵七进一，炮 8 进 4！马七进五，马 6 进 5，马三进五，车 1 平 4，兵七进一，车 4 进 6，兵七平八，车 4 平 5，黑方足可满意（选自陶汉明对卜凤波之战）。

黑方进炮保马，准备续走炮 8 平 6 轰车争先。如改走马 6 退 8，则红方接走车三平六，或车三平八，均为红方易走。

11. 车四平二 车 1 进 1

红方先平车捉炮，逼黑升炮保马后，再平车牵制黑方左翼无根车炮，走法灵活；黑方高横车，策应左翼车炮，是改进后的走法。

12. 兵七进一 卒 3 进 1

黑如改走车 8 进 1（冷着），兵七进一，象 5 进 3，马七进六，马 6 进 4，车三平六，炮 8 平 7！车二进七，炮 7 进 7，仕四进五，车 1 平 8，车六进三，炮 7 平 9，双方对攻，展开激战，这是四川朱琮思先负湖南黄仕清之战。

13. 车三平七 车 8 进 1（图 7-1-2）

如图 7-1-2 形势，红方有车二平四、车七平四两种战法，分述如下：

①车二平四——"天津交通安全杯"象棋特级大师南北对抗赛第 4 轮北方赵国荣对南方万春林局例。

14. 车二平四 车 1 平 6 15. 车四进三 ……

红方进车扛马头是创新战法。过去多走马三进二，马 6 进 8，车四进七，车 8 平 6，车七平二，炮 8 平 9，马七进六，红虽稍好，但局势平稳，易成和局。

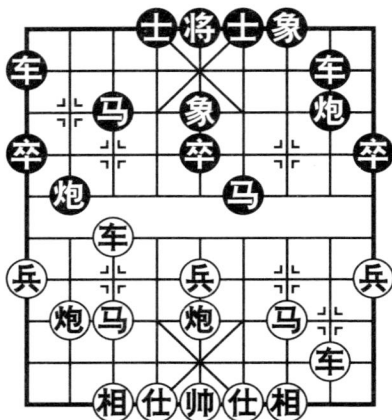

图 7-1-2

15.…… 　　　　炮 8 平 7

黑顺势平炮攻相是首选的变化。如改走马 3 进 4,炮五进四,士 6 进 5,车四平三,车 6 平 7,车三进四,车 8 平 7,车七进一,黑方丢子。

16. 相三进一　炮 2 退 4　　**17.** 炮八进四　车 8 进 3

黑进车保马乃稳妥之着。黑此时另有两种变化:①炮 2 平 3,炮八平七,马 3 退 1(如炮 3 进 3,车七进二,红优),炮五进四,士 6 进 5,车七平八,红方大优;②马 3 进 4,炮五进四,士 6 进 5,炮八进二,马 4 进 6,车七平四,红优。

18. 马七进六　炮 2 平 3　　**19.** 炮八平七　炮 3 进 3

20. 马六进七　车 6 平 2　　**21.** 兵五进一　车 2 进 3

22. 兵五进一

红方有攻势,占优,终局红胜。

②车七平四——"大江摩托杯"全国象棋个人赛第 7 轮农协程进超对云南郑新年局例(接图 7-1-2)。

14. 车七平四　车 1 平 6　　**15.** 兵五进一　士 4 进 5

16. 仕四进五　　……

红方补仕防黑炮 8 平 7 闪击,新变之着。以往多走车二平六,黑棋亦有抗衡对策,双方另具攻防变化。

16.…… 　　　　炮 8 平 6

平炮兑车巧妙!算准大量兑子后,局势相当。

17. 车二进七　炮 6 进 3　　**18.** 车二退五　马 6 进 4

19. 炮五平四　　……

平炮轰车、整形，抢先之着。

19. ……　　　　炮 6 平 7　　**20.** 相三进五　马 4 进 3

21. 炮四平七　炮 7 退 3　　**22.** 炮七进四　车 6 进 3

似可改走卒 9 进 1，留卒较好。

23. 炮七平一

至此红多一兵略优，后因黑棋失误而致败。

(2) 兵七进一（接图 7-1-1）。

10. 兵七进一　　　　……

红兑七兵活通左马，也是一种攻法。

10. ……　　　　卒 3 进 1

如改走士 4 进 5，兵七进一，象 5 进 3，马七进六，马 6 进 4，车三平六，红方易走。

11. 车三平七　炮 8 平 7

黑方平炮轰相亮车，正着。如改走炮 8 平 6，则炮五平四，红方先手扩大，占优。

12. 车九平四　车 8 进 4

红方置底相于不顾，平车捉马，力争主动；黑方高车保马正确。如改走炮 7 进 7 贪相，则仕四进五，马 6 进 7，车七进三，炮 7 平 9，车四平一，黑难成势，红得子占优。

13. 马三进四　车 8 平 7　　**14.** 马四退二　车 7 平 8（图 7-1-3）

黑如改走炮 7 进 7 打相，则仕四进五，车 7 平 8，车七进三，车 8 进 2，车四进四，车 8 进 3，炮五进四，士 4 进 5，帅五平四，红方优势。

如图 7-1-3 形势，红方有车四进二、炮八进一两种战法，分述如下：

①车四进二——"大江摩托杯"全国象棋个人赛第 11 轮上海万春林对黑龙江赵国荣局例。

15. 车四进二　　　　……

进车保马系河北队所创的新兴战术，含蓄多变。以往的老式下法是炮八进一，详见下局。

15. ……　　　　炮 7 平 6

平炮打车工整。如改走车 8 进 1 兑车，着法诡异，并期待红方车七平二，形成黑可抗衡的局面。但在第 4 届"嘉周杯"象棋特级大师冠军赛上徐天红弈出车七平五的新变，并战胜吕钦而夺冠。续演几招如下：车 8 进 1，车七平五，士 4 进 5，车四进二，车 8 进 1，车五平三，炮 7 进 6，炮八进一，车 8 进 2，仕六进五，车 8

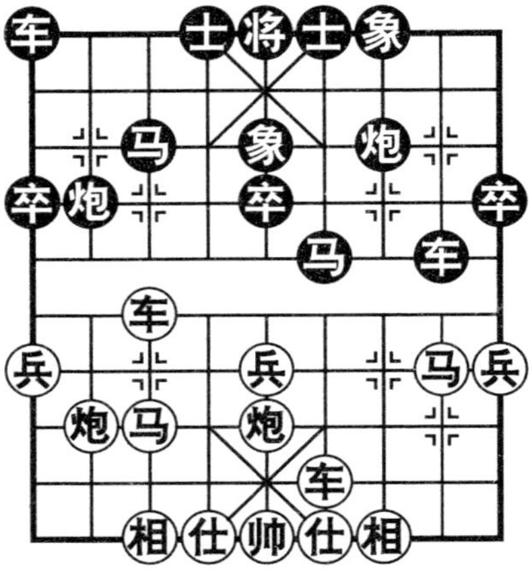

图 7-1-3

退5,马七进六,车8平7,车三进二,炮2平7,炮八平六,车1平2,车四进一,炮7进1,炮五进四。至此,红多中兵稍优,后因黑方失误而落败。徐天红的新招值得关注。

16. 炮五平二　炮6进4　　**17.** 炮二进三　马6进7

黑跃马进攻是对原来下法车1平3及马6退7的改进。

18. 炮二进四　……

红方沉炮对攻是对车七进三吃马交换的重要改进!

18. ……　　　　　炮6平8　　**19.** 车七进三　马7退6

20. 马七进六!　炮8退4

红方弃马谋象,胸有成竹。黑方退炮打车冷静,如贪吃走马6进4,车七平五,士4进5,车五平三,下伏车三进二及炮八平三两手凶着,黑势崩溃。

21. 车七退三　马6退7

黑退马踩炮,机警!抢得兑车的机会。如改走马6进4,则车七平六,车1平3,车六进二,炮2退2,车六平五,车3进2,炮八进二,红优。

22. 炮二平一　车1平3　　**23.** 车七进五　象5退3

24. 炮八平五　炮2退2!

黑方退炮,新颖而细腻!其战术精华是既遏制了红方炮五进四打卒又保留了兵种的优势。红如炮五进四,则马7进5,马六进五,炮8平5,必得红方中兵。过去此手黑方走士4进5,仕四进五,象3进5,炮五进四,马7进5,马六进五,红方既多中兵,又持马炮兵种占优。

25. 马六进五　马7进5　　**26.** 炮五进四

红多中兵稍优,无奈局势简化,难成胜势。结果成和。

②炮八进一(接图 7-1-3)

15. 炮八进一(图 7-1-4)　……

高炮保马,准备炮五平二打车。

至此,如图 7-1-4,黑方主要有士 4 进 5 和炮 2 进 1 两种应法,分述如下:

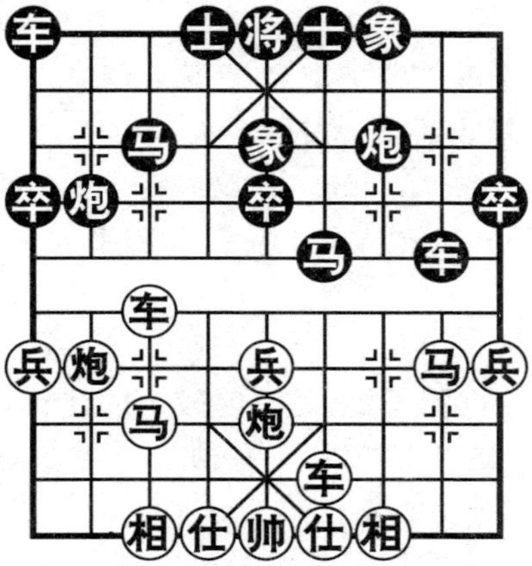

图 7-1-4

(a)**士 4 进 5**——第 6 届"嘉周杯"全国特级大师冠军赛黑龙江赵国荣对上海洪智局例。

15. ……　　　　士 4 进 5

黑方补士做好了弃子准备,这也是最为流行的变着。如改走炮 7 平 6,则车四平三,车 8 退 1(如车 8 退 3,则马二进三,象 5 进 7,车七进三,红方大优),车七进二,炮 2 退 2,炮五平二,黑方 8 路车受攻,红方大占优势。

16. 炮五平二　马 6 进 7　　**17.** 炮二进三　马 7 进 6

18. 帅五进一　……

御驾亲征围攻黑马是十分精彩的变化。

18. ……　　　　车 1 平 4　　**19.** 帅五平四　车 4 进 8

如改走车 4 进 4,则炮二平三,炮 7 平 6,炮三进三,红方多子占优。

20. 仕四进五　炮 2 退 2　　**21.** 车七平三　……

平车捉炮先避一手,着法稳健,也是改进之着。

21. ……　　　　炮 7 平 6　　**22.** 帅四退一　炮 2 平 3

23. 炮八进四　……

弃马伸炮攻象,凶着!

23.…… 　　　　车 4 退 4

这一段红方得子,黑方得势,双方均胸有成竹。此手黑退车捉炮欠佳,导致落入下风残棋。应改走炮 6 平 8,马二进三,炮 8 进 1,马三进二或相三进五,黑方皆不乏对抗机会。又如改走炮 3 进 6,炮八平五,将 5 平 4,马二进三,炮 6 平 7,马三进二,象 7 进 5,车三进三,马 3 进 4,车三退一,黑残象,红优。

24. 马二进三！ 炮 6 平 7

红跃马打车是争先好棋！黑平炮对打车无奈。如误走车 4 平 7,则炮八平五,象 7 进 5,车三进一,黑方丢车,立溃。

25. 炮八平五！ 象 7 进 5　　**26. 炮二进四** 象 5 退 7

黑如改走炮 7 退 2,马三进二,车 4 平 6,帅四平五,炮 3 进 6,车三平七,红先弃后取,得象占优。

27. 马三退一 **……**

回马严防黑炮 7 退 1 架担子炮,是算度较远的佳着。

27.…… 　　　　车 4 退 2　　**28. 马一进二** 炮 3 进 6

29. 马二进一

至此红方运用先弃后取的战术获得多相和局面上的优势,终局获胜。

(b)炮 2 进 1——“启新高尔夫杯”全国象甲联赛黑龙江赵国荣对大连尚威局例(接图 7-1-4)。

15.…… 　　　　炮 2 进 1

黑方高炮是较新颖的思路,是尚威大师首创。

16. 车四平三 **……**

平车先避一手好棋！消除了黑马 6 进 7 踩车的可能,下伏炮五平二打车得子。

16.…… 　　　　炮 2 平 5　　**17. 炮五进三** 卒 5 进 1

18. 车三进五 **……**

黑车被打的问题虽得到解决,但中卒虚浮、卒林洞开,被红车趁势抢占卒林要道,有力之着。

18.…… 　　　　士 4 进 5　　**19. 马二进四** 车 8 进 1

似可改走车 8 退 1 兑车,较为顽强。

20. 车三平四 马 3 进 2　　**21. 相七进五** **……**

如贪马走车四退一,马 2 退 4 踩双车,红丢车。

21.…… 　　　　车 1 平 4　　**22. 车七平八** 马 2 退 4

23. 炮八平六 车 4 平 3　　**24. 马四进六** **……**

巧妙兑车,一举夺优。

24. ……　　卒5进1

如改走车3进7,车八进五,象5退3,炮六进三,红优。

25. 炮六进三　马6退4　**26.** 车四平六　车3进7

27. 兵五进一　车3退3　**28.** 马六进四　炮7平6

29. 车六平九

红方多兵占优,结果红胜。

第2局　红先邀兑七兵式

1. 炮二平五　马8进7　**2.** 马二进三　车9平8

3. 车一平二　卒7进1　**4.** 车二进六　马2进3

5. 马八进七　卒3进1　**6.** 车九进一　炮2进1

7. 车二退二　象3进5　**8.** 兵七进一　……

红方先兑七兵活通左马,容易导致对攻的激烈变化。

8. ……　　炮8进2　**9.** 车九平六　士4进5(图7-2-1)

如图7-2-1形势,红方有(1)车六进七、(2)兵三进一、(3)马三退五三种变着,分述如下:

(1)**车六进七**(接图7-2-1)。

10. 车六进七　……

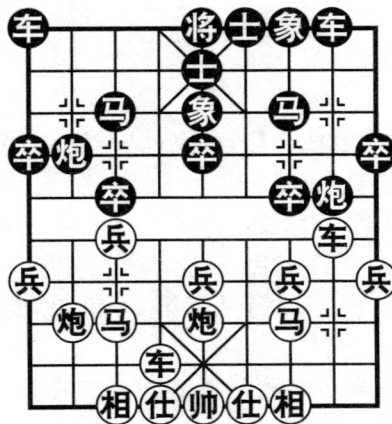

图7-2-1

红方车点象腰,追求高效,此战法最早由特级大师许银川首创。以下黑方出现①车1平3、②炮8平9、③炮2进3三种战法,分述如下:

①车1平3——重庆全国象棋个人赛第9轮沈阳金波对云南郑新年局例。

10.…… 车1平3 **11.** 马三退五

红方退马窝心,推陈出新的走法。一般多走兵三进一,炮2进1,炮八退一! 卒7进1,车二平三,马7进6,兵七进一,炮8平3,马七进六,马6进4,车六退四,车8进6,炮八进二,车8进2,炮五退一,炮3平7,马三进二,炮2平5,黑方足可一战(选自全国象棋个人赛第4轮湖北汪洋先和上海万春林之战)。

11.…… 炮8退3

似改走马3进4更为有力。

12. 车六退五 卒3进1 **13.** 车二平七 炮8平6

14. 炮八平九 马7进6 **15.** 马七进八 车8进8

进车暗伏平肋的杀着,好棋,可以缓解右翼压力。

16. 炮九退一 车8退1 **17.** 炮九进一 车8进1

18. 马五进七 炮2进1

进炮防御不如车8平7反击。

19. 炮五平四 马6进7 **20.** 仕六进五 炮6进1

21. 炮四进四! ……

红方选准了攻击点,好棋,由此打开局面。

21.…… 炮2平3 **22.** 相七进五 车8退5

23. 炮四平九 马3进1 **24.** 炮九进四 卒5进1

25. 车七平六 车8平6 **26.** 前车进二 车6进5

27. 前车平七 车3进3

红方强行兑车,致黑右翼成空门,好棋;黑方兑车无奈,如车3平2,则车六进三,再车七平八,黑只有兑车。

28. 马八进七 马7进5 **29.** 帅五平六 ……

红方出帅助攻,车马炮三子归边,大优,结果获胜。

②炮8平9——重庆全国象棋个人赛第2轮河北苗利明对沈阳金波局例。

10.…… 炮8平9

平炮兑车是由特级大师苗永鹏在21世纪之初的全国个人赛上弈出的新变。

11. 车二进五 ……

兑车简明,另有车二平五,则车8进8,以下黑有卒5进1逐车,可与红方抗争。

11.……………　马7退8　　**12.** 车六平七　……………

红方平车捉马是赛前研究好的布局飞刀！以往多走车六退二，则炮2进3，车六平七，车1平3，马七进六，炮2平7，兵七进一，马8进7，相三进一，炮1平3，炮八进四，炮3平4，炮五平七，炮4平3，炮七平五，炮7平1，炮八平五，马7进5，炮五进四，马3进5，车七进三，象5退3，马六进五，炮3平5，仕四进五，象3进5，黑方多卒，能够满意。

12.……………　车1进2　　**13.** 马七进六　卒3进1

14. 马六进七　卒1进1　　**15.** 炮五平四　马8进7

16. 炮四进四　马7进6　　**17.** 车七平八　……………

如改走马七进五，象7进5，炮四平八，马3进4，红虽得一象，但黑马放出，红无便宜。

17.……………　车1进1　　**18.** 车八退一　马3退4

19. 相三进五　马6退4　　**20.** 仕四进五　炮9平8

21. 炮四平二　卒9进1　　**22.** 车八进二　炮2进1

23. 炮八平七　……………

平炮保马打肋马胁车，好棋。如改走马七进六，则卒3进1，马六退五，炮2退1，以下势必兑子，黑方不难走。

23.……………　炮2退1　　**24.** 相五进七

飞相去卒，诱黑马4进3，则马七退八踩车得子。至此红方稍优，但战线漫长，局终红方获胜。

③炮2进3——第25届"五羊杯"象棋冠军邀请赛第2轮广东吕钦对黑龙江赵国荣局例。

10.……………　炮2进3

黑方右炮过河，赵国荣祭出飞刀着法。

11. 车六退五　炮2退6　　**12.** 兵三进一　卒3进1

13. 兵三进一　炮2平3

黑方平炮保卒，伏有先弃后取的手段，战法可取。如改走象5进7，车二平七，红方主动。

14. 兵三平二　卒3进1　　**15.** 车六进五　卒3进1

16. 车六平七　车8进4　　**17.** 车二进一　马7进8

18. 车七退一　卒3平2　　**19.** 炮五进四　车1平2

20. 车七退一　炮3平4　　**21.** 炮五平九　卒9进1

22. 相三进五

以上双方经过一番子力交换后,红方仍占多兵之利,但黑方有过河卒助战,红方也有顾忌。最后形成车双兵仕相全对车卒士象全,双方同意和棋。

（2）**兵三进一**——第6届"嘉周杯"象棋特级大师冠军赛湖北柳大华对黑龙江赵国荣局例（接图7-2-1）。

10. 兵三进一 ……

进三兵形成著名的四兵卒相见局面。但此招早已被理论上列为"先手无趣",看来柳大华"旧瓶装新酒",定有好味道。

10. …… 卒 3 进 1 　**11. 兵三进一**　卒 3 进 1

12. 车六进五 ……

红如改走马七退五,则象5进7,以下红有两种走法:①车二平三,象7进5,马三进四,炮8退1,车三平二,车1平4,车六进八,士5退4,黑方易走;②马三进四,象7退5,车二平三(红如误走车六进五捉炮,则马7进6,车二进一,车8进4,车六平八,车8平7,车八平七,车1平3,车七退三,马6进4,黑方大占优势),马7进6,炮五平四,炮2平3,黑方可满意。

12. …… 卒 3 进 1 　**13. 车六平八** ……

红车吃炮为正应之着。这是农协程进超对阵江苏徐天红时突破棋谱一改兵三进一的攻法,旨在求变争胜,以下是炮8平7,兵三进一,炮7退1,车二进五,炮7平4,炮八进二,卒3平4,炮五平四,炮4进6? 炮四进六! 车1平4,炮八平三,象7进9,炮四平一,车4进2,炮一进一,将5平4,车二平四,将4进1,车四平七,炮2平3,炮一退一,红胜。爆出大冷门,值得关注。

13. …… 马 3 进 4

黑方飞马蹬车是新招! 在以往众多高手对局中,象5进7去兵几乎是唯一的选择。

14. 车八平六 ……

红如改走车八进一,卒3平2,兵三平二,车8进4,车二进一,马7进8,炮五进四,卒2平3,局势平稳。

14. …… 象 5 进 7 　**15. 炮八进三**　卒 3 平 4

如改走象7进5,炮八进二,象5退7,车二平三,红方先手有攻势。

16. 炮八平三 ……

弃炮轰象,算度深远! 如改走炮五进四,马7进5,车六平五,象7进5,炮八进一,车1平3,双方各有顾忌。

16. …… 卒 4 平 5 　**17. 炮三进一**　车 1 平 4

佳着! 如改走炮8平5,车六退一,卒5平6,相七进五,卒6平7,兵五进一,红方稍优。

18. 车二进一　　车4进3　　　　**19.** 车二进四　　马7退8

20. 炮三平六　　前卒平6　　　　**21.** 马三进二　　马8进7

22. 仕六进五　　马4进5

均势,双方言和。

(3)**马三退五**——第25届"五羊杯"象棋冠军邀请赛河北刘殿中对广东许银川争夺冠军决赛之局例(接图7－2－1)。

10. 马三退五　　……

红方退马窝心是刘殿中的新尝试,旨在不落俗套,出其不意。

10. ……　　　　　　车1平3

马后藏车蓄势待变,属于这一变例中的常见走法。如改走炮2退3,则车六进七,炮2平3,车六平七,红占主动。

11. 车六进五　　炮2退2

黑方躲炮保持变化。如改走马3退1,兵七进一,车3进4,炮五平二,炮8进3,车二进五,马7退8,炮八平二,红仍持先。

12. 兵七进一　　……

如改走兵三进一,则卒3进1,兵三进一,卒3进1,兵三平二,马7进6踩双车,红丢车,立溃。

12. ……　　　　　　炮8平3　　　　**13.** 车二进五　　马7退8

14. 马七进六　　马8进7　　　　**15.** 炮八平七　　车3平4

16. 车六进三　　马3退4　　　　**17.** 炮五进四　　……

如改走马六进五,则马7进6,红无便宜可占。

17. ……　　　　　　马7进5　　　　**18.** 马六进五　　炮3进2

19. 炮七平九　　炮2进5　　　　**20.** 后马进七　　……

跃马弃相极不冷静。应改走马五进三,炮3平7,相三进五,马4进2,马五退六,稳步进取为宜。

20. ……　　　　　　炮3进3　　　　**21.** 帅五进一　　马4进2

22. 相三进五　　炮3平6　　　　**23.** 马七进六　　炮2平7

24. 兵九进一　　炮6退7　　　　**25.** 马六进四　　炮7平8

26. 马四进六　　炮8退5

至此,红方子力虽占位好,但缺仕相。相比之下,在无车棋的争斗中,黑方占便宜,终局黑胜。

【**小结**】　在直横车与两头蛇的争斗布局中,尽管这些年来红黑双方涌现出的飞刀与新招屡见不鲜,但总体来讲其终究是个细棋局面,红方稍优的结论一时尚难改变。至于是胜、负、和哪种结果,则多取决于对局者之功底。

建议棋力弱者不要轻易走这个布局,和棋不是那么简单的事。若先手方志在必得,则走这个布局太细了,赢棋也不容易。

总之,直横车与两头蛇之间的较量仍在继续,可供挖掘的资源仍然丰富。笔者坚信,在今后的实战中,红方的进攻与黑方的防御定会有更新的内容出现,势必推动此布局向纵深方向发展。

第八章　五七炮不挺兵对
屏风马进 7 卒

　　五七炮不挺兵对屏风马进 7 卒的布局在棋坛上流行较早,并曾风行一时。21 世纪以来,在全国个人赛、团体赛及各种杯赛中屡见不鲜。棋手们通过研究,挖掘出很多创新战法,高手在实战中屡试不爽,令人关注。

　　在此类布局战法的格局中,红方的战略是火速出动双车,仅 6 步出动 6 个大子,带有"短、平、快"的韵味,有主力"神速出动"之美誉,兼顾布置线上的协调配置,旨在稳扎稳打、逐步进取;黑方应对,主要采用右炮巡河,左、右炮过河等三种战法。双方进行的是一场封锁与反封锁的较量。

第一节　黑右炮巡河式

第 1 局　红平车捉马

　　1. 炮二平五　马 8 进 7　　**2.** 马二进三　车 9 平 8

　　3. 车一平二　马 2 进 3　　**4.** 马八进九　卒 7 进 1

　　红方上边马,均衡出动子力,是时下较为流行的攻法;黑方挺卒制马,是对付红方类似阵形的惯用手段。

　　5. 炮八平七　车 1 平 2　　**6.** 车九平八　炮 2 进 2

　　黑右炮巡河,攻守兼备,乃传统着法。由于时下红方出现了车二平四捉马的新变,黑尚无良策对付,故这种传统走法已较少出现。现在取而代之较流行的走法是炮 2 进 4 和炮 8 进 4,下局介绍。

　　7. 车二进六　马 7 进 6　　**8.** 车八进四　象 3 进 5

　　至此形成五七炮不挺兵对屏风马进 7 卒右炮巡河的典型局面。

　　9. 车二平四(图 8－1－1)　……

　　平车捉马,然后再平车二路拴无根车炮是特级大师刘殿中首创。如图 8－1－1 形势,黑有(1)马 6 进 7、(2)卒 3 进 1 两种变着,分述如下:

　　(1)马 6 进 7——第 22 届"五羊杯"全国象棋冠军邀请赛半决赛黑龙江赵国

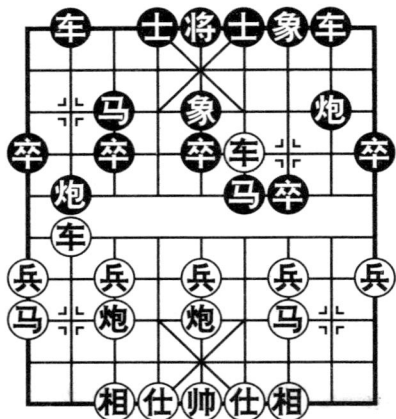

图 8 - 1 - 1

荣对上海胡荣华局例。

9. …… 　　　马 6 进 7 　　　**10. 车四平二** 　　炮 2 退 3

黑方退炮,是胡荣华上演的新招。过去常见的变化为马 7 退 6,兵九进一,卒 3 进 1,兵七进一,卒 7 进 1,车二平三,马 6 进 4,炮七退一,卒 3 进 1,车八平七,马 4 进 5,相三进五,炮 2 平 7,车三平二,炮 7 进 3,炮七进六,黑方车炮被牵制,红优。

11. 兵九进一 　卒 3 进 1 　　**12. 炮七退一** 　马 7 退 6

红方退炮准备炮七平二得子。如改走炮五平六,则黑可先士 4 进 5,再车 8 进 1 生根,也是以上炮 2 退 3 新招的妙用,以后可平炮兑车,黑局势不错。现在,黑方退马解围是计划中的好棋。

13. 车二平四 　马 6 进 7 　　**14. 车四平二** 　马 7 退 6

15. 车二退三 　卒 7 进 1

黑方送卒旨在使左翼车炮摆脱牵制。

16. 车八平三 　炮 2 进 2 　　**17. 车三平八** 　马 6 退 8

18. 车二平四 　车 8 进 1 　　**19. 炮七平三** 　士 6 进 5

20. 兵七进一 　卒 3 进 1 　　**21. 车八平七** 　炮 2 退 2

22. 车七平八

红方子力占位稍好,略优,终局成和。

(2)**卒 3 进 1**——"奇胜杯"沪粤象棋对抗赛上海胡荣华对广东许银川局例。

9. …… 　　　卒 3 进 1

进 3 卒护马,构筑河沿桥头堡,也是一种应法。

10. 兵三进一　炮8平7

黑方平炮牵制红方三路兵力,是积极的走法。如改走卒7进1,车八平三,士4进5,兵七进一,车2平4,兵七进一,马6进4,炮七进五(红中圈套,以改走炮七进一为宜),炮8平3,兵七平八,马4进3,马九退七,炮3进6,仕四进五,车4进8,炮五进四,将5平4,车三平四(如车四退四,则马3进5),车8进7,后车退二,炮3平5!仕六进五,马3进5!黑方弃炮破仕,马踏花心,势如破竹,一举入局。这是卜凤波先负胡荣华的实战局例。

11. 兵三进一　卒3进1

黑方弃3卒,旨在弃马抢攻。这是孙勇征首创的新招。以往的实战黑方多走炮7进5兑马,以下炮七平三,马6进5,车四退三,马5退4,兵三进一,红兵渡河占优。黑方弃卒抢攻的新招,改革了屏风马对抗五七炮的传统套路,丰富了双方攻防内容。

12. 车八平七　……

红如改走兵七进一吃卒,则马3进4(踩双车),车八进一,车2进4,车四退一,士4进5,黑方满意。

12. ……　炮2平7　13. 车四退一　前炮进5

14. 帅五进一　……

红方上帅,是一步改进的走法。如改走仕四进五,则前炮平9,帅五平四,车8进9,帅四进一,车8退1,帅四退一,形成红方多子,黑方得势,双方互有顾忌的局面。这是苗利明先胜才溢的实战。

14. ……　士4进5

亦可先走炮2进8打将,红炮七退一,黑再士4进5,以下与主变相同。

15. 炮七退一　……

如误走车七平二邀兑黑车,则车8进5,马三进二,车2进8,炮七退一,后炮进6,黑优。

15. ……　车2进8　16. 马三进二　后炮进6

17. 炮五平二　后炮平3　18. 马九退七　车2平3

19. 帅五进一　车8平9　20. 车七进三　车3平8

21. 马二退四　……

红回马保炮是徐健秒大师弈出的新招,效果明显。如改走车四退三保炮,以下车9进2,车七退一,车9平7,车七平五,车7进2,车五退二,车7平2,车五平六,炮7平9,相七进九,车2进3,车六退二,车2退1,车六进一,车2平1,相九进七,车1平2,仕六进五,卒1进1。至此,红虽多一子,但全盘受制,明显处于劣势,这是江苏王斌先负上海胡荣华的实战。

21.……　　　炮 7 退 3　　**22.** 炮二平三　车 9 平 8

23. 仕四进五　后车进 4　　**24.** 车四平二　车 8 退 4

25. 车七进二　士 5 退 4　　**26.** 车七退三　车 8 进 3

27. 炮三平四　车 8 退 1　　**28.** 车七平五　炮 7 进 1

黑方夺回一子,最后双方战平。

【小结】 此布局(1)变是特级大师胡荣华炮 2 退 3 的新招,在战略上取得了主动,在心理上也取得了优势。尽管红方保持了先手并稍优,但后手终于力战成和,可以满意。(2)变黑方冲卒弃马打相抢攻,双方对攻激烈,变化复杂,其优劣尚难定论,但黑方的这手棋极大地丰富了此布局红黑双方的攻防变化。纵观全局,双方仍有潜力可挖,有待进一步探索、充实和发展。

第二节　黑右炮过河式

第 1 局　黑飞右象局(1)
——红挺边兵战法(1)

1. 炮二平五　马 8 进 7　　**2.** 马二进三　车 9 平 8

3. 车一平二　马 2 进 3　　**4.** 马八进九　卒 7 进 1

5. 炮八平七　车 1 平 2　　**6.** 车九平八　炮 2 进 4

至此,形成五七炮双直车对屏风马右炮封车阵势。由于炮 2 进 2 的老式下法反击手段单调,故右炮过河(俗称"右炮封车")的战术手段应运而生。右炮过河在战略上力争主动,在战术上遵循反击中求变化的原则,成为抗击五七炮的有力武器。

7. 车二进四　……

升车巡河乃必然之着,严防黑炮 8 平 9 实施"右封左兑"的战术手段。

7. ……　　　象 3 进 5

飞右象巩固中防。如改走炮 8 平 9,以下介绍。

8. 兵九进一　炮 2 退 2

退炮避免红马八进九困炮,虽损步数,但伏有马 7 进 8 打车之手段,可得到补偿。

9. 车二进三　……

进车卒林不给黑方马 7 进 8 打车争先。如改走车八进四,下局介绍。

9. …… 　　　马 7 进 6　　10. 车八进四　卒 3 进 1

黑进 3 卒,与右炮巡河的变化殊途同归。

11. 车二退三　士 4 进 5　　12. 炮七退一　马 6 进 7

黑马踏兵准备先弃后取。如改走炮 8 进 2,请看第 3 届"嘉周杯"象棋特级大师冠军赛赵国荣两用此招,先后战和吕钦与胡荣华:炮 8 进 2,兵三进一,卒 7 进 1,车八平三,车 8 进 3,炮七平三,车 2 平 4,仕四进五,车 4 进 5,车三平六,马 6 进 4,马三进四,炮 8 进 1,炮五平四,炮 2 退 1! 相三进五(胡荣华先对赵国荣时,胡走炮三进六,赵走士 5 进 6,相三进五,士 6 进 5,炮三退六,马 4 退 2,马四退三,炮 8 退 1,双方均势,终局成和),马 4 退 2,马四退三,炮 8 平 4,车二进三,炮 2 平 8,马三进四,炮 4 退 2,双方呈均势,平稳,成和。

13. 炮五平七　　……

平炮七路保留变化,如车二平三,炮 8 平 7,车三平四,炮 7 进 5,兵七进一,卒 3 进 1(黑如炮 7 平 1,兵七进一,炮 1 平 3,炮七平三,红弃子有攻势),车八平七,炮 7 平 1,相七进九,马 3 进 4,兵五进一,炮 2 进 5,相九退七,卒 7 进 1,炮五进四,马 4 进 6,车四平八,车 2 平 4,车八退三,马 6 退 5,兵五进一,马 5 进 3,双方均势,易成和局。

13. …… 　　　车 2 平 4　　14. 仕六进五　车 4 进 8

15. 前炮平四(图 8-2-1) ……

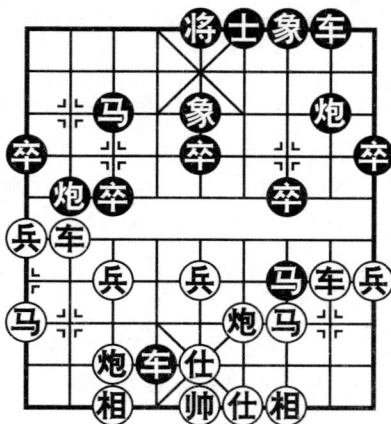

图 8-2-1

红左炮右移准备退炮驱车,这是 3 位特级大师许银川、吕钦、赵国荣采用的变着。原来多走兵七进一,马 7 退 8,车二进二(如车二平四,卒 3 进 1,车八平七,马 3 进 4,红方无先手),卒 3 进 1,车二进二,车 8 进 2,后炮进三,车 4 退 6,

黑方好下。如图 8-2-1 形势,黑方有(1)卒 3 进 1、(2)马 7 退 6 两种战法,分述如下:

(1)**卒 3 进 1**——第 15 届"银荔杯"象棋争霸赛广东吕钦对江苏王斌局例。

15.…… 卒 3 进 1 **16.** 兵七进一 马 7 退 8

17. 车二平四 卒 7 进 1 **18.** 车四进二 ……

如改走炮七进六,炮 8 平 3,车八进一,卒 7 进 1,炮四退一,车 4 退 3,车四退一,卒 7 进 1,车四平三,双方大致呈均势。

18.…… 象 5 进 3

飞象打车亦难逃失子厄运。不如改走马 8 退 7,车四进三,炮 2 平 7,炮七进六,炮 7 进 3,马九进七,车 4 退 8,兵七进一,虽属红先,但不失子,尚可纠缠。

19. 车四进三 卒 7 进 1 **20.** 兵七进一 卒 7 进 1

21. 炮七进六 炮 8 平 7 **22.** 相三进一 炮 7 平 5

23. 马九进七 车 4 退 8 **24.** 炮四平五 炮 2 退 2

25. 车八进三!

红方得子,以下黑如炮 5 平 2,炮七平五,士 5 进 6,炮五进四,红胜。

(2)**马 7 退 6**——第 3 届"嘉周杯"象棋特级大师冠军赛第 1 轮黑龙江赵国荣对浙江于幼华局例。

15.…… 马 7 退 6

退马并没有解除 8 路车炮被牵的不利局面,似嫌作用较小。

16. 炮四退一 车 4 退 3

红方退炮驱车,伏炮四平二得子,好棋;黑方退车邀兑无奈,兑车后,黑子力位置已露破绽。

17. 车八平六 马 6 进 4 **18.** 兵七进一 炮 2 进 3

红方进兵攻击及时,如炮四平二,黑卒 7 进 1,红难以得子;黑方炮 2 进 3 是最顽强的抵抗,如卒 7 进 1,兵七进一,卒 7 进 1,车二平三,炮 2 退 2,车三平二,红优。

19. 兵七进一 马 4 进 3 **20.** 仕五进六 炮 2 平 4

21. 马九退八 前马退 2 **22.** 炮七进六

红方得子占优,结果获胜。

【小结】此布局所列两种变化均为红方占先,并且发展空间较大,黑方一时难与红方抗争。黑若重演此局,则可在第 12 回合选择赵国荣启用的老变化炮 8 进 2,可以抗衡。从第 3 届"嘉周杯"赛事来看,这种布局下,至少目前黑方还没有更好的应对手段。

第 2 局　黑飞右象局（1）
——红挺边兵战法（2）

1. 炮二平五　马 8 进 7　　**2.** 马二进三　车 9 平 8

3. 车一平二　马 2 进 3　　**4.** 马八进九　卒 7 进 1

5. 炮八平七　车 1 平 2　　**6.** 车九平八　炮 2 进 4

7. 车二进四　象 3 进 5　　**8.** 兵九进一　炮 2 退 2

9. 车八进四　……

高车巡河，解除被封状态，乃改进之着，对于黑马 7 进 8 打车，自然胸有成竹。

9. ……　　　　马 7 进 8　　**10.** 车二平七（图 8-3-1）……

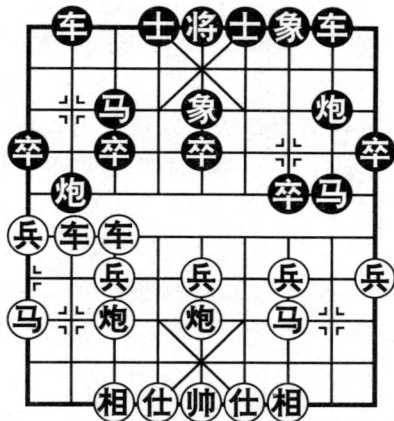

图 8-3-1

平车七路，故意让黑挺卒驱车，构思奇巧，过去常见的变化是车二平四、车二平六和车二平一，双方另有攻守。

10. ……　　　　卒 3 进 1　　**11.** 车七平四　……

至此，黑方有（1）马 8 进 7、（2）炮 8 平 7 两种战法，分述如下：

（1）**马 8 进 7**——“威凯房地产杯”全国象棋排名赛广东许银川对湖南谢岿局例：

11. ……　　　　马 8 进 7　　**12.** 兵七进一　……

红挺兵兑卒，欲发挥七路炮的威力攻马，这是其第 10 回合诱黑挺卒的后续手段，构思奇特。

12. ……　　　炮 8 进 3

黑炮骑河串住红方车兵,势在必行。如改走卒 3 进 1,则车八平七,车 2 进 2 (如马 7 进 5,相三进五,车 2 进 2,车七平七,炮 8 平 7,马三进二,车 8 进 3,马九进七,红方先手扩大),车四退一,炮 2 进 2,兵五进一,卒 7 进 1,炮七进五,炮 8 平 3,兵五进一,卒 5 进 1,车七平三,士 4 进 5,车三平八,车 2 进 3,马九进八,炮 2 进 1,车四平三,红方得子占优(选自黑龙江聂铁文先胜上海葛维蒲的实战)。

13. 车八退一　炮 8 平 3　　**14.** 仕六进五　……

补仕静观其变。如改走炮七进三,马 7 进 5,相七进五,象 5 进 3,车四平七,象 7 进 5,兑子较多,变化平稳,局势平淡,红方心有不甘。

14. ……　　　炮 3 进 4

黑方炮轰底相,力求一搏。如改走士 4 进 5,炮五平六,马 7 退 6,相七进五,马 3 进 4,车四进一,炮 3 平 2,车八进一,卒 3 进 1,车八退四,红方得子大占优势。

15. 车四退一　……

红方退车捉马,是改进后的新走法。以往曾走兵五进一,车 8 进 6,炮五进一(如车四退一,卒 7 进 1,车八退三,卒 7 平 6,车四平六,卒 3 进 1,兵五进一,卒 3 平 4,车六平五,卒 4 平 5,车五平六,前卒平 4,车六平五,卒 4 平 5,车五平六,前卒平 4,车六平五,卒 4 平 5,双方不变作和),马 3 进 4,车四退一,卒 3 进 1,炮五平三,士 6 进 5,车八退三,卒 7 进 1,车八平七,卒 7 进 1,马三退一,车 8 平 9,车四平六,马 4 进 3,马九进七,卒 3 进 1,车六平七,炮 2 进 5,后车进一,车 9 进 2,黑方反占优势。

15. ……　　　马 7 退 6　　**16.** 车四进一　卒 7 进 1

黑献卒为无奈之着。否则红有炮七进五,炮 3 退 7,车四进一,炮 2 平 6,车八进六谋子的手段。

17. 车四平三　卒 3 进 1　　**18.** 车八退三　马 6 退 8

如改卒 3 进 1,炮七进五,炮 3 退 7,马七进七,亦红方先手。

19. 车三平二　炮 2 平 7　　**20.** 马三进四　车 2 进 9

21. 马九退八　卒 3 平 2

如改卒 3 进 1,炮七进五,炮 3 退 7,马四进五,炮 7 退 2,马五进七,炮 7 平 3,炮五平二捉死黑马。

22. 马四进五　炮 7 退 3

不宜走马 3 进 5,炮五进四,士 4 进 5,车二平八,将 5 平 4,车八平六,将 4 平 5,帅五平六,“铁门栓”杀,红胜。

23. 炮七进四　　车8进2

如改走炮7平5,马五进三,车8进1,马三进五,士4进5,炮五平二捉死马,红亦得子,大优。

24. 车二进二

至此红方得子,结果获胜。

(2)炮8平7——同上赛事,河北苗利明对江苏徐天红局例。

11. ……　　　　炮8平7

不跳马踏兵而平炮,是黑方战术的改进。

12. 兵七进一　　卒7进1　　**13.** 车四平三　　卒3进1

黑方先平炮的改进战术,现在已显而易见,如红接走车八平七,则炮2平7打车反击。

14. 车三平七　　马3进4

这步跃马捉车,更见黑改进平炮的作用,它牵制红右马,伏以炮兑马再马踏中兵,或马8进6咬马等手段。

15. 炮五进四　　士6进5　　**16.** 车七进一　　马4进6

17. 车八进一　　马6退5　　**18.** 车七平二　　车8进4

19. 车八平二　　炮7进5　　**20.** 马九进七　　……

经过一番兑子,红多双兵。

20. ……　　　　马5进4　　**21.** 炮七平五　　车2平3

22. 马七进六　　车3进9　　**23.** 仕四进五　　车3退6

至此红多两兵,黑得一相,互有顾忌,残局阶段红因失误而致败。

【**小结**】　红方第10回合以车二平七构思奇巧的新招诱黑卒3进1,使黑暴露右翼之弱点,被红兵七进一展开攻势,这是一步颇有军事谋略的佳着。此布局虽总的来看红方易走,但两局实战难以穷尽变化,双方应该还有较大发展空间。

第3局　黑飞右象局(1)
——红兑三兵新战法

1. 炮二平五　　马8进7　　**2.** 马二进三　　车9平8

3. 车一平二　　马2进3　　**4.** 马八进九　　卒7进1

5. 炮八平七　　车1平2　　**6.** 车九平八　　炮2进4

7. 车二进四　　象3进5　　**8.** 兵三进一(图8-4-1)　　……

红方先进三兵邀兑是创新的走法,如图8-4-1。与常见的兵九进一相比,前者先手活马,直接获益,实惠实用,且推进了布局发展,不足之处是保留了兵线

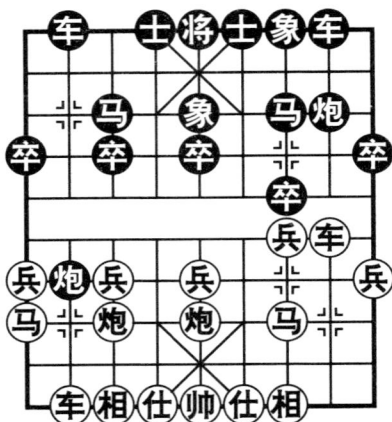

图 8－4－1

黑炮,对以后局势定会产生影响;后者驱走黑炮于河沿,解除左车被封状态,不足之处在于失去了先手兑三兵活马的机会。孰优孰劣,尚难定论。

　　8.……　　　　　卒 7 进 1　　**9. 车二平三**　　马 7 进 6

　　黑上肋马是习惯性走法,但疏于计算,致使出现了以下此马被迫退回的尴尬局面。若改跳外肋马,将会是内涵丰富的变化,一定好于实战。

　　10. 车三平四　　车 2 进 4　　**11. 马三进二**(图 8－4－2)　　……

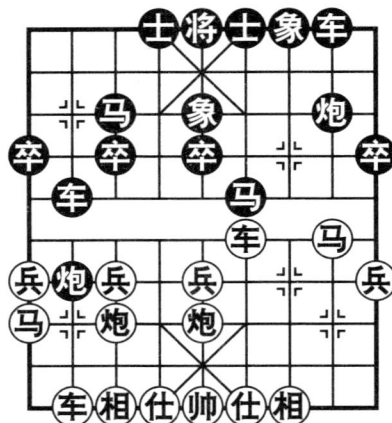

图 8－4－2

　　如图 8－4－2 形势,黑方有(1)马 6 退 7、(2)炮 2 平 5 两种变着,分述如下:

　　(1)**马 6 退 7**——"派威互动电视象棋快棋赛"中广东许银川对云南王跃飞局例(接图 8－4－2)。

11. ……　　　马 6 退 7　　**12. 仕四进五**　车 8 进 1

黑方升车造成丢士失势,可改卒 3 进 1,局势仍不明朗。

13. 马二进一　马 7 进 8　　**14. 车四进五**　将 5 平 6

15. 马一进二　将 6 进 1

黑方上将无奈。如误走将 6 平 5,马二退四,将 5 进 1,兵七进一,下伏兵七进一欺车胁马手段。黑难应。

16. 兵七进一　马 8 进 6　　**17. 炮五平二**　将 6 平 5

18. 相七进五　炮 8 进 4　　**19. 炮七进一**　卒 5 进 1

20. 炮七平二　马 6 进 8　　**21. 马二退四**　马 3 进 5

22. 马九退七　炮 2 进 2　　**23. 马七进六**

红方双马欲结连环,多仕多兵占优,终局获胜。

(2)**炮 2 平 5**——第 23 届"五羊杯"全国象棋冠军邀请赛中,广东许银川对江苏徐天红局例(接图 8－4－2)。

11. ……　　　炮 2 平 5!

炮击中兵是改进后的新变招!

12. 仕六进五　车 2 进 5　　**13. 马九退八**　马 6 退 7

14. 炮七进四　……

飞炮击卒先得实惠。

14. ……　　　炮 5 退 2

退炮是改进着法。如改走马 7 进 8,车四平五,炮 8 进 3,车五平二,马 8 退 7,车二平七,车 8 进 4,马八进七,炮 5 平 8,马七进五,车 8 平 7,马五进三,炮 8 退 1,马三退四,炮 8 退 4,炮七平八,车 7 平 2,车七进三,车 2 退 1,炮五进五!卒 5 进 1,车七平九,马 7 进 6,炮五平二,红方占优。这是同本局赛事许银川先胜徐天红的实战例子。

15. 马二进三　炮 8 进 7　　**16. 车四平三**　马 7 退 9

17. 马三退五　……

若改走车三平二兑车,双方可形成均势。

17. ……　　　卒 5 进 1　　**18. 车三进四**　炮 8 平 9!

弃马平边炮争势,着法凶悍!

19. 炮五平七　卒 5 进 1!

冲卒再度弃马,算度深远,胸有成竹!

20. 车三平一　……

贪马,计算有误,应改走车三退二,尚可周旋。

20.…… 车8进9 **21. 相七进五** 卒5进1!

22. 车一平三 马3进5 **23. 车三退四** 卒5进1!

24. 相三进五 马5进4

黑方弃子有攻势。结果红方失利。

【小结】 此布局是红兵三进一的创新之着,(1)变由于黑方应对不当,红获优势。与兵九进一相比,优劣难定。但黑第9回合若改马7进6为马7进8,相信定有丰富变化,此待今后实战进行验证。(2)变黑选择炮击中兵兑车,简化局势,明智。应是黑方最为理想的抗争手段。

第4局 黑平炮兑车(2)
——红车八进一战法

1. 炮二平五 马8进7 **2. 马二进三** 车8平9

3. 车一平二 马2进3 **4. 马八进九** 卒7进1

5. 炮八平七 车1平2 **6. 车九平八** 炮2进4

7. 车二进四 炮8平9(图8-5-1)

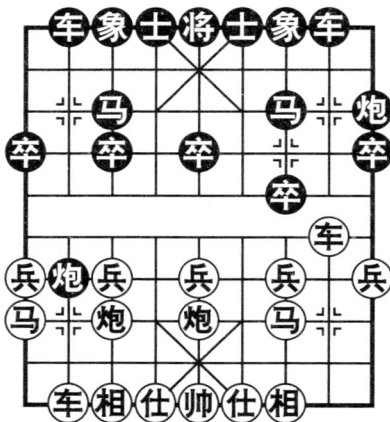

图8-5-1

黑平炮兑车,着法简单明了,如图8-5-1,符合棋理,即"左封右兑"的开局原则,总感觉比此时走象3进5、象7进5两种应法来得正统和干脆利落。

8. 车二平四 车8进1

高车,是经众多高手实战后确认的此局面下的"官着"。一改过去的车8进6,兵九进一,炮2退2,兵七进一,炮2进2,炮七进一,车8退2,兵七进一!可形成红优局面。

9. 兵九进一　车 8 平 2　　**10.** 车八进一（图 8-5-2）……

高车摆脱封锁,欲右调攻击黑方 7 路马,节奏明快、着法强硬。如改走兵三进一,也是经典下法。下面详细介绍。

如图 8-5-2 形势,黑方有(1)炮 2 平 5、(2)前车进 3 两种战法,分述如下:

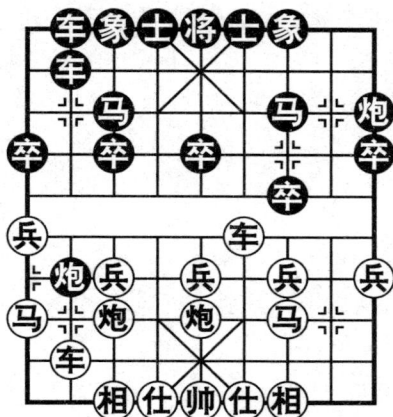

图 8-5-2

(1)**炮 2 平 5**——太原全国象棋个人赛乙组第 4 轮江苏廖二平对深圳龙龚局例(接图 8-5-2)。

10. ……　　　炮 2 平 5

炮出中兵,先得实惠,是一种强硬的走法。

11. 车八平五　炮 5 退 2　　**12.** 马三进五　前车进 3

如改走炮 5 进 3,车五进一,前车进 3,兵七进一或车五平二,红方占优。

13. 车五平二　炮 5 进 3　　**14.** 相三进五　卒 5 进 1

挺中卒活左马,应走之着。

15. 车二进六　马 7 进 5

至此双方实战已形成定式,这一变化在全国大赛上多次被高手演绎和论证过,红方稍优。

16. 炮七进四　卒 9 进 1　　**17.** 炮七平六　象 3 进 5

18. 炮六退五　……

退炮准备右移攻击黑方边线,巧妙!如误车四进四捉象,则士 4 进 5,车二平五,后车进 3,炮六退五,马 3 进 4,红方必丢车。

18. ……　　　炮 9 进 4

炮轰边兵是黑方的创新着法、布局飞刀。以往的实战中黑方多走士 4 进 5，马五进七，后车平 4，炮六平一，车 2 平 4，仕四进五，前车进 1，车二退三，前车平6，车二平四，马 5 进 3，马七进五，前马进 4，马五退六，车 4 进 6，炮一进四！红优。这是刘殿中先胜苗永鹏的局例。

19. 马五进七　　前车进 4

进车捉炮是飞刀后的连贯攻击动作，紧凑！不给红方喘息机会。

20. 炮六平二　　卒 5 进 1！

弃卒引离，调虎离山，精妙！

21. 车四平五　　车 2 平 6

红方如改走车四进四，则象 5 进 3，黑大优。黑方车抢 6 路要道，红方右翼已现重重危机。

22. 马七进六　　车 2 进 1

黑方进车攻守两利，结果黑方获胜。

(2)前车进 3(接图 8 - 5 - 2)。

10. ……　　　前车进 3

升车巡河掩护左翼，着法稳健。

11. 车八平四　　前车平 4

以下红方有①马九进八、②前车进二两种战法：

①马九进八——"启新高尔夫杯"全国象棋甲级联赛第 2 轮广东吕钦对江苏徐天红的局例。

12. 马九进八　　车 4 进 3　　**13.** 后车平七　　炮 2 进 3

14. 仕四进五　　车 4 退 5

退车士角掩护左马，稳健之着。以往实战也出现过车 4 退 4 或车 4 退 6，另具攻防变化。

15. 兵三进一　　卒 7 进 1

黑兑 7 卒是一步新变着。如改走车 2 进 4，车七平八，卒 7 进 1，车四平三，炮 2 退 4，车八进三，车 2 进 1，车三平八，士 4 进 5，炮五平四，红方略先。

16. 车四平三　　炮 9 退 1　　**17.** 马八进七　　士 4 进 5

18. 炮五平六　　炮 9 平 7　　**19.** 车三平八　　车 2 进 5

20. 马七退八　　炮 7 进 6　　**21.** 炮七平三　　马 7 进 6

22. 兵七进一　　车 4 平 7　　**23.** 相三进五　　马 3 进 4

24. 马八退九　　炮 2 平 1

这一段着法双方攻守俱紧，表现了两位特级大师的精湛棋艺。枰面局势黑方可以满意。下面残局红多一兵,结果获胜。

②前车进二——第24届"五羊杯"全国象棋冠军赛黑龙江赵国荣对广东许银川局例。

12. 前车进二　……

车进卒林准备压马是新变化。以往多走①变的马九进八。

12. ……　　　车4进3

在全国象棋个人赛甲组第3轮湖北柳大华对黑龙江于幼华之战中,于幼华走的是士4进5,以下前车平三,马7退9,仕四进五,象3进5,车四进三,卒3进1,兵三进一,炮2退3,车三进二,炮2退2,车三退二,卒7进1,车三退二,炮2平4,马九进八,车4平8,炮七平八,车2平4,炮五平六,炮4平3,相三进五,炮9平6,炮八平九,车4进3,车四进二,马9进8,车四平三,卒9进1,双方对峙,结果战和。

13. 炮七进四　……

如改走前车平三压马对攻,则车4平3,车三进一,象3进5,车四进三,士4进5,炮五进四,车3进2,相三进五,车3平1,仕四进五,炮9退2,兵三进一,车1退1,相五退七,炮2进3,马九进八,车1平3,黑方右翼有攻势,易走(选自重庆许文学对湖南黎德志的实战)。

13. ……　　　炮2进1　14. 前车平三　车4退5

15. 马三退五　车4进6!

车点"穴位"弃马抢攻,着法凶悍!

16. 车三进一　士4进5!

补士再弃马,准备出帅抢杀,是上手弃子后的连续动作,凶着!

17. 车四进七　将5平4　18. 炮五平六　车4退1

19. 马五进七　象3进5　20. 兵七进一　……

挺兵活马,正着。如误走车三平五,则炮2退6,红方丢车。

20. ……　　　炮9进4

黑优,结果获胜。

【小结】 此布局(1)变黑方采用炮2平5打中兵的强硬着法,与红方形成复杂激烈的对攻形势,继而实施炮9进4的布局飞刀并取得成功,红方难以把握局势。(2)变黑方前车巡河,较为稳健。因红方的两种攻招,黑方皆具较强的抗衡能力,故难以给红方下定论。

第5局　黑平炮兑车（2）
——红兵三进一新战法（1）

1. 炮二平五	马8进7	**2.** 马二进三	马2进3
3. 车一平二	车9平8	**4.** 马八进九	卒7进1
5. 炮八平七	车1平2	**6.** 车九平八	炮2进4
7. 车二进四	炮8平9	**8.** 车二平四	车8进1
9. 兵九进一	车8平2	**10.** 兵三进一（图8-6-1） ……	

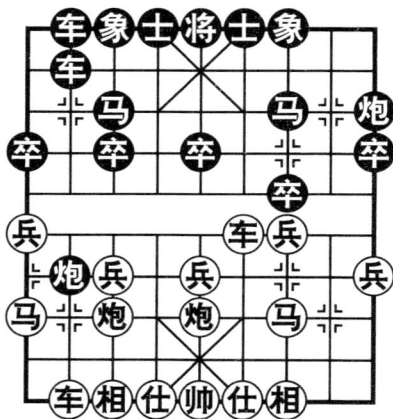

图8-6-1

红兑三兵威胁黑方7路马,也是红方的一种攻法,乃稳中有先的选择,如图8-6-1。

10. ……　卒7进1　**11.** 车四平三　马7进8（图8-6-2）

黑进外肋马为特级大师于幼华在全国个人赛上首创,为马炮争雄的布局大战增添了新的内容,如图8-6-2。如改走马7进6,则车八进一,象3进5(如炮2平5,马三进五,前车进7,马五进四,象7进5,马四进二,黑方难应),车八平四,马6进5,车三平四,士4进5,炮七平八,马5进7,前车进四,红方优势。

12. 兵五进一　……

红冲中兵攻击黑方中路是目前流行的一种攻法,另一主流变化是直接走车三进五吃象,详见下局。

12. ……　象3进5

如改走炮9平5,则炮七进四,马8进7,仕四进五,炮5进3,马九退七! 马

7进5,相三进五,炮2进1,车三平五,炮2平7,车八进八,车2进1,车五平三,红方占优。

13.兵五进一　卒5进1　　14.车三进五　炮9平7

以下红方有(1)马三进二、(2)马三进四、(3)车三平二3种战法,分述如下:

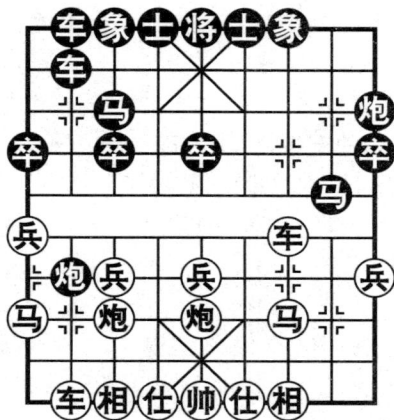

图 8-6-2

(1)**马三进二**——"城大建材杯"全国象棋大师冠军赛广东黄海林对火车头崔岩局例。

15.马三进二　……

红进外马,简明的走法。如改走马三进四或车三平二,详见以下两局。

15.……　　　炮2平9　　16.车八进八　车2进1

黑方当然不能走炮9平5,否则炮五进三,象5退7,炮七进四,红方速胜。

17.车三平二　炮9平8

黑方平炮保马是改进后的走法。如改走马8进6,马二进四,马6进5,相三进五,炮7平6,仕四进五,车2平7,马四退五,炮9进3,仕五进四,将5进1,马五进六,马3进5,相五进三,红方占优。

18.炮七退一　……

红方退炮,含蓄有力。如改走炮五进五,车2平6,马九进八,车6进4,马八进七,车6平8,车二退一,马3进5,下伏车8平5叫将抽车,黑可以对抗。

18.……　　　车2平6　　19.马九进八　炮8进3

20.马八进七　……

红方进马踏卒弃仕抢攻,弈来甚有胆识。

20.……　　　车6进8　　21.帅五进一　士4进5

22. 马七进五　　马3进4　　**23.** 马五进七　　……

如贪吃弃马走马五退六,则炮7进6! 红方立溃。现奔槽叫将,着法机警。

23. ……　　　　将5平4　　**24.** 车二退三　　车6退6

25. 炮七平六　　炮7平4

黑方兑炮是必走之着。如改走士5进4,马七退五,士6进5(如将5平4,马五退六,叫将抽马,红胜定),车二进三,将4进1,马五退六得子,红胜势。

26. 车二平四　　马8退6　　**27.** 兵七进一　　马6进5

黑如改走炮4进6,则帅五平六,士5进4,炮五平六,马6进5,炮六进二,下伏兵七进一捉死马的手段,黑方也难应付。

28. 马七退八　　炮8平4　　**29.** 马八进六　　士5进4

30. 马二进三　　将4进5　　**31.** 炮五进三

红方优势,结果获胜。

(2)**马三进四**——"锦州杯"全国象棋锦标赛安徽钟涛对上海浦东葛维蒲局例。

15. 马三进四　　……

跃马踩马,新的尝试,也是红方刺刀见红最为激烈的对杀选择。如改走车三平二,详见下局。

15. ……　　　　炮2平9!

黑平炮打兵,以攻代守,着法积极有力!

16. 车八进八　　……

先吃掉黑车是步新变! 以往红方多走马四进六,前车进8,马九退八,车2进4(黑如炮9平5,炮五进三,象5退7,炮七进四,将5进1,马六进七,将5平6,马七进八,红方得子占优),马六进五,炮9平5,炮五进三,士4进5,马五退六,炮7平5,黑占优。

16. ……　　　　车2进1　　**17.** 炮五进一　　……

升炮阻黑炮平中,构思颇为新奇,是红兑车后的连续手段,打破了常规思维方式,有飞刀的味道。

17. ……　　　　炮9平7　　**18.** 马四进三　　马8退6

退马护象为改进着法。以往多走卒5进1,马三进五,接下来黑方不管是士4进5还是卒5进1,红方都有较高的胜率。

19. 炮七平五　　车2平8

似可先走卒5进1,红如前炮进四,再车2平8,下步有车8进2捉马的手段,机会好于实战。

20. 马九进八　卒 5 进 1　　**21.** 前炮平四　马 6 退 7

22. 马三进五　……

不如改走车三退一砍马更加凶悍！以下车 8 平 7,马三进五,士 4 进 5,马五进七！将 5 平 4,炮四平六,后炮平 5,马七退五,伏杀必得车胜定。

22. ……　　　后炮进 7　　**23.** 仕四进五　马 7 进 5

24. 车三退六　炮 7 平 9　　**25.** 马八进六　卒 5 进 1

如改车 8 进 8,红则炮四退三,车 8 退 5,炮四进七,黑无便宜可占。

26. 马六进五　卒 5 进 1　　**27.** 炮四平五　马 3 进 5

28. 帅五平四

至此,黑马被牵,车炮难有作为,红大占优势,结果获胜。

(3)**车三平二**——第 6 届"嘉周杯"全国象棋特级大师冠军赛上海胡荣华对浙江于幼华局例。

15. 车三平二　……

红方平车捉马,使右车脱离险地,早在"威凯房地产杯"全国象棋排名赛中汪洋大师就做过尝试。

15. ……　　　马 8 进 7

进马正确,如走炮 7 进 7 打相,则红仕四进五,马 8 进 7,炮五进五,局势发展对红有利。

16. 车二退三　炮 7 进 3　　**17.** 炮五进五　……

红炮击象准备弃马强攻,稳健些可走车二平六占据要道后徐图进取。

17. ……　　　炮 7 进 2　　**18.** 炮七进四　……

亦可车二平七吃卒捉马。

18. ……　　　马 7 退 5　　**19.** 车八进二　炮 7 退 1

20. 兵七进一　……

直接走炮七平五,则马 3 进 5,车二平五,给黑中路加压,也是可以考虑的走法。

20. ……　　　前车平 6　　**21.** 炮七平五　马 3 进 5

22. 车二平五　车 2 进 4　　**23.** 仕六进五　马 5 退 7

24. 炮五退二　车 6 平 5　　**25.** 兵七进一　车 2 平 3

26. 炮五进三　马 7 退 5　　**27.** 车八进一　炮 7 退 4

红虽得回失子,但各子位置很差,黑方车马炮已构成强大的主体攻势,终局黑方获胜。

【小结】　此布局所列红方三种战法,对攻性较强,双方互有机会,但笔者认为红方机会更多。新招的出现进一步丰富了此布局的战术内容,马炮争雄各具特色,攻防变化值得进一步探讨和研究,并需更多的实战来验证。

第6局　黑平炮兑车(2)
——红兵三进一新战法(2)

1. 炮二平五	马8进7	2. 马二进三	车9平8
3. 车一平二	马2进3	4. 马八进九	卒7进1
5. 炮八平七	车1平2	6. 车九平八	炮2进4
7. 车二进四	炮8平9	8. 车二平四	车8进1
9. 兵九进一	车8平2	10. 兵三进一	卒7进1
11. 车四平三	马7进8	12. 车三进五	……

红车杀底象,先取实惠,乃较为简明的主流变化。实战中,车三进五比兵五进一的攻法使用概率更大!

12. ……　　　　　炮9平7(图8-7-1)

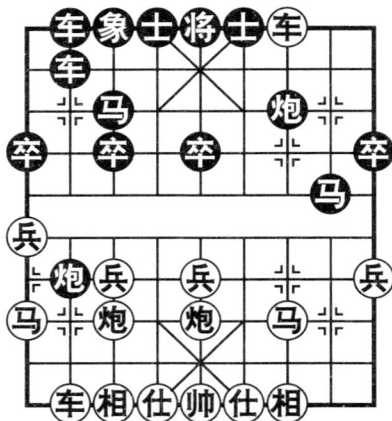

图8-7-1

黑方平炮阻红车退路,且伏打相抽车的手段。如图8-7-1形势,红有(1)相三进一先避一手、(2)车三平二弃相捉马两大变例,分述如下:

(1)**相三进一**(接图8-7-1)。

13. 相三进一　　……

飞边相避开黑炮打相,稳健之着。以下黑有①前车进3、②前车平8两种走法,分述如下:

①前车进3——太原全国象棋个人赛第3轮广东黄海林对江苏徐天红局例。

13.…… 　　前车进3　　**14. 炮七进四** 　　……

红炮击3卒是一步积极的改进后的攻着！以往出现的是兵七进一，炮2进1（佳着，如改炮2平3，红则车八平九，炮3平1，马九进七，前车进2，马七进五，红方子力活跃，黑不利）！车八进二，前车进3，炮五平八，车2进7，炮七平五，马3退5！车三平二，马8进7，相一进三，马5进6，车二退五，车2平3，马三退五，车3退2，黑虽少象，但各子占位极佳，局势乐观（选自"奇声电子杯"象棋超级排位赛电视快棋战江苏王斌先负广东许银川之战例）。

14.…… 　　卒9进1　　**15. 兵七进一** 　　士4进5
16. 车三退一 　　炮2进1　　**17. 马三进二** 　　炮7平5
18. 车三退五 　　炮2退1　　**19. 兵五进一** 　　炮5进3
20. 仕四进五 　　炮2进1　　**21. 车三退一** 　　炮5进1

进炮有些勉强，不如改走炮5平8兑马较为稳妥。

22. 炮七退一！ 　　卒9进1

红退炮拦车欲打边卒，巧手！黑弃边卒无奈。至此，红方优势，结果获胜。

②前车平8——第3届全国体育大会象棋比赛何刚对聂铁文局例。

13.…… 　　前车平8

黑车返回左翼，意图飞象困红三路车，是改进后的着法。

14. 兵七进一 　　象3进5　　**15. 车三平一** 　　车8进2
16. 车一退二 　　车8平7　　**17. 车一平二** 　　马8进7

以上双方应对皆为必然着法，黑方以困红车为战术手段，获得满意局面。

18. 炮七进四 　　车7进1　　**19. 车八进二** 　　……

红如改走炮七平一，则马7进5，炮一进三，象5退7，相七进五，车7进3，红方失子并未换得有效攻势，无益。

19.…… 　　卒9进1　　**20. 炮五退一** 　　车2进3
21. 炮五平三 　　车2平3

现在黑平车吃炮与红方兑炮交换，看似平淡，实则是新变！因过去黑方几乎均走士4进5加强中防，但结果凶多吉少。

22. 车八进一 　　车3进2　　**23. 车八平七** 　　车3平6

避兑正确。如改走车3进1，马九进七，黑方难以摆脱7路线被拴链的困境。

24. 车七进三 　　车6进2　　**25. 车二退五** 　　车7平3

妙手解链!

26. 车七退一　象5进3　　**27.** 炮三进二　车6平7

28. 车二平三　炮7进5

大量兑子后,局势平淡,终局成和。

(2)**车三平二**(接图8-7-1)。

13. 车三平二　前车进3

红平车捉马弃相,是力争主动的下法;黑前车进河沿保马正着,如误走炮7进7贪得底相,则仕四进五,马8进7,车二退九,炮7退1,车二进七,马7进5,相七进五,炮2进1,马三进四,前车平6,车二退三,车6进3,炮七进四,红方占优。

14. 车八进三　前车进二　　**15.** 车二退四　……

形成"红车换马炮"的著名变例,且多一象,是目前流行的走法。

15. ……　　　　后车进4

升车邀兑正确!黑如改走前车退2邀兑,则车二进二,前车平7,相三进一,卒3进1,马三进四,炮7平5,兵七进一,车2进6,仕四进五,车7平6,兵七进一,车6进1,炮七进五,车6退1,兵七进一,炮5进4(此时改走车2平5杀卒较稳妥),车二退四,士6进5,炮七进一!防黑将5平6,红方占优(选自"启新高尔夫杯"全国象棋甲级联赛第11轮江苏王斌先胜浙江于幼华的局例)。

16. 车二进二　后车平7　　**17.** 相三进一(图8-7-2)　……

如图8-7-2形势,黑有①车7进2、②卒3进1、③士4进5三种变着,分述如下:

①车7进2——"三环杯"象棋公开赛浙江于幼华对黑龙江苗永鹏局例。

17. ……　　　　车7进2

黑方进车压马,是新的尝试。如改走卒3进1或士4进5,详见以下两局。

18. 马三退二　炮7平5

红方退马摆脱牵制,黑方补架中炮,均是针锋相对的着法。

19. 马二进四　车7进2　　**20.** 马四进六　车2退3

黑退车保卒稳健,防红炮七进四打卒攻象。

21. 兵七进一　马3退5

退马窝心,失算。不如先走炮5进4,红如仕六进五,再马3退5,要比实战走法为好。

22. 炮五进四　车2进4

黑如改走卒3进1,则车二退一,也是红优。

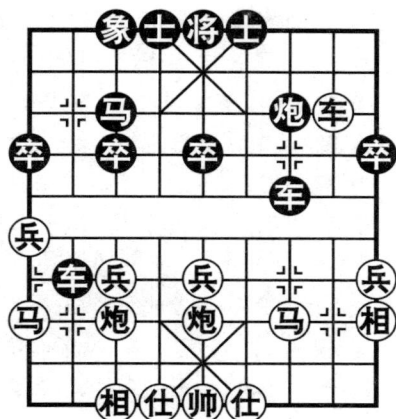

图 8－7－2

23. 车二平五　……

红方舍车砍炮,煞是精彩! 于幼华"拼命三郎"的雅号表现得活灵活现。

23. ……　　　车 2 平 3

平车吃炮,正确的选择。如改走象 3 进 5,则炮七进四,车 2 退 7,马六进五,黑双车也难抵挡红方双炮、马的攻势。

24. 车五平六　马 5 进 6　25. 车六平五　……

平车叫将,错失良机,应改走马六进五使黑难应付,红方可以速胜。

25. ……　　　马 6 退 5　26. 车五平六　马 5 进 7

黑方调整马位,机警之着。

27. 马九进八　车 3 平 4

黑方一车换双,无奈之着。如改走车 3 退 1,则马六进五,车 3 平 2,车六平五,马 7 退 5,马五进六,绝杀红胜;又如走车 3 平 2,则炮五退二,红方空头炮威力强大,黑亦败势。

28. 车六平五

平车叫将,多生枝节。应径走车六退五,马 7 进 5,马八进七,红方多兵多相,较易取胜。终局红胜。

②卒 3 进 1——"三环杯"象棋公开赛第 9 轮广东黄海林与北京张申宏局例(接图 8－7－2)。

17. ……　　　卒 3 进 1

黑挺 3 路卒活通马路,较为灵活的应法。

18. 马三进四　炮 7 平 5　19. 仕四进五　……

红方补仕是稳健的走法。如改走炮七退一,则车 2 退 5,兵七进一,车 2 平 6,马四进五,车 7 平 6,仕六进五,马 3 进 5,炮五进四,炮 5 进 4,帅五平六,后车平 4,炮七平六,车 4 进 2,车二退一,卒 3 进 1,黑方优势。

19. …… 　　　车 7 平 6　　**20.** 马四退六　士 4 进 5

21. 马六进七　车 2 退 3　　**22.** 马七退五　卒 5 进 1

进中卒拱马兼通 2 路车,机警。如改走马 3 进 4,则炮五平三,红方占势易走。

23. 炮七进五　卒 5 进 1　　**24.** 兵五进一　……

红方如改走炮五进二,则将 5 平 4,炮五平六,车 6 进 2,黑优。

24. …… 　　　炮 5 进 5　　**25.** 相七进五　车 2 进 4

26. 相五退七　……

退相保马,看似无可非议。但丢相后,难与黑方双车卒对抗。不如改走相一退三,车 2 平 1,车二退一,车 1 退 2,车二平一,红尚有谋和之机。

26. …… 　　　车 2 平 9　　**27.** 仕五退四　车 9 退 1

至此黑方占优,残局阶段又巧妙擒得红炮,结果黑方获胜。

③士 4 进 5——"启新高尔夫杯"全国象棋甲级联赛第 18 轮广东许银川对开滦景学义局例(接图 8-7-2)。

17. …… 　　　士 4 进 5

补士巩固中防,棋形厚实。

18. 马三进四　卒 3 进 1　　**19.** 炮七进三　车 2 退 2

退车捉炮,佳着! 攻守两利。如改走象 3 进 5,则炮七进一,卒 9 进 1,马四进三,车 2 退 3,马三进五,得象后,红方优势。

20. 兵七进一　炮 7 平 6　　**21.** 马四退六　……

在全国象棋甲级联赛第 8 轮甘肃焦明理对景学义之战中,焦明理走的是车二退三,象 3 进 5,炮七进一,卒 9 进 1,仕六进五,车 2 进 2,马四进三,炮 6 进 1,炮七平四,车 7 退 1,炮四退四,车 2 平 5,双方各有千秋。

21. …… 　　　象 3 进 5　　**22.** 马九进八　……

红方进马伏炮五平八打死黑车,忽略了黑方车 7 平 4 提马的巧着,得不偿失。应改走马六进八,下手炮五平八打死车,红势不差。

22. …… 　　　车 7 平 4!

平车捉马一车换二,反先夺势。

23. 炮五平八　车 4 进 2　　**24.** 炮八进三　马 3 进 2

25. 炮七进一　马 2 进 4　　**26.** 车二退三　马 4 进 6

27. 车二平三　车4平5　　**28.** 仕六进五　……

此时以改走仕四进五为宜。

28. ……　　　　卒9进1　　**29.** 兵七进一　炮6平8!

可见红方仕六进五不妥。以下黑方攻势凶猛,红方防不胜防,结果黑胜。

【小结】　此布局(1)变相三进一,虽解决了自身弱点,却也给了黑方调整阵形的机会。但第14回合飞炮轰击3卒,其攻击性不容小觑!牛刀初试,新着成功!(2)变车三平二,弃相力争主动,攻守兼备、变化丰富,较相三进一更显积极有力,其中所列黑3种变化虽黑方胜多负少,但不能以此定论。两局例均变化复杂、激烈,其性能之优劣,尚需深入的研究和更多的实战检验。

第三节　黑左炮过河式

第1局　黑飞右象
——红车扛马头新战法

1. 炮二平五　马8进7　　**2.** 马二进三　车9平8

3. 车一平二　马2进3　　**4.** 马八进九　卒7进1

5. 炮八平七　车1平2　　**6.** 车九平八　炮8进4

黑方左炮过河封车,意在控制封锁红方右翼子力,此战法在21世纪之初曾经风行一时,形成炮8进4热!近期使用率有所下降。

7. 车八进六　炮2平1　　**8.** 车八平七　车2进2

9. 车七退二　象3进5

形成五七炮对屏风马左炮封车的常见阵形。黑方此时飞右象是这一变化的分支,若改走马3进2,详见下局。前者变化相对缓和,后者对攻激烈。

10. 兵三进一　马3进2

跳马准备踩边兵踏双,抢步先手,是黑方目前较好的应着。曾出现过卒7进1直接兑兵的下法,以下红续走车七平三,马7进6,车三平四,车8进4,炮七退一,士4进5,车四退一,炮8进2(如炮8平5,仕四进五,黑方亦失子),车四退二,炮8退3,车四平二!双车夺炮,红得子大占优势。目前这一变化已被淘汰。

11. 车七平八　……

平车扛马头拉住黑方车马,多为棋手们所采用。若直接兵三进一,则马2进1,车七平二,车8进5,马三进二,马1进3,车二进三,象5进7,炮五平三,象7退5,相三进五,车2进6,炮三平七,炮1进5,车二平三,马7进8,车三平四,炮

1退1,局面简化,双方大体均势。

11.…… 　卒7进1 **12.** 车八平三 马2进1

马踏边兵,选择兑子,着法正确。如径走马7进6,红车三平八,马2退4,车八平四,车2进2,炮五平四,马6退7,马三进二,炮8平7,炮四平二,车8平9,相三进五,红扩先占优。

13. 炮七退一 　……

退炮保留其灵活性,掌握进攻节奏,是红方此时的好手。过去红都采用车三进三吃马的下法,黑马1进3,车三退三,车2平4,仕四进五,车8进3,黑方阵形坚固,红方难有进取,黑可以乐观。

13.…… 　车2进5 **14.** 炮七平三(图8-8-1) 　……

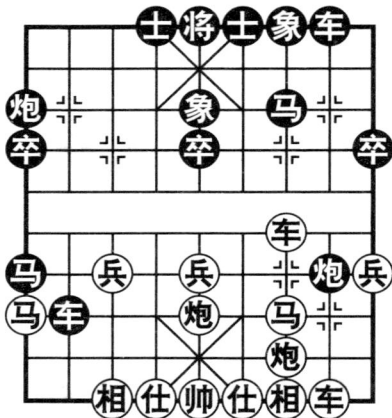

图8-8-1

红方左炮右调对黑方7路线加压。

如图8-8-1形势,以下黑有(1)车8进1、(2)炮1平3两种变着,分述如下:

(1)车8进1——广东吕钦对河北阎文清局例。

14.…… 　车8进1

黑升一步左车,对红退边马的棋却视而不见,设下布局陷阱。

15. 马三退一 　炮1平3

红退边马贪子,正中黑方下怀,现黑平炮瞄相,弃子抢攻(先前红可退窝心马保相)。

16. 车二进三 　……

贪吃,落入黑方陷阱。应改走炮三平七献炮,才是红方最佳对策。至此,黑有两种变化：①炮8平3，车二进八，后炮进6，车三进三，后炮进3，仕六进五，士4进5，炮五进四（伏大胆穿心杀势），将5平4，车三退五，车2退4，马九退七，车2平5，车三平九，下步捉死黑炮，红大优；②炮3进6，车二进三，车8进5，马一进二，炮3平2，车三进三，车2平1，车三退三，伏炮五进四叫将，然后车三平八，黑方难走。

16. ……　　　炮3进7　　**17.** 仕六进五　车8平4

18. 车三进三　士4进5

补士固防，攻不忘守。如急于走炮3平1，则红炮五进四，黑方立溃。

19. 炮三进一　马1进3！　**20.** 仕五进六　炮3平1

21. 炮五平七　车4进6　　**22.** 车二退一　象7进9

23. 车三平五　象9进7！　**24.** 车五退一　车2进2

25. 帅五进一　车2退1　　**26.** 炮七退一　车4平1

27. 炮三平六　车2平3　　**28.** 帅五进一　车3平4

29. 车五平六　车1平2　　**30.** 仕四进五　炮1退2

红难挽危局，主动认负。

（2）**炮1平3**——全国第3届体育大会象棋比赛江苏王斌对湖南谢业枧局例（接图8-8-1）。

14. ……　　　炮1平3

平炮打相，势在必行。如若担心红马三退一得子而改为炮8退5，红则马三进四，炮1平3，炮三平七！炮8平7，车二进九，炮7进4，车二退五，炮3进6，车二平三，红方明显占优。

15. 马三退五　车2平4

黑方平车肋道，意在先弃后取，针对红窝心马的弱点，伏有进攻手段。后来的一些赛事中，黑方又弈出了马7退9暂避一手的下法，以下红车二进二（如车三平九，卒1进1，车九退一，车8进4，兵七进一，马9进7，兵五进一，炮8平5，闷杀抽车，黑方胜势），士6进5，炮五平四（下有炮四进七偷袭得车的严厉手段）！车8进3，相七进五，车2退3，双方形成互缠之势。

16. 炮三进六　炮3退2　　**17.** 马五进七　马1进3

18. 仕六进五　车4退4　　**19.** 马九进八　马3退1

以上一段着法，皆为双方的必然应对，此时黑马退边隅是新招。在之前黑方多走马3退5（如车三退一，则马5退6，车三平二，车8进6，车二进三，马6退7，双方均势），车三平五，马5进3（伏炮8平5叫杀得车的凶着），炮三退一，卒5进1，车五进一，士6进5，炮三退三，隔断黑炮平中反击手段后，红子力占位好，并有闪击后续手段,稳占优势。

20. 相七进九　马1退2　　**21.** 炮三退一　……

退炮打车是及时的好棋,可顺势发出中炮扫去中卒,发挥攻势。

21. ……　　　　卒5进1　　**22.** 炮五进三　士4进5

23. 车二进二　车8进3

升车夺炮意义不大,不如车4进2兑车简化局势,以下车三平六,马2进4,炮五退一(车二平六,马4进6,帅五平六,马6退5,炮三平五,马5进4,红方反而丢子成败势),车8进4,车二平六,炮8退1,炮三退二,炮8平5,兵五进一,马4进2,车六平八,炮3平2,炮三退一,车8平2,车八进一,炮2进5。红虽多中兵,但黑有边卒渡河助战,可以周旋。

24. 车三平七　炮3平4　　**25.** 炮三退四　马2进4

26. 炮五退一　炮8退1　　**27.** 炮三平六　车4平5

28. 炮六进七　将5平4　　**29.** 车二进二!

弃车砍炮,一车二子,迫黑丢士(因红有炮击中象抽车的手段),迅速撕开黑方防线,局终红胜。

【小结】　此布局(1)变黑车8进1的陷阱不能成立,红方第16回合因贪子而惨遭杀戮,红若改走献炮化解,仍属红方易走。(2)变黑第23回合双车夺炮意义不大,给红方以腾挪闪击之机,若改走车4进2强行兑车简化局势,则回旋余地较大。总的感觉是两变皆为红方易走,机会较多。

第2局　红退车巡河(1)
——黑进外肋马新战法

1. 炮二平五　马8进7　　**2.** 马二进三　车9平8

3. 车一平二　马2进3　　**4.** 马八进九　卒7进1

5. 炮八平七　车1平2　　**6.** 车九平八　炮8进4

7. 车八进六　炮2平1　　**8.** 车八平七　车2进2

9. 车七退二　马3进2

黑外肋进马是对攻之着!是对象3进5的积极改进!也是屏风马方主流的经典战术。

10. 车七平八　马2退4　　**11.** 兵九进一　……

红挺边兵使车生根,静观其变,待机而动,是较为流行的着法。如改走炮七进七,士4进5,兵九进一,象7进5,炮七退三,车2进3,马九进八,炮8平5,仕四进五,车8进9,马三退二,炮5退2(改进着法,原先多走卒5进1,马二进三,炮5退1,帅五平四,炮1进3,炮五进三,炮1进1,马八进六,卒9进1,兵七进一,炮1平6,相七进五,马7进6,马六进八,红优,选自象棋超级"排位赛"邮电袁洪梁执黑对阵上海胡荣华的实战)! 马八进六,炮1平4! 马六进八,炮4平3! 相七进九,炮3进4,马二进三,马4进5,炮五进三,卒5进1,马三进五,马7进6,炮七平五,马5退3,马五进六,炮3平9。至此,红方虽多相但优势不明显,在马炮残棋的较量中红因少兵而颇有顾忌! 在大赛中还是不用此招为宜。

11.……　　　　象7进5(图8-9-1)

如图8-9-1形势,红方有(1)车二进一、(2)车八进三两种战法,分述如下:

(1)**车二进一** —— 太原全国象棋个人锦标赛第3轮湖北柳大华对河北张江局例。

12. 车二进一　车2进3　　13. 马九进八　马4进2

14. 炮七退一　……

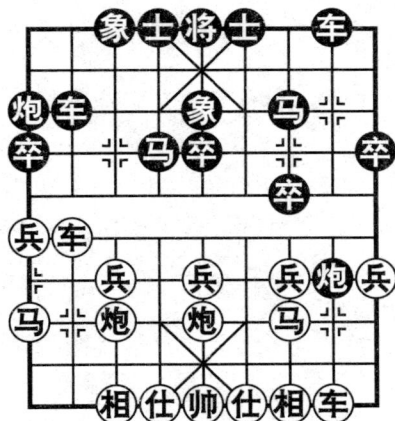

图8-9-1

退七路炮以静制动,是创新之招! 过去多走炮七平八打马,双方另具攻防变化。

14.……　　　　车8进5　　15. 马八进六　车8平4

16. 马六进四　……

如改走马六进五,象3进5,车二进二,马2进3,红得象,黑多卒,双方各有千秋。

16.……　　　　车4平6　　17. 马四退五　车6进2

18. 车二进二　车6平7　　19. 仕六进五　马2进4

20. 马五进四　炮1退1　　21. 炮五平六　马7进6

22. 炮七平六　马 4 退 2　　**23.** 前炮进六　马 2 进 3

24. 前炮平一　……

弃炮侧击,可走之着。

24. ……　　　马 3 进 4　　**25.** 马四进三　炮 1 平 6

26. 炮一平四　车 7 平 3

黑平车捉相,以攻兼守,好棋。如误走车 7 退 1,车二平三,马 6 进 7,炮四退七,红方得子胜势。

27. 帅五平六　马 4 退 5

红方出帅胁马,佳着! 黑方退马去兵,正确。如改走车 3 进 2,帅六进一,马 6 进 5,相三进五,马 5 退 4,炮六退四,将 5 进 1,炮四平六,黑方难成杀势,红方多子占优。

28. 相三进五　车 3 退 3　　**29.** 炮四平六　将 5 进 1

30. 炮六退六　马 6 退 7　　**31.** 帅六平五　马 5 退 6

双方均势,结果战和。

(2)**车八进三**——同上赛事,第 9 轮广东朱琮思对煤矿景学义局例(接图 8 - 9 - 1)。

12. 车八进三　马 4 退 2　　**13.** 车二进一　炮 1 进 3

黑炮击边兵也有马 2 进 3 或士 6 进 5 的走法。如改走炮 8 平 5,则炮五进四,士 6 进 5,车二进八,马 7 退 8,马三进五,黑方丢子。

14. 马九进八　……

红方跃边马助攻。另有车二平六或车二平八,亦不失先手。

14. ……　　　士 6 进 5　　**15.** 车二平八　车 8 进 5

黑车骑河牵制红车马,是步新变着。通常多走马 2 进 3,则马八进七,车 8 进 5,车八进四,马 3 进 4,炮五平六(如车八平六,炮 1 进 1,炮五平六,炮 8 平 5! 马三进五,车 8 平 5,黑先弃后取,足可抗争),炮 8 平 5,车八退一,车 8 平 2,马七退八,炮 5 退 1(也可炮 5 平 3,马八退六,炮 1 平 5,帅五进一,马 7 进 6,各有顾忌),马八退六,马 7 进 6,马三退一,炮 1 进 1,马六退四,炮 5 退 1,炮六进一,炮 1 退 1,兵七进一,马 6 进 7,双方各有千秋(第 11 轮河北苗利明先和北京张强之战)。

16. 马八进六　马 2 进 3　　**17.** 车八平四　炮 1 退 1

18. 马六进四　车 8 退 4　　**19.** 炮七进三　象 5 进 3

20. 马四退五　象 3 退 5　　**21.** 马五进六　炮 1 平 6

22. 兵五进一　炮 8 退 3　　**23.** 车四平二　炮 6 退 3

双方对峙。结果黑方获胜。

【小结】　此布局是黑方左炮封车的变例,其对攻局势趋向缓和,是一种寓守于攻的战略。双方各具特色,攻防变化值得进一步探讨研究。

第3局　红退车巡河(2)
——黑进肋马新战法

1. 炮二平五　　马8进7	2. 马二进三　　车9平8
3. 车一平二　　马2进3	4. 马八进九　　卒7进1
5. 炮八平七　　车1平2	6. 车九平八　　炮8进4
7. 车八进六　　……	

红方除左车过河以外,还有相对缓和的左车巡河的变化,黑如炮2平1,兵九进一,卒3进1,炮七进三,象3进5,炮七进一,士4进5,炮五平七,双方呈互缠之势。

7. ……　　　　炮2平1	8. 车八平七　　车2进2
9. 车七退二　　象3进5	10. 兵三进一　　马3进4(图8-10-1)

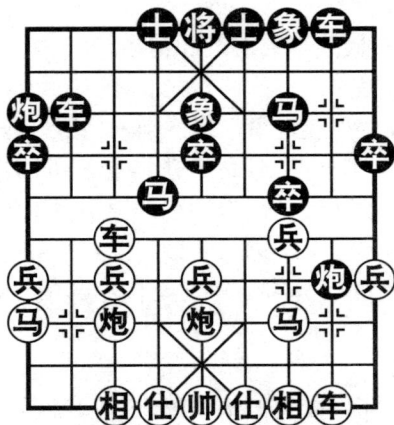

图8-10-1

黑方进肋马是冒险求战的下法,曾一度被打入冷宫。后经棋手的挖掘整理,于21世纪再次兴起。黑进肋马新战法变化复杂,为棋风凶悍的棋手所经常采用。一般此手以走马3进2的外肋马比较稳健,双方另具攻防变化。

11. 兵三进一　　象5进7(图8-10-2)

如图8-10-2形势,红方有(1)马三进二、(2)炮七退一两种变着,分述

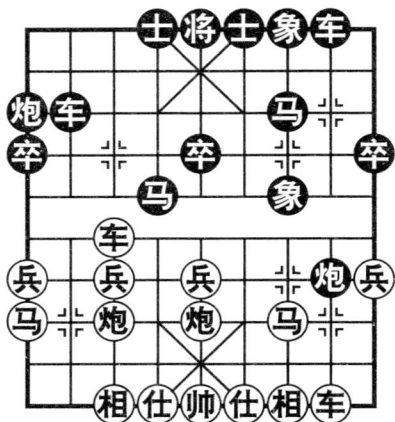

图 8－10－2

如下：

（1）马三进二。

12. 马三进二　　炮 8 平 6　　**13.** 炮五平二　　炮 6 平 8

14. 炮二平一　　马 4 进 5

马踏中兵是进肋马布局战术的继续和精华。

15. 炮七平五　　炮 1 进 4

炮击边兵，次序正确。如改走象 7 退 5，车七平五，炮 1 进 4，兵七进一，车 2 进 4，车二进三，马 7 进 6，车五平四，马 6 进 8，炮五进四，士 4 进 5，车四平二，车 8 进 5，车二进一，红方多子胜势。这是广东许银川对上海林宏敏的实战。

以下红有①车七平五、②车二进三两种战法，分述如下：

①车七平五——"大江摩托杯"全国象棋个人赛农协李林对河北王瑞祥局例。

16. 车七平五　　……

求变之着，但效果欠佳。如改走车二进三，请参阅下局。

16. ……　　　　马 5 进 7！

跃马踏车！精妙！不惧红方抽将。

17. 车二进二　　炮 8 平 5　　**18.** 仕六进五　　车 8 进 5

19. 车二进二　　前马退 8　　**20.** 车五平二　　车 2 平 4

黑车控制肋道帅门，至此，黑方足可抗衡。

②车二进三——济南全国象棋团体赛甘肃黄海林对湖南谢业枧局例。

16. 车二进三　　象 7 退 5　　**17.** 车七平九　　……

红方平车捉炮看似先手,实则随手之着,被黑方杀了个回马枪,此着成为本局的转折点。正确的选择应走车七平六守肋,黑方如马7进6(如马5退6,则马二进四,车8进6,马四进三,红方多子占优),炮五进四,士4进5,车六平九,车2进1!车九退一,车2平5,炮一平五,马5进7,车二平四,马6进8,车四平三,车8进3,车九平八,红方兵种较好,稍占优势。

17.……　　　　　马5退7

退马打车精妙,红不能吃炮,因黑方伏有马7进6挂角叫杀的手段。

18.车二退二　　　车8进5!

黑方弃车砍马继续追杀,不给红方喘息之机!

19.车二平四　　　卒1进1

挺卒欺车是值得玩味的新招!于幼华对吕钦此着曾走前马进8,车四进八,将5平6,车九平二,马8退6,车二平三,马7进8,炮一平四,马6退7,车三平二,马8退7,兵一进一,车2进2,车二平九,车2平1,车九平三,后马进8,黑方多卒占优,终局和棋。

20.车九平七　　　……

红方平车正确。如果改走车九退一,前马进8!借蹬车之机使红车立陷绝境,车四平二,卒1进1,车二进一,车8进2,车九进一,车8平7,黑方稍优,这是"锦州杯"全国象棋锦标赛第3轮女子组安徽梅娜先负河北尤颖钦的实战。

20.……　　　　　前马进8　**21.车四进八**　　　……

红方吃士嫌贪,应径走车七平二兑车,黑则马8进6,炮一平四,炮1平9,车二退三,炮9平6,仕四进五,炮6退2,车二平三,马7退5,兵七进一,车2进4,兵七进一,卒1进1,炮五平六!卒1进1,马九退七,车2平3,马七进五!车3平4,兵七平六!红方形势不差。

21.……　　　　　马7退6　**22.车七平二**　马8退6

23.车二平三　　车2进2　**24.炮一平四**　　　……

红平炮顶马,正着。如改走车三进五去象,黑则车2平7,车三退四,马6退7,红方残局少兵,不利。

24.……　　　　　士4进5　**25.仕六进五**　　　……

红方补仕缓着,应改走车三平四牵马,黑方如车2平4,车四进四压马,前马进4,炮四平六,车4进3,仕四进五,车4退5,兵一进一,黑马位置太差,红方形势不赖。

25.……　　　　　车2平4　**26.车三平八**

平车落空,放出黑马后患无穷。弈至残局,红方看到残仕相又少兵,故投子认负。

(2)**炮七退一**——"启新高尔夫杯"全国象棋甲级联赛第9轮江苏李群对河北申鹏局例(接图8-10-2)。

12. 炮七退一 ……

退炮是新着! 准备策应右翼,着法灵活、新颖。是江苏李群在全国赛上创用的布局飞刀。

12. …… 象7进5 **13. 马三进二** 炮8平7

14. 炮五平二 ……

在本赛事第13轮江苏王斌对湖南谢业枧之战中,王斌走的是炮七平二,炮7平8,炮五平二,炮8进2,车二进一,车8平9,车七平六,马4退3,炮二平三,车9进2,兵九进一,车2进5,相三进五,车2退3,黑可抗衡,结果战和。

14. …… 车8平9 **15. 相三进五** 士6进5

16. 车二平三 ……

红平底线车捉炮是改进之着。当时李群走的是车七平三,则车2进3兑车,车三平八(如兵七进一,则炮1进4),马4进2,车二平三,马2进1,炮二平九,车9平8,车三进三,车8进5,双方均势,结果战和。

16. …… 炮7平8 **17. 炮七平五** 车9平6!

黑平车肋道,置8路炮被捉死于不顾,设计了弃子抢攻的战术方案!

18. 车三进三 车2进6 **19. 车七平六** ……

红平车捉马,失算之着! 应改走车三平二,则车2平4,炮五平三,送还一炮,局势尚无大碍。

19. …… 马7进6!

进马踏双车,是弃子抢攻手段的继续,精彩之至!

20. 马二进四 车6进4 **21. 车三平二** 炮1平4

22. 车二进六 士5退6 **23. 炮二退一** 车2退1

24. 炮二进一 车2进1 **25. 炮二退一** 车2退1

26. 车六平七 车2平4 **27. 炮五平六** 车4进1

28. 仕六进五 车6进4

黑方顺利吃回一子,形势占优。

29. 车二退五 炮4退1!

退炮运子,取势佳着! 黑方占优,结果获胜。

【小结】 此布局(1)变黑方的新着耐人寻味,反击手段可圈可点;红方实战效果不很理想,尚需完善和改进。综观此变,屏风马方的反击能力增强是近年五七炮沉寂的主要原因。相信此布局双方的攻防变化，会引起棋界的进一步探讨和研究。（2）变"红退七路炮"，具有稳健的特性，所列局例，若红方未误入"弃子陷阱"，则将会呈现红方虽赢棋较难但也不容易输的局面，风险极小，因此多为棋风稳健的棋手采用。

第九章　中炮进三兵对屏风马

中炮进三兵对屏风马布局早在 20 世纪 50 年代就流行棋坛,是一种带有战略性的稳健型布阵法。此布局开始,炮方早早挺起三路兵,意在避免形成中炮对屏风马进 7 卒的阵势,意图将对局纳入事先准备的布局轨道,逼马方走成进 3 卒的屏风马形式,然后伺机选择五六炮、五七炮、五八炮等进攻手段,使两翼均衡发展,攻守兼备。后手方则根据先手方的进攻策略,采取针锋相对的相应对策,力争局势平衡或反击,以利中残局的战斗。

21 世纪以来,此类布局经过高手的实战和研讨,又出现了新的攻防内容,深受稳健型棋手青睐。

第一节　五七炮进三兵对屏风马式

第 1 局　红直横车进河口马局新战法(1)

1. 炮二平五	马 8 进 7	**2.** 马二进三	车 9 平 8
3. 车一平二	马 2 进 3	**4.** 兵三进一	卒 3 进 1
5. 马八进九	卒 1 进 1	**6.** 炮八平七	马 3 进 2
7. 车九进一	象 7 进 5		

至此,形成五七炮进三兵对屏风马挺 3 卒左象的基本阵势,也是目前较为流行的布局定式。黑方此时飞左象,下法较为含蓄,旨在以静制动。与另一变例卒 1 进 1 恰好相反,直接兑卒简洁明快。两种变着各具特点,依个人喜好而选择。

当然此手黑方也有象 3 进 5 的选择,红如接走车二进六,车 1 进 3,车九平六,炮 8 平 9,以下红有车二平三和车二进三两种战法,均有复杂的攻防变化。

8. 马三进四(图 9-1-1)　……

跃河口马欲从中路进攻,着法积极,是符合红方这一布阵特点的着法。

8. ……　　　　　车 1 进 3

升车保卒着法稳妥,如改走士6进5,马四进五,红得中卒易走。

9. 车九平六　士4进5　　**10.** 车二进三　……

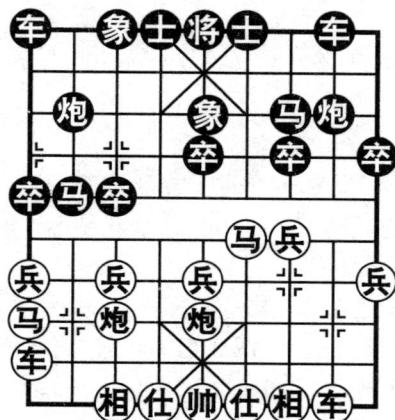

图9-1-1

红车进兵林线是辽宁尚威大师的创新之招。如改走车二进六,则炮8平9,车二平三,炮9退1,下伏炮9平7攻车的手段,红方并无便宜。

10. ……　　　马2进1　**11.** 炮七退一　卒1进1

12. 马四进三(图9-1-2)　……

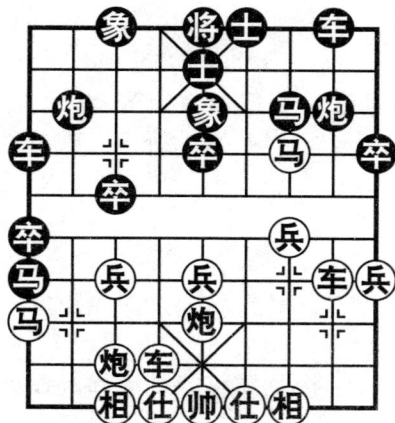

图9-1-2

如图9-1-2形势,黑方有(1)马1进3、(2)车1平2两种走法,分述如下:

(1)**马1进3**——"大江摩托杯"全国象棋个人赛乙组辽宁尚威对湖北卓赞锋局例。

12. ······　　　马 1 进 3

进马旨在为 1 路卒闪出通道攻红边马。

13. 车六进一　　······

先手捉马是获得优势的佳着。如误走兵五进一,卒 1 进 1,马九退八,马 3 进 1! 黑方反先。

13. ······　　　卒 1 进 1

如改走马 3 进 1,车六平八,炮 2 进 1,炮七平三,炮 2 平 7,炮三进五,卒 5 进 1,炮三平八,马 1 进 3,炮八进三,士 5 退 4,车八平七,马 3 退 1,车七平六,士 6 进 5,炮五进三叫杀,红方大优。

14. 车六平七　卒 1 进 1　　**15.** 炮五平九　　······

用炮打卒,伏有炮七平九打车、沉底炮的攻着,着法灵活。

15. ······　　　炮 8 进 2　　**16.** 相三进五　炮 2 进 6

17. 车七平八　炮 8 平 6

如改走炮 2 平 1,车八平七! 士 5 退 4,兵五进一,士 6 进 5,兵七进一,卒 3 进 1,车八平七,红方得象大优。

18. 车二进六　马 7 退 8　　**19.** 车八退一　　车 1 进 4

20. 马三进五!

红方妙手得象,黑方败势。终局红胜。

(2)**车 1 平 2**(接图 9-1-2)。

12. ······　　　车 1 平 2　　**13.** 兵五进一　　······

如改走车六进三,车 2 进 2 兑车,红方失先。

13. ······　　　炮 2 平 4　　**14.** 车六进三　卒 1 平 2

如改走车 2 进 2,车六进二,车 2 平 5,车二平三,下伏炮七平二和炮七平五的双重打击,红方占优。

15. 兵五进一　炮 4 进 1

正着。如卒 5 进 1? 则马三退五,黑方将难以应付。

16. 马三进一　车 8 进 1　　**17.** 炮七平三　炮 4 退 1

红方以中路、三路线为攻击点,不断给黑方制造麻烦,现已完全控制了局面的主动权。

18. 车二进三　卒 9 进 1　　**19.** 炮三进二

黑方各子处于受制状态,红方的主体攻势显著。

【小结】 此布局红进河口马战法成为中炮进三兵对屏风马挺 3 卒布局领域中的新宠。(1)变中,红方巧得中象是取势关键;(2)变中,红方"声东击西",明攻黑方中路，暗袭黑方侧翼，一举得势。

第2局　红直横车进河口马局新战法（2）

（接上局图9-1-1。）

8.…… 　　　　卒1进1

兑卒通车是对弈过程中采用较多的下法，比较正统，可谓布局阶段的"官着"。

9. 兵九进一　车1进5　　**10.** 车九平四　……

红车保马保持变化，着法含蓄。另有马四进五的下法，也很流行，详见下局。

10.…… 　　　　马2退3

退马阻止红马的进击路线，既巩固中路，又使局面复杂化。如改走士6进5，马四进六，以下黑有卒5进1或炮8进1两种应法，详细变化请参阅李浔和杨典编著的《象棋大师布局创新战法》一书，第161页的介绍。

11. 兵七进一　车1平3　　**12.** 炮五平三　炮8进3（图9-2-1）

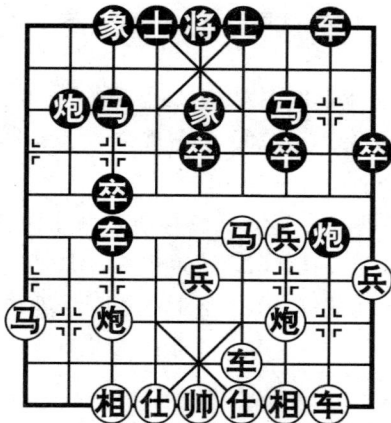

图9-2-1

如改走车3进2吃炮，则红相七进五打死车，黑方难下。如图9-2-1形势，红方有(1)兵三进一、(2)相七进五两种战法，分述如下：

(1)**兵三进一**——"启新高尔夫杯"全国象棋甲级联赛第11轮浙江于幼华对河北陈翀局例。

13. 兵三进一　马3进4　　**14.** 马四进六　车3进2

如改走炮8平5，兵五进一，车8进9，车四平八，红方占优。

15. 马六退四　　车3进2　　　**16.** 兵三平二　　炮8平7

17. 车四进一　　车3平1

这一段双方的应对都是在计算之中的谱着。现黑方平车边隅是一步坏棋。可考虑炮7退1,红若接走车四平八,则炮2平1,相三进五,炮7平5,兵五进一,车3退4,车八进二,车3平2,马九进八,炮5平6,黑方可战。

18. 车四平八　　炮2平1　　　**19.** 相三进五　　炮7进1

20. 炮三平二　　车8平7　　　**21.** 车二平三　　炮7平6

22. 仕四进五　　士6进5　　　**23.** 车三进六

红方步步紧逼,形势占优,结果获胜。

(2)相七进五——"锦州杯"全国象棋团体赛第7轮锦州乔荣铁对四川谢卓森局例。

13. 相七进五　　……

飞相攉车,造成大量兑子,局势简化,似不如上例兵三进一积极。

13. ……　　　　车3平6　　　**14.** 车四进三　　炮8平6

15. 车二进九　　马7退8　　　**16.** 炮七进五　　马8进6

17. 炮七退一　　卒7进1　　　**18.** 兵三进一　　象5进7

19. 马九进七　　……

跃马是精细之着。如改走炮七平一,炮2平5,红中兵必丢,局势不利。

19. ……　　　　炮2平5　　　**20.** 马七进六　　卒5进1

21. 相五进三　　……

扬相虚晃一枪,准备炮三平五消灭黑方中卒,此时的好手。

21. ……　　　　炮6退1　　　**22.** 马六进五　　象7退5

23. 炮三平五　　马6进7　　　**24.** 炮七平四　　士6进5

25. 炮五进三　　卒3进1　　　**26.** 炮五进一　　马7进8

27. 兵五进一

至此双方均势,结果和棋。

【小结】　此布局战法,双方纠缠甚紧。演至如图9-2-1形势,红方(1)变兵三进一拆除炮架优于(2)变相七进五。(2)变大量兑子后局势平淡,此法可用于战略和棋。

第3局　红直横车进河口马局新战法(3)

(接第1局图9-1-1。)

8. ……　　　　卒 1 进 1　　**9.** 兵九进一　车 1 进 5

10. 马四进五　……

进马踏卒,着法简洁明快。

10. ……　　　　马 7 进 5　　**11.** 炮五进四　士 6 进 5(图 9 - 3 - 1)

如图 9 - 3 - 1 形势,红方有(1)相三进五、(2)车九平六两种战法,分述如下:

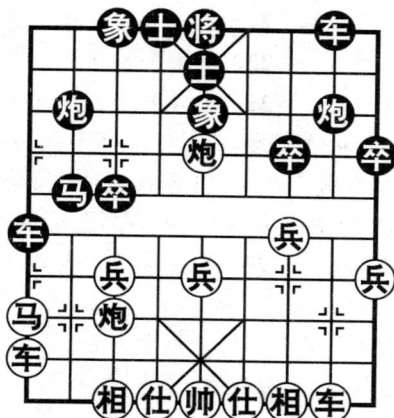

图 9 - 3 - 1

(1)**相三进五**——第 5 届"嘉周杯"全国象棋特级大师冠军赛广东吕钦对湖北柳大华局例。

12. 相三进五　车 1 退 2　　**13.** 炮五退一　马 2 进 1

14. 炮七退一　车 1 平 2　　**15.** 炮七平一　车 8 平 6

16. 车九平六　车 6 进 6　　**17.** 兵五进一　车 2 平 6

18. 车六平八　卒 3 进 1

黑方强渡 3 卒,置红方捉死边马于不顾,着法凶悍!

19. 兵七进一　……

红如改走车八进二捉死边马,黑则炮 2 进 3 弃马强攻中路,红方将危机四伏。

19. ……　　　　炮 2 平 1

平炮是改进后的下法,如改走炮 8 进 3 试图弃子强攻,红则兵三进一,卒 7 进 1,炮一平四,前车进 2,车八平四,车 6 进 5,车二进四,这样交换后红方明显占优。

20. 炮五平九　……

中炮撤离是冷静的选择,如误走炮一平七,黑则将 5 平 6! 仕六进五(又如仕四进五,炮1进5,车二进七,前车进3,仕五退四,车6进6,帅五进一,马1进3,帅五平六,车6退3,黑方速胜),炮1进5,车二进七,炮1进2,车八退一,前车进3,仕五退四,车6进6,帅五进一,炮1退1,车八进一,马1进2,炮七平九,车6退1,帅五退一,马2退4,帅五平六,车6平1,以下黑方伏有车1平5的杀着,红方亦有危险。

20. ……　　　前车平9　　**21.** 炮一平七　马1进3

22. 车八进一　炮1平3　　**23.** 炮九平五　将5平6

24. 车八进三　车6进1　　**25.** 仕六进五　车9平6

黑平车肋道错失战机,可考虑炮8进3!打中兵,红方只有炮五平七解围(如车二进四吃炮,黑则车9进3造杀,红方难应),以下黑方接走象5进3,兵五进一,车6退2,车八平七,形成红方多兵、黑方多子的局面。

26. 车八进二　炮3进1　　**27.** 车八退一　炮8进1

28. 兵三进一!　……

弃兵,机警!为解除黑方担子炮埋下伏笔。

28. ……　　　后车平7　　**29.** 炮五进一

红方进炮破坏黑方担子炮后,前景较为乐观,终局红方获胜。

(2)**车九平六**(接图9-3-1)。

12. 车九平六(图9-3-2)　……

红车平肋是常见的变化,而上例的相三进五则较为稳健。如图9-3-2形势,黑方有①车8平6、②车1退2两种变着,分述如下:

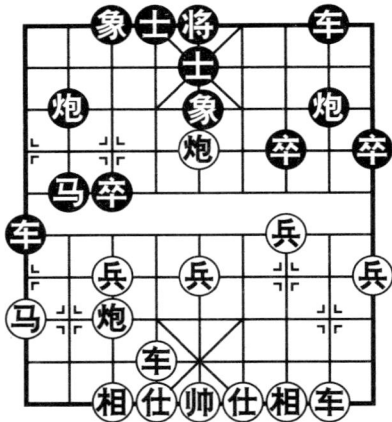

图9-3-2

①车8平6——"启新高尔夫杯"全国象棋甲级联赛黑龙江赵国荣对大连金波局例。

12.…… 车8平6

黑方平车肋道，防红车六进六的凶着，可谓此时的必走之着。

13. 相三进五　车6进6　　**14.** 兵七进一！　……

冲七兵针锋相对，局部性好手。

14.…… 车1退2

如改走车6平5捉炮，则车六进五，车1平3，炮七退一，红方优势。

15. 兵七进一　车1平5　　**16.** 车六进七　象3进1

17. 兵七平八　……

红以炮换马，一兵巧过河，且造成黑方阵形不整，红方大占便宜。

17.…… 炮8进4　　**18.** 兵五进一　象5进3

象投兵口，欲架中炮对攻，但从实战效果看并不理想，不如改走炮2平4较有抗衡机会。

19. 车六退三　炮2平5　　**20.** 兵八平七　炮5进3

应改走车5进2吃兵，较有对攻机会。

21. 仕六进五　车6平5　　**22.** 帅五平六！　……

出帅暗设黑难以察觉的陷阱，佳着！使黑方误认为红方迫于中路压力。

22.…… 象1进3

随手吃兵，果然中套，乃导致失利的败着。

23. 炮七进一！！　……

献炮巧手！也是继出帅后的陷阱之所在！

23.…… 炮8退1　　**24.** 兵三进一　炮8平6

25. 兵三平四

至此，黑见难以防守，遂投子认负。

②车1退2——"锦州杯"全国象棋团体赛第7轮湖南陆伟滔对盘锦李冠男局例。

12.…… 车1退2　　**13.** 炮五退一　马2进1

14. 炮七退一　车8平6　　**15.** 相三进五　车1平5

16. 兵五进一　车6进5　　**17.** 车六进一！　……

升一步肋车暗保中兵，断黑边马去路，巧妙！轻松化解了黑方这一连串的先手，乃局部性的佳着！

17.…… 车5平6　　**18.** 炮七平九　前车平5

车吃中兵无奈之举,也是关键性的败着! 黑方边马被捉,进退无路,更见红方第 17 回合车六进一的巧妙,当然黑后车平 1 可以保马,显然这着不是好棋,哪有自投罗网被红炮拴链的走法?! 现在回过头来看,自第 12 回合起,黑方的一连串"先手"棋,值得商榷。

19. 炮五进三!　　……

炮轰中士,摧毁黑方防线! 沾光就走,简洁明快,一举奠定胜势!

19. ……　　　　士 4 进 5　　**20.** 炮九进二　　象 3 进 1

21. 仕四进五　　炮 8 平 6

至此黑方阵形不整、兵种不全且缺士怕双车,红方占优,结果红胜。

【小结】 此布局,红方的两种战法:(1)相三进五是稳健的战法模式,弈至第 18 回合遭到黑卒 3 进 1 弃马强攻的凶悍对抗,演变下去黑方虽错失战机,但红方的攻法值得商榷,待进一步探讨。(2)车九平六是常见的战法,其中列举的①②两变,前者优于后者。①变中黑方象投兵口,有嫌轻举妄动,若理顺战法,则与红尚有抗衡机会;②变黑在不知不觉中落入红方车六进一的陷阱,重演此局应以此为鉴。

第 4 局　红直横车炮击 3 卒局新战法

1. 炮二平五　　马 8 进 7　　**2.** 马二进三　　车 9 平 8

3. 车一平二　　马 2 进 3　　**4.** 兵三进一　　卒 3 进 1

5. 马八进九　　卒 1 进 1　　**6.** 炮八平七　　马 3 进 2

7. 车九进一　　……

至此,形成五七炮进三兵对屏风马挺 3 卒的基本阵势。这也是近年来较为流行的布局之一。

7. ……　　　　马 2 进 1

黑方马踩边兵,意在打乱红方的阵形结构。

8. 炮七进三(图 9 - 4 - 1)　　……

红方炮击三卒先得实惠,这也是近来新兴的走法,下伏炮七进一的进攻手段。另有炮七退一伺机而动的下法,以下黑方接走车 1 进 3,车九平八,炮 2 平 4,车二进六,象 7 进 5,马三进四,车 1 平 4,双方另有攻守变化。如图 9 - 4 - 1 形势,黑方有(1)车 1 进 3、(2)象 3 进 5 两种走法,分述如下:

(1)**车 1 进 3**(接图 9 - 4 - 1)。

8. ……　　　　车 1 进 3

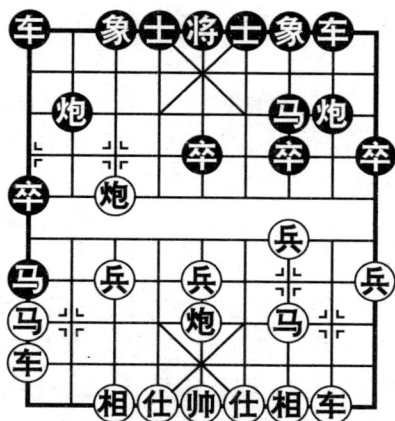

图 9-4-1

黑方升车卒林,静观其变,是一种稳健的选择。黑方也曾出现过卒1进1的下法,以下红方可续走车九平六,车1进4,炮七进一,卒7进1,马三进四。红方出子速度较快,容易组织攻势,黑方防守稍嫌吃力。

以下红方有①车九平八、②车九平六两种选择,分述如下:

①车九平八——"启新高尔夫杯"全国象棋甲级联赛第二循环赛厦门汪洋对湖北柳大华局例。

9. 车九平八 车1平4 10. 车二进六 ……

红方进车卒林,虽是眼见的先手,但易形成平稳局面。也可考虑改走马三进四,炮2平5,仕四进五,炮8进5,车八进二,卒1进1,兵七进一,士6进5,炮七进二,车4进2,马四退三,炮8平5,相三进五,车8进9,马三退二,车4退3,炮七退一。红方子力占位较好,略占优势。

10. …… 炮2平4 11. 马三进四 ……

红方右马盘河寻求对攻,着法积极!

11. …… 象7进5 12. 炮七进二 炮8平9

13. 车二进三 马7退8 14. 马四进三 ……

顿挫有误,应先车八平二捉马,待黑马8进7后,再马四进三更为准确。

14. …… 炮9平7 15. 相三进一 马8进6

16. 兵三进一 ……

红兵过河虽巧妙,但给了黑方腾挪之机,不如改走马三退四保留变化静观其变。

16. …… 车4进1 17. 车八平四 马1退2

18. 车四进七　马 2 退 3　　**19.** 炮五进四　士 4 进 5

20. 车四退三　……

红方兑车贪恋过河兵,可改走炮五平一,车 4 平 7,炮一进三,炮 7 退 2,车四退二,马 3 进 4,车四平六,马 4 进 6,马三进四,虽为对攻,但红多兵稍优。

20. ……　　　　车 4 进 2　　**21.** 马三退五　车 4 退 3

22. 炮五平四　炮 7 平 6　　**23.** 马五进六　炮 6 平 4

24. 兵五进一　卒 1 进 1

红方进中兵为防黑车 4 平 5 捉死中兵的手段;黑方挺进边卒后,红边马出路成了问题。此时红方应改走马九退七调整马位,黑如接走车 4 进 5,则马七进八,红马跃出后形势不错。以后战至第 30 回合,红方因丢马而落败。

②车九平六——"西乡引进杯"全国象棋个人锦标赛黑龙江聂铁文对河北张江局例。

9. 车九平六　……

红车占肋是对车九平八的改进,这一构思旨在以马三进四跃出后与肋车相互配合,以组织向中路的进攻。

9. ……　　　　士 6 进 5　　**10.** 车二进六　炮 2 平 4

11. 炮七进二　象 7 进 5　　**12.** 马三进四　车 1 平 3

黑如改走马 1 退 2,则马九进八!卒 1 进 1,车六进四,马 2 退 3,马八进九,马 3 进 4,马四进六,炮 4 进 1,兵五进一,红方明显占优。

13. 炮七平八　车 3 平 2　　**14.** 炮八平七　车 2 平 3

15. 炮七平八　车 3 平 2　　**16.** 炮八平七　车 2 进 1

17. 马四进五　马 7 进 5　　**18.** 炮五进四　车 8 平 6

19. 仕六进五　车 2 平 5　　**20.** 炮五平九　……

红如改走炮五平七打象,黑亦车 5 进 2,后炮进三,象 5 退 3,车二进一,炮 4 平 5,帅五平六,马 1 退 2,炮七平八,卒 1 进 1,黑方反夺主动。

20. ……　　　　马 1 退 2　　**21.** 炮七退一　车 5 进 2

22. 车六进四　……

进车捉马,自失一先。应该直接兵七进一,保留七路兵,局面仍然占据主动。

22. ……　　　　马 2 进 3　　**23.** 车六进一　马 3 退 2

24. 车六退一　马 2 进 3　　**25.** 车六进一　马 3 退 5

黑方马退中路主动变招,意在左路底车顺利开出,积极参战。

26. 车六退二　……

退车牵马稳健。如车六平五拴链车马,则黑可车 6 进 6 联霸王车,以下红如炮七进一强攻,黑则马5退3,炮七平五,象3进5,炮九进三,象5退3,车五退三,车6平5,车二进一,卒1进1,黑方虽失一象,但车马炮三子位置极佳,右路边卒乘势渡河,稳稳控制局势,占据主动。

26.……　　　　卒1进1　　**27.** 相七进五　……

红如改走车六平九吃卒,则黑马5退3,车九进一(如车九平八,马3退1,车八进二,炮4进1打双车,红方立溃),马3进2,车九平六,车6进4! 黑方占先。

27.……　　　　卒1进1

黑进边卒欺马,局势已较乐观,结果黑胜。

(2)**象3进5**——第10届澳港番顺象棋联谊赛香港吴振熙对番禺谢云闯局例(接图9-4-1)。

8.……　　　　象3进5

飞象撑炮,看似先手,实则软着,还应选择上例车1进3,较能与红方抗衡。

9. 炮七进二　炮8平9　　**10.** 车九平八　……

平车捉炮,抢先的好棋,逼兑车后,红方可以获得多兵之势。

10.……　　　　车8进9　　**11.** 马三退二　炮2平1

12. 炮七平三　炮1平7　　**13.** 炮五进四　士6进5

黑补左士犹如开门揖盗,应改走士4进5,尚可周旋。

14. 兵五进一　卒1进1　　**15.** 车八平四!　……

红平车控制黑方肋道将门,紧着! 黑败象已呈。

15.……　　　　车1进3　　**16.** 兵五进一　炮7进3

17. 仕四进五　车1进1　　**18.** 帅五平四　炮9退2

19. 车四进四　炮7退1　　**20.** 马九退七　马1进3

21. 马七进五　炮7平5　　**22.** 马五进六　炮5平3

如改走马3退1,则红马六进七捉双,黑亦丢子呈败势。

23. 马六退七　车1退1　　**24.** 车四进一　……

红进车保炮弃马,着法凶悍,算准可成杀势。当然也可改走车四平七,车1平5,车七平四,炮9进6,马二进三,红方多子亦成胜势,但速度较慢。

24.……　　　　炮3进3　　**25.** 马二进三　……

应走车四平三杀卒,顺手牵羊,再跃马助战。

25.……　　　　卒7进1　　**26.** 马三进二

红马跃出势不可当,结果红胜。

【小结】此布局,红炮七进三击卒后,(1)变黑车1进3着法稳健,所列红方①②两种战法,虽遭败北,但若红方攻守俱正,将会形成两难进取之势,作为后手的黑方可以满意,红欲取胜,需另辟蹊径;(2)变黑象3进5,造成丢子失势,实不可取,重演此阵,本例为鉴。

第5局　红直横车对黑飞右象局(1)

1. 炮二平五　马8进7　　2. 马二进三　车9平8
3. 车一平二　马2进3　　4. 兵三进一　卒3进1
5. 马八进九　卒1进1　　6. 炮八平七　马3进2
7. 车九进一　象3进5(图9-5-1)

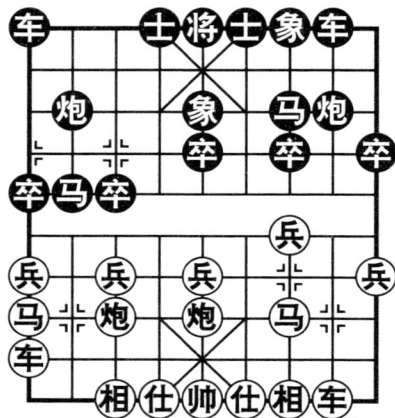

图9-5-1

如图9-5-1形势,双方形成五七炮进三兵对屏风马进3卒飞右象的基本阵势。黑飞右象这一变例,立意"稳中求变",比象7进5和卒1进1更具特点。

8. 车九平六　车1进3　　9. 车二进六　……

进车压封是此时红方的最佳着法,逼黑表态。

9. ……　　　　炮8平9

平炮兑车,无可非议。

10. 车二进三　……

兑车稳妥,如走车二平三,炮9退1,车三平四(车六进六,炮2平3,车三进一,士6进5,红方失车),士6进5,兵三进一,炮2进1,车六进五,卒3进1,黑方占优。

10. ……　　　　马7退8　　11. 马三进四　……

跃马出击是快攻第一感觉。若炮七退一,则比较含蓄。

11. ……　　　　士 6 进 5

补士,严阵以待。也有马 8 进 7 的下法,以下马四进三,士 6 进 5,马三进一,象 7 进 9,炮七退一,马 2 进 1,兵五进一,红主动一些。

12. 马四进三　……

先得实惠。如改走炮五进四,马 8 进 7,炮五退一,车 1 平 6,车六进三,卒 3 进 1(如车六平七,马 2 进 1 踩双),炮七平四,马 2 进 4,炮四进四,马 4 退 3,炮五平六,炮 2 进 3,双方互缠。

12. ……　　　　炮 9 平 7

平炮牵制红方三路线。

13. 相三进一　马 2 进 1　　**14.** 炮七退一　卒 1 进 1(图 9 - 5 - 2)

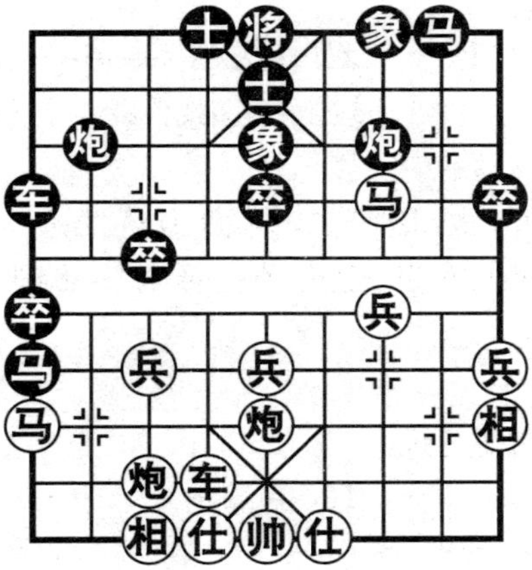

图 9 - 5 - 2

黑进边卒新颖,旨在加快右翼子力出动速度。以往多走马 8 进 9,以下马三退二,卒 5 进 1,双方互缠。如图 9 - 5 - 2 形势,红方有(1)兵五进一、(2)马三退二两种战法,分述如下:

(1)**兵五进一**——"启新高尔夫杯"全国象棋甲级联赛黑龙江赵国荣对北京张强局例。

15. 兵五进一　……

进中兵意在限制黑方卒 5 进 1 的同时避开黑马 1 进 3 的捉吃,加大子力活动空间。

15. ……　　　　马 1 进 3

边马进击,贯彻加快右翼子力出动的原计划。

16. 车六进一　马 3 进 1　　**17.** 炮七平二　……

红方平炮必然着法,为边马谋出路。

17. ……　　　马 1 进 3

先得红相实惠,试探红方应手。

18. 车六平七　……

红平车捉马后,双方是一场子力的大交换,从实战进程看红方并不见好,不如马九退七,变化较丰富一些。

18. ……　　　卒 1 进 1　　**19.** 车七退二　卒 1 进 1

20. 车七平八　……

如改走炮二进七,则卒 5 进 1,马三退五,车 1 平 8,炮二平一,车 8 进 4,红较难应。

20. ……　　　马 8 进 9　　**21.** 马三进一　……

如改走马三退四,车 1 进 2,炮二平五,炮 2 进 5,红较难走。

21. ……　　　象 7 进 9

至此,黑方可以抗衡。结果黑方有误,红方获胜。

(2)**马三退二**——同上赛事,上海孙勇征对湖北柳大华局例(接图 9 - 5 - 2)。

15. 马三退二　……

先退马,欲冲三兵调整马位。

15. ……　　　马 8 进 9　　**16.** 兵三进一　……

送兵简明,贯彻原来计划。

16. ……　　　象 5 进 7　　**17.** 马二进四　炮 7 进 1

18. 炮七进四　象 7 退 5　　**19.** 炮七进二　车 1 平 3

20. 炮七平一　炮 2 平 9

红方以炮兑马,为红马窥槽做准备,招法实用。

21. 车六进三　车 3 平 1　　**22.** 马四进二　炮 9 平 8

23. 车六平四　……

红车占肋道将门,下伏车四进二捉炮和炮打中卒之恶着,弈来十分流畅,已入佳境。

23. ……　　　卒 5 进 1　　**24.** 炮五进三　车 1 平 5

25. 兵五进一　卒 1 平 2　　**26.** 马二退三　炮 7 进 1

27. 仕四进五

至此,红方潜力很大,结果获胜。

【小结】　此布局演至如图 9-5-2 形势,红方有两种战法。比较起来两种战法效果差异明显,其中(2)变马三退二的下法确有独到之处,黑方又面临新的防御课题。

第6局　红直横车对黑飞右象局(2)

(上接图 9-5-1。)

　8. 车二进六　　车 1 进 3　　　**9.** 车九平六　　炮 8 平 9

10. 车二进三　　马 7 退 8　　**11.** 兵五进一(图 9-6-1)　……

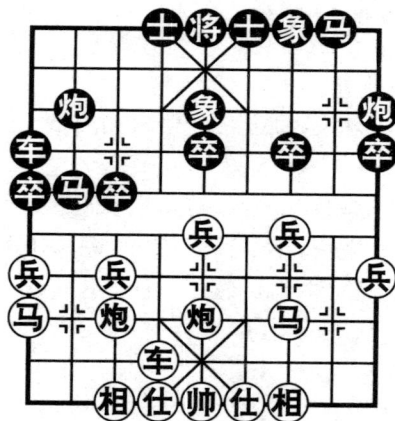

图 9-6-1

　　红方一改上局的跃马出击为冲中兵由中路进攻,这是 2007 年全国象棋团体赛中较多出现的招法。如图 9-6-1 形势,黑方有(1)马 8 进 7、(2)士 6 进 5 两种变着,分述如下:

　　(1)**马 8 进 7**——"锦州杯"全国象棋团体赛第 4 轮四川李智屏对湖南孙浩宇局例。

11. ……　　　　马 8 进 7　　**12.** 炮七退一　　……

　　如改走车六进二,则士 4 进 5,马三进四,车 1 退 3,车六进三,马 2 进 1,炮七进三,车 1 平 3,炮五平七,车 3 平 4,双方呈均势。

12. ……　　　　士 4 进 5

　　如改走士 6 进 5,则车六进二,炮 2 平 4,马三进二,卒 3 进 1,兵七进一,马 2 退 4,炮五平八,士 5 退 6(如车 1 平 2,车六进三! 红方先手),车六平五,车 1 平

2,炮八平三,红方先手。

　　13. 车六进二　　……

　　也可考虑改走车六进三,则炮9平8,马三进二,卒7进1,兵三进一,象5进7,炮七平三,象7进5,炮五平三,马7退8,相七进五,炮8进2,仕六进五,红方易走。这是杭州"三环杯"全国象棋公开赛北京蒋川先胜上海孙勇征的实战。

13. ……	炮 2 平 4	**14.** 车六进二	车 1 平 2
15. 炮七平三	卒 3 进 1	**16.** 马三进五	马 2 退 4
17. 马五进七	炮 4 进 2	**18.** 马七进八	炮 4 平 3
19. 马八退六	炮 9 平 4	**20.** 炮三进五	马 4 进 2
21. 兵七进一	炮 3 进 5	**22.** 仕六进五	马 2 进 4
23. 兵三进一			

　　红方多兵占优,结果获胜。

　　(2)**士 6 进 5**——同上赛事,湖北柳大华对湖南范思远局例。

　　11. ……　　　士 6 进 5

　　如改走士4进5,则车六进二〔红如接走炮七退一,则马8进7,以下与(1)变殊途同归〕,卒1进1,兵九进一,车1进2,炮五退一,马8进7,相三进五,炮2平1,炮五平九,车1平5,炮九进六,马2退1,炮七退一,车5退1,双方均势。

12. 炮七退一	马 2 进 1	**13.** 车六进二	卒 1 进 1
14. 马三进二	卒 3 进 1	**15.** 马二进三	炮 9 平 7
16. 相三进一	马 8 进 9	**17.** 马三进一	象 7 进 9
18. 兵五进一	象 9 退 7	**19.** 炮五进四	车 1 进 1
20. 兵五平六	炮 2 平 4	**21.** 炮五退一	炮 4 进 4
22. 炮五平九	将 5 平 6	**23.** 炮七进三	卒 1 平 2
24. 炮七平四	炮 4 平 5	**25.** 炮四退一	象 5 退 3

　　红方多兵,黑方得势,局终战和。

　　【小结】　此布局演至图9-6-1形势时,红冲中兵由中路进攻,黑方(1)变马8进7,红在第15回合走炮七平三,对黑7路线施压,造成多兵之势;(2)变黑士6进5,8路马视局势发展定位,比较灵活,可望与红方抗争。黑方这两种变招,对比之下,(2)变优于(1)变。

第二节　五八炮进三兵对屏风马式

第1局　红左马屯边（1）

1. 炮二平五　马8进7　　**2.** 马二进三　车9平8

3. 车一平二　马2进3　　**4.** 兵三进一　卒3进1

5. 马八进九　……

也可先走炮八进四,黑如象7进5,则马八进九,虽次序不同,但效果一样。

5. ……　　　　车1进1

黑提右横车,加速大子出动,是对老式着法先卒1进1准备再进1兑卒从而大出边车的改进。

6. 炮八进四　……

至此,红方形成五八炮进三兵左马屯边的老式战法。

6. ……　　　　马3进2　　**7.** 车九进一　车1平4

8. 炮八平三　象7进5　　**9.** 车二进四　士6进5

10. 兵九进一　车4进3　　**11.** 车九平四　卒3进1

黑弃卒准备对红方左翼进行攻击,旨在缓解左翼压力。

12. 兵七进一　炮2平3　　**13.** 车四平八　马2进4

14. 仕六进五　……

红如改走车八平六拴链,则车4退2,车六进二,马4进6,车六进四,炮3进7,仕六进五,马6退8,车六退二,马8退7。黑方得子,稍占优势。

14. ……　　　　马4进6　　**15.** 车二退三　车4进1

进车吃兵不如先走炮8进4紧凑。

16. 兵三进一　车4平3　　**17.** 车八退一　车3退1

退车捉不能动弹的红兵,嫌软,还是改走炮8进4为好。

18. 马三进四　车3平7　　**19.** 炮五平四　车7进5

20. 相七进五　车7退4　　**21.** 车八进四　炮8进5

22. 帅五平六　炮3进2（图9-7-1）

黑方进炮缓手,如图9-7-1。应改走炮3平4,限制红方炮三平四打马,因黑有马7进6的反击手段。

23. 炮三平四　马7进6

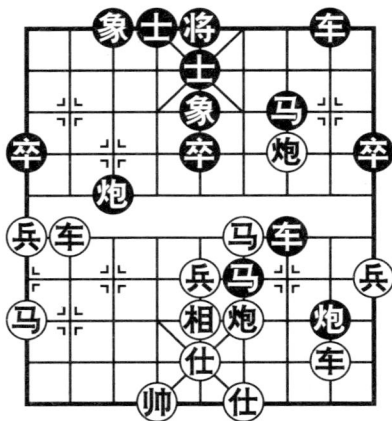

图 9-7-1

黑如改走炮 3 平 8,则车二进一,车 7 平 6,车二进三,马 7 进 8,后炮进二,马 8 退 6,形成互缠。

24. 马九进七　炮 3 退 2　　**25.** 马七进六　炮 3 平 4

黑炮进而复退,给红方以连续运马之机,结果红方获胜(选自张国凤对庄玉庭的实战局例)。

第 2 局　红左马屯边(2)

1. 炮二平五　马 8 进 7　　**2.** 马二进三　卒 3 进 1

3. 车一平二　车 9 平 8　　**4.** 兵三进一　马 2 进 3

5. 马八进九　士 4 进 5

这是第 2 届"杨官璘杯"象棋公开赛第 9 轮湖北程进超与广东特级大师庄玉庭的实战。庄玉庭一改上局的车 1 进 1 为补右士,这种着法在大赛中比较少见,朱祖勤与刘殿中对阵时曾使用过,以下炮八进四,象 7 进 5,炮八平三,车 1 平 2,车九平八,炮 2 进 5,马三进四,车 2 进 5,兵三进一,车 2 平 6,车八进二,卒 1 进 1,车二进三,炮 8 平 9,车二平三,马 7 退 9,车八进四,炮 9 平 7,车八平七,象 5 进 7,黑飞象吃兵妙手!弃马暗伏打双车,以后黑方弈来得心应手,终局获胜。

6. 炮八进四　象 7 进 5　　**7.** 车九进一　卒 1 进 1

8. 炮八平三　卒 1 进 1　　**9.** 车九平八　炮 2 进 2

10. 炮五平七!(图 9-8-1)　……

如图 9-8-1 形势,面对双方兵卒互兑于不顾,卸中炮遥控黑方 3 路线,这

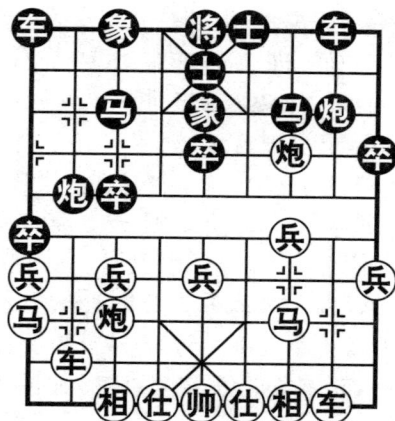

图 9 - 8 - 1

是程进超的布局飞刀！一般此时多走兵九进一,车 1 进 5,车八进三,车 1 平 2,马九进八,演变成红多一兵,但局势趋向平稳的局面。

10.……　　　炮 8 平 9

黑方平炮兑车希望减轻压力。如改走卒 1 进 1,则兵七进一,象 5 进 3,炮七进五,红占优势;又如改走炮 2 平 1,则兵七进一,马 3 进 4,兵七进一,象 3 进 5,车八进四,象 3 进 5,车二进五,卒 1 进 1,车二平六,卒 1 进 1,车六进一,也是红方占优。

11. 兵七进一　……

红冲兑七路兵,而不主动兑车,使黑方左翼弱点不能解除,着法紧凑有力。

11.……　　　车 8 进 9　　12. 马三退二　卒 1 进 1

13. 兵七进一　象 5 进 3

黑如改走卒 1 进 1,则炮七进五,马 7 退 8,车八进四,炮 9 平 3,相三进五,红方多兵且子力活跃,占优。

14. 马九进七　炮 2 进 2　　15. 马二进三　象 3 进 5

16. 车八平二　……

红方左车右移,准备攻击黑方左翼马炮,选点准确,着法凶悍。

16.……　　　炮 2 退 4

退炮无奈。黑如改走车 1 进 5,则相三进五,炮 9 退 2,车二进六,车 1 平 4,车二平三,将 5 平 4(如车 4 进 1,炮七进三),仕四进五,车 4 进 1,炮三平二,车 4 平 3,炮二进三,红方大占优势。

17. 车二进六　炮 9 退 2　　18. 马七进五　卒 5 进 1

　　黑如改走马3进4,则马五进六,炮2平4,车二平三,车1进5,炮七平六,车1平7,相七进五,车7退1,马三进二,红亦多子胜势。

　　19. 炮七进五　　马7进5　　20. 马五进七　　……

　　红马踏象,黑门户洞开,已呈败象。

　　20.……　　　　马5进3　　21. 车二平五!　　炮9平7

　　22. 车五退二　　车1进3　　23. 车五平七

　　黑方缺象失势,结果认负。

　　【小结】 以上两局,从实战看,第1局黑炮进而复退,给了红方连续跃马进去的机会,若黑第23回合改走炮3平8打车,演变下去能与红方抗衡;第2局红炮五平七的飞刀,独特、新颖,布局成功,效果明显,可供借鉴,黑方又将面临新的防御难题。

第3局　红平炮压马(1)

　　1. 炮二平五　　马8进7　　2. 马二进三　　车9平8

　　3. 车一平二　　马2进3　　4. 兵三进一　　卒3进1

　　5. 炮八进四　　象7进5　　6. 炮八平七(图9-9-1)　　……

　　红方左马不动,飞炮过河,再平炮压马,是对老式五八炮攻法的创新! 如图9-9-1。

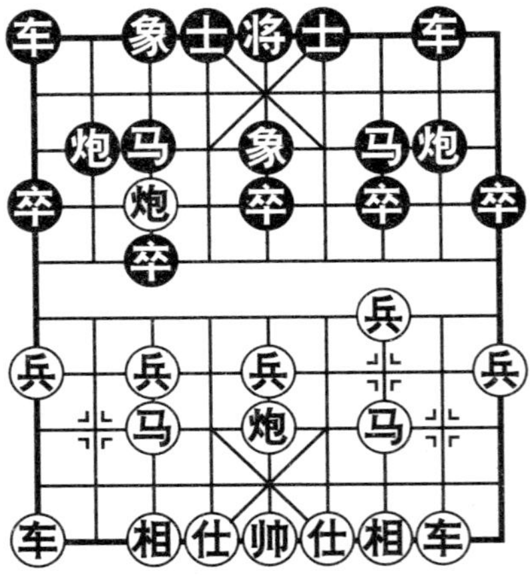

图9-9-1

　　6.……　　　　车1平2　　7. 马八进七　　炮2进2

　　黑方进炮巡河是稳健的选择。如改走炮2进4,见下局。此外世纪之交还流行两种下法,简述如下:①炮2平1,车九平八!车2进9,马七退八,炮8平9,车二进九,马7退8,马八进七,形成无车棋局面,虽趋于缓和,但红残棋易走;②炮8进6,马三进四,炮2进2,车九平八,士4进5,炮五平三,卒5进1,马四进三,红方先手。

8. 车二进六　　卒7进1

红方右车过河着法积极。亦可改走车九平八,黑则车2进3,炮七平三,卒5进1,兵三进一,象5进7,以下红方有炮三平七和马三进四两种战法,各具不同攻防套路。黑方兑7卒减轻左翼压力,是黑方一种主要变着。也有车2进3或炮8平9的走法,另有不同变化。

9. 车二平三　　车8平7

黑方如改走马3退5,红则车九平八,车2进3,兵三进一,车2平3,车八进五,卒3进1,马七退五,车3平4,车八平四,卒3进1,马三进四,红方较为主动。

10. 兵三进一　　……

红如改走车九平八,黑则卒7进1,车八进四,车2进3,车八平三,车2平3,前车进一,车7进2,车三进三,炮8进2,马三进四,炮8平5,双方均势。

10. ……　　　　炮2平7　　11. 马三进二　　……

红方如改走马三进四,黑则炮8进5,足可一战。

11. ……　　　　马7退5(图9-9-2)

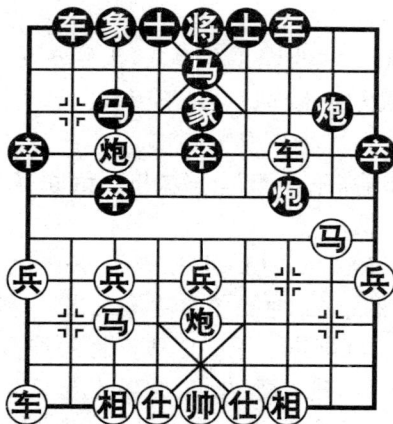

图9-9-2

黑方回马兑车为正着。如改走炮8进2,红则车九进一,士4进5,马二退四,马7退9,马四进三,象5进7,车九平二,车2进3,车二进四,车2平3,车三平一,车7进1,炮五平一,红方大占优势。

如图9-9-2形势,红方主要有(1)马二进四、(2)车九进一两种攻法,分述如下:

(1)**马二进四**——"将军杯"全国象棋甲级联赛第4轮沈阳金波对广东吕钦局例。

12. 马二进四　车7进3　　**13.** 炮七平三　卒5进1

黑方挺中卒拦马窥槽,巧手!伏有车2进3捉炮再平车捉马的抢先手段,形势立即改观。可见上一手黑方宁失一先主动兑车,系针锋相对之招。

14. 车九平八　车2进9　　**15.** 马七退八　马5退7

16. 炮三进二　……

进炮意义不大,不如改走炮五平一瞄兵较好。

16. ……　　士6进5　　**17.** 相七进九　马7进9
18. 马八进六　炮8进4　　**19.** 炮五平一　马3进4
20. 炮一进四　马9进8　　**21.** 炮三退二　马4进3
22. 马六进四　炮8平6　　**23.** 相九退七　马3退2
24. 兵一进一　马8进9　　**25.** 炮一进三

红方弃边兵,志在一搏,但由于飞边相浪费步数,已经失先。最终黑方多卒,子力占位颇佳,获胜。

(2)**车九进一**(接图9-9-2)。

12. 车九进一　……

红方起横车方向正确。如改走车九平八,黑则车2进9,马七退八,车7进3,马二进三,马5退7,双方基本均势。以下黑有①车7进3、②车2进3两种变化,分述如下:

①车7进3——"启新高尔夫杯"全国象棋甲级联赛北京张强对上海万春林局例。

12. ……　　车7进3　　**13.** 炮七平三　……

红方用炮打车是新变着。以往红方多走马二进三,黑则马5退7(先退马正确,如改走车2进3捉炮,红则炮五平一!马5退7,炮一进四,卒3进1,马三进四,车2进2,马四退二,马7进8,车九平二,卒3进1,车二进六,卒3进1,炮一进三,炮7退4,炮七进三,象5退3,车二平七,红方明显占优),车九平六,车2进3,炮七平六(如车六进五保炮,黑则士4进5,红方有丢子之危),士6进5,黑足可满意。

13. ……　　车2进5　　**14.** 马二进四　卒5进1
15. 车九平二　炮8平6　　**16.** 车二进五　车2平6

黑方平车捉马虽然得子，但形势落于下风，有些得不偿失。不如改走炮6进1打车。

17. 马四进五　象3进5　　**18.** 炮五进三　炮6平7

19. 炮三平一　后炮进7

黑如改走后炮平9，红则车二进一捉双，黑方也难以防守。

20. 仕四进五　车6退1　　**21.** 炮一进三　后炮退4

22. 炮五退一　马3进4

黑方进马导致速败，被红方下一手车二平三捉双炮，夺回弃子，不如改走前炮退7顽强坚守。结果红方获胜。

②车2进3——"西乡引进杯"全国象棋个人锦标赛第6轮四川王晟强对四川李智屏局例。

12. ……　　　　车2进3　　**13.** 马二进一　车2平3

黑车杀炮乃轻敌之着，顿使红方攻势倍增。应改走车7进3，炮七平三，卒5进1，马一退三，车2平7，马三退一，炮8进5，黑方足可抗争。

14. 马一进二　马5进7　　**15.** 车九平二　炮8平9

16. 炮五平一！　……

献炮伏马二退四挂角杀，紧手！如改走车二进六，车7进1，车二平一，车7平8，车三进一，卒3进1，红虽夺回失子，但黑方先手占优。

16. ……　　　　炮7平4　　**17.** 炮一进五　炮4退2

18. 车二进六　马7退5　　**19.** 车三平四　车3平4

红方平车肋道稳健，若改走车二平五杀中象，亦十分精彩；黑方平肋车，软着！应改走马3退1及时活通窝心马。

20. 车四进二！　……

车塞象眼"一剑封喉"！黑如接走炮4平8打车，红则马二退四绝杀，红胜。

20. ……　　　　车4进1　　**21.** 炮一平五！　……

弃炮轰象势在必行，因黑炮4平8打车成立，红马二退四，车4平6，黑可解围，多子胜定。

21. ……　　　　象3进5　　**22.** 车二平五　车7平8

平车软着！应改走炮4退1，车四平五，士6进5，马二退四，将5平6，马四进三，车4退2，虽红多兵占优，但黑方仍可一战。

23. 车五平四　马5退3　　**24.** 前车平七　后马进1

如改走士6进5，车四平二，亦是红优。

25. 马二进四！

弃马破士,以利双车攻杀,结果红方获胜。

【小结】 此布局红飞炮过河压马、左马正起攻屏风马,是一种稳健的战法。所列举红方的两种攻法,(2)变车九进一进攻方向选择正确,行棋积极有力,可占一定优势;(1)变马二进四攻法嫌急,似不可取。

第4局　红平炮压马(2)

(上接图9-9-1。)

6.……　　　车1平2　　7.马八进七　炮2进4(图9-10-1)

由于红方未车九平八,黑此手进右炮于兵林线嫌急,与其此时进右炮意图不明,还不如改左炮封车,试演如下:炮8进4,马三进四,炮2进2(如炮2进4,则马四进六,车2进3,炮七平三,卒5进1,马六进七,车2平7,车九平八,车7平2,兵三进一!士6进5,炮五进三,红优),车九平八,炮8进1,马七退五,士4进5,马五进三,炮8平5,车二进九,马7退8,相三进五,马8进9,双方均势。

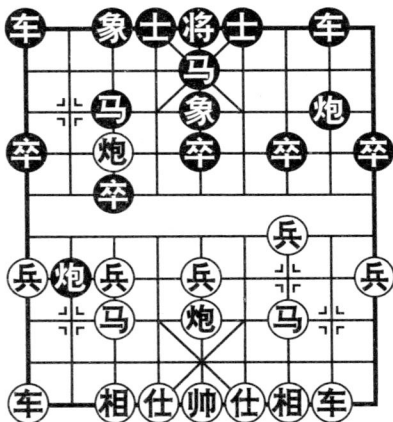

图9-10-1

如图9-10-1形势,红方有(1)车二进六、(2)炮五平四两种战法,分述如下:

(1)**车二进六**——"启新高尔夫杯"全国象棋甲级联赛第15轮上海胡荣华对沈阳金波局例。

8.车二进六　……

如改走车二进四,则炮8平9,车二进五,马7退8,车九进一,车2进3,炮七平三,车2进2,兵三进一,炮9平7,双方均势。

8. ……	炮 8 平 9	**9.** 车二平三	车 8 进 2
10. 兵三进一	炮 9 退 2	**11.** 车三平四	炮 9 平 7
12. 兵三进一	马 7 退 8	**13.** 马七退五	士 4 进 5
14. 炮五进四	车 8 进 4	**15.** 车九进二	马 3 进 5
16. 车四平五	车 8 平 7		

平车压马,落空! 宜改走车 2 进 3 拴红车炮。

17. 炮七平八　……

平炮拦车,致使黑炮陷入尴尬境地。

17. ……	炮 2 退 1	**18.** 兵七进一	卒 3 进 1
19. 车九平八	车 7 退 2	**20.** 相七进五	车 7 平 2
21. 炮八退二	卒 3 平 2	**22.** 车八平六	卒 2 进 1
23. 马三进四	前车平 6	**24.** 车六进二	车 2 进 4
25. 马五进三	炮 7 进 7	**26.** 马四退三	卒 1 进 1
27. 马三进四	车 2 平 5		

兑车贪中兵,给对方帮忙! 应改走车 2 平 3 坚守或士 5 进 4 调整阵形,暂无大碍。

28. 车五平六	车 5 进 2	**29.** 马四进六	

红马渡河参战,下伏马六进八窥槽的手段,红方占优,结果获胜。

(2)**炮五平四**——宜春全国象棋个人赛厦门郭福人对甘肃李家华局例(接图 9 - 10 - 1)。

8. 炮五平四　……

卸炮调整阵形,稳健之着,也是创新招法,以往有车九平八或车九进一等,各具攻防变化。

8. ……　　　炮 8 进 4

黑进左炮封车,似不如改走士 6 进 5 稳健,以下红如接走车二进六,则车 1 平 2,马三进四(如改车二平三,黑则炮 8 进 4,车三进一,炮 8 平 7,车三平一,炮 7 进 3,仕四进五,炮 7 平 9,黑方弃子有攻势,红方不利),车 2 进 4,兵七进一,卒 7 进 1,兵三进一,车 2 平 7,相七进五,炮 8 平 9,车二进三,马 7 退 8,红车晚出,黑方可战。

9. 炮四进五	马 3 退 1	**10.** 相七进五	士 6 进 5
11. 炮四退一	马 1 进 3	**12.** 仕六进五	……

补仕嫌软,可改走马三进四,黑如接走炮 8 平 7,红则车二进九,马 7 退 8,马四进六,炮 3 退 2,车九平八,车 1 平 2,炮七进三,炮 3 退 4,马六进七,车 2 进 2,

马七退五,红方得象多兵占优。

12.…… 　　　炮8平7　　**13.** 车二进九　马7退8

14. 车九平六　马8进7　　**15.** 兵五进一

冲中兵通马路。至此黑双马呆滞,1路车原位未动,红方占优,结果获胜。

【小结】　此布局演至如图9-10-1形势的黑右炮进驻兵林时,从实战看,红方两变,不管是过河车的积极进攻,还是卸中炮灵活阵形,皆可取得满意效果。因此,黑炮2进4是一步意图不明、有待商榷的着法。

第5局　五八炮进三兵对三步虎(1)
——红升边车

1. 炮二平五　马8进7　　**2.** 马二进三　车9平8

3. 兵三进一　炮8平9　　**4.** 马八进七　卒3进1

5. 炮八进四　马2进3　　**6.** 炮八平七　车1平2

7. 车九平八(图9-11-1)　……

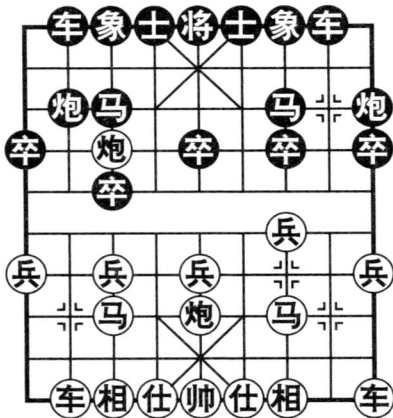

图9-11-1

五八炮对屏风马,已流行半个多世纪,为人们所熟悉,后使用率有所下降。如图9-11-1形势,红缓开右车,黑先走三步虎,形成五八炮缓开车对三步虎转屏风马的阵式,它一改老式格局,变化自然完全不同,这大概就是此布局近些年又悄悄地流行起来的根本原因吧!

7.…… 　　　象3进5

黑飞右象,着法稳健。如改走车8进4或象7进5,请见以下局例介绍。

8. 车八进六　车8进4　　**9.** 炮七平三　炮2平1

黑如改走马3进4，也是一路重要变化，详见下局介绍。

10. 车八平七　车2进2　　**11.** 车一进二！　……

红升边车乃此布局之精华！欲借兑车之机调整子力和阵形，颇具构思，创造了以往红方八路车不敢平七压马的着法，为先手的五八炮方提供了进攻的锐利武器。

11. ……　　　炮1退2　　**12.** 车一平二　车8进3

13. 炮五平二　……

兑车后，左马生根，且便于联相巩固阵地，更见第11回合红升边车的妙处；如第11回合红不升车而直接车一平二邀兑车，则左马无根存在弱点，这也是以往红八路车不敢压马的重要原因。

13. ……　　　炮1平3　　**14.** 车七平六（图9-11-2）　……

如图9-11-2形势，黑方有(1)马3进2、(2)车2退1两种变着，分述如下：

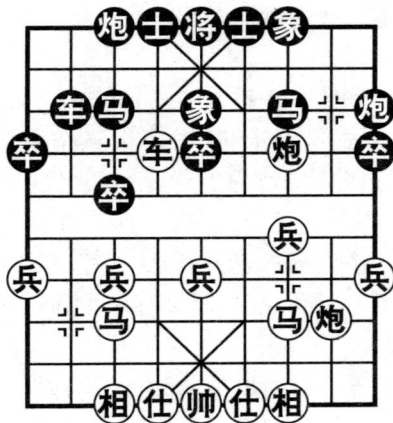

图 9-11-2

(1)**马3进2**——"大江摩托杯"全国象棋个人赛第9轮江苏徐天红对黑龙江谢岿局例。

14. ……　　　马3进2　　**15.** 车六进二　……

红进车下二路，飞刀着法！"威凯房地产杯"象棋大师赛上蒋川执先对廖二平时，红走车六退二，卒3进1！车六平七，马2退3，车七平四，车2进2，黑足可一战。

15. ……　　　士6进5　　**16.** 兵三进一！　炮3进6

17. 相七进五　卒3进1　　**18.** 相五进七　象5进7

黑如改走车2平4,则红车六退一,士5进4,炮三平四,红优。

19. 车六退三　象7退5　　**20.** 马三进二　炮9进4

21. 马二进四　马2退3　　**22.** 车六退一　车2进2

23. 马四进二　……

红如马四进三吃马,则车2平8(如误走车2平7,则炮二进七,士5退6,车六平四,士4进5,车四进二,红多子胜定)!炮二进二,炮9退1,炮三退五,车8退2,黑有望追回失子。

23. ……　　车2平6　　**24.** 马二进三　将5平6

25. 仕六进五

以下红有炮二平四的凶着,可形成槽马肋炮之占优局面。结果红胜。

(2)**车2退1**——"五羊杯"全国象棋冠军邀请赛黑龙江赵国荣对香港赵汝权局例。

14. ……　　车2退1

黑退车准备左移捉炮是改进后的着法。

15. 炮二平一　……

平边炮系改进着法。一般多走跳外肋马,试举一例:马三进二,车2进4,兵七进一,车2退1(如车2平3,马七进六,下伏飞相促车及跳马过河咬马的攻招),兵三进一(弃七兵冒风险,稳健的走法应是兵七进一,车2平3,马七进六,炮9进4,炮二平七,马3退5,炮七进七,象5退3,车六进二,红子力位置较优),卒3进1,马二进四,马7退5,车六退五,象5进7,车六平四,炮9平8,炮二平三,卒3进1,马七退九,象7进9,红一时难有作为,而黑卒渡河胁马,结果黑胜。选自汪洋对胡荣华的实战。

15. ……　　车2平8　　**16.** 兵三进一　马7退5

17. 兵三平四　炮9平7　　**18.** 马七退五　……

红退窝心马,换来小兵渡河,对比之下利大于弊。

18. ……　　车8进3　　**19.** 兵四进一　车8平6

20. 兵四平五　车6进4　　**21.** 前兵进一　象7进5

22. 炮三退二　……

退炮妙着!诱黑炮7进5吃马,则红炮三平五,炮7退3,马五进六,车6退2,马六进五,炮7退2,炮一进四,炮7平9,马五进六,炮9平4,炮一进三,杀。

22. ……　　卒3进1　　**23.** 兵七进一　马3进2

24. 兵七进一　马2进3　　**25.** 马五进六　马3进4

26. 马六进五

红方占优,结果获胜。

第6局　五八炮进三兵对三步虎(2)
——红提右横车与退车兵线

(上接图9-11-1。)

7. ……　　　　象3进5　　**8.** 车八进六　车8进4

9. 炮七平三　马3进4(图9-12-1)

黑方跃马河头与红对攻,富有弹性。

如图9-12-1形势,红方有(1)车一进一、(2)车八退三两种战法,分述如下:

(1)**车一进一** —— 全国象棋甲级联赛厦门汪洋对河北刘殿中局例。

10. 车一进一　炮9退1

黑方如改走卒3退1,则红车八退一牵制黑车马,卒3进1,以下红方有马三进四、马七退九及马七退五三种走法,双方互抢先手,各具变化。

11. 车一平八　……

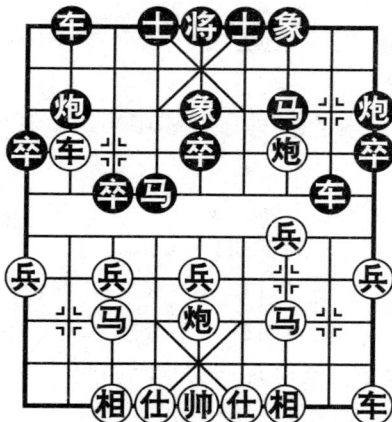

图9-12-1

红方右车左移,双车夺炮,新战术,利于炮打边兵再沉底,有一定攻势,应是好棋。

11. ……　　　　炮2进6　　**12.** 车八进三　炮2平7

13. 炮三平九　炮7退3　　**14.** 相三进一　炮7进1

15. 炮九退一　……

退炮成"丝线拴牛",表面看是好棋,实则黑有摆脱办法。应改走炮九进三,将5进1,炮九退四,马4退3,车八退二,卒3进1,兵七进一,车8平1,车八平七,红方多兵占优。

15.…… 车8进1

妙手摆脱牵制,红如接走炮九平六,则车8平4,捉死红炮,先弃后取占优。

16. 炮五平六 马4进3

黑如改走马4进6,红则炮九进四,将5进1,车八退五,黑方车马被牵,局势不利。

17. 炮六进六 车8平4   **18. 炮六平七** 车4进2

19. 炮九进四 车4平7   **20. 马七退五** 车7进1

21. 马五进四 车7平4   **22. 车八退一** 象5退3

23. 炮七退五 象7进5   **24. 车八平二** ……

红方如改走马四进三,则黑炮7平3,马三进四,炮9平6,车八平四,车4平6,下伏支士捉死红马手段。

24.…… 车4退2   **25. 马四进三** 士6进5

26. 炮七退一 车4平3   **27. 马三进一** 马7进9

28. 车二平一 马9进7   **29. 炮七平五** 马7进8

黑占优势,结果获胜。

(2)**车八退三**——"七斗星杯"全国象棋甲级联赛开滦杨德琪对河北张江局例(接图9-12-1)。

10. 车八退三 ……

红方退车兵线,避其锋芒,颇有新意。

10.…… 炮9退1   **11. 车一进一** 炮9平3

12. 马七退九 炮2进3   **13. 车一平六** 炮3平4

黑方频调双炮,对红方左翼施加压力。黑如改走马4进3(如卒3进1,兵七进一,炮3平4,车六平八,炮4平2,前车进一,马4进2,车八进三,红一车换双,并拉住黑无根车炮,局势不错),车六进七,炮3进1(如马3进5,相七进五,红优),炮五平七,红方易走。

14. 车六平八 卒3进1   **15. 兵七进一** 车2平3

16. 前车进一 马4进2   **17. 车八进三** 卒1进1

河界一战,双方煞费苦心。现黑虽少两卒,但逼对方一车换双,并取得各大子占位良好的局面。

18. 炮五平九 车3进1   **19. 炮九平七** 车3平1

20. 相七进五　炮 4 平 7　　**21.** 炮三进三　车 1 平 7

22. 马九进八　车 7 平 4　　**23.** 仕六进五　车 4 进 7

黑方进车,乍看可车 4 平 2 拴住车马,实则轻进铸成大错,或许因为用时较紧。若是改车 4 进 3 双车联袂巡河,下伏兑车着法,则可以取得抗衡之势。

24. 马八退六　车 8 平 4

红方回马关车,机警之着;黑方左车右移不如改走车 4 平 1 亮车。

25. 炮七退二　士 6 进 5　　**26.** 车八退一

红方退车扼住要道,加紧困车。以后着法精细,终于擒获黑车,锁定胜局。

第7局　五八炮进三兵对三步虎(3)

——红卸中炮与兑双车

1. 炮二平五　马 8 进 7　　**2.** 马二进三　车 9 平 8

3. 兵三进一　炮 8 平 9　　**4.** 马八进七　卒 3 进 1

5. 炮八进四　马 2 进 3　　**6.** 炮八平七　车 1 平 2

7. 车九平八　车 8 进 4(图 9－13－1)

黑升巡河车而不补象,不怕红七路炮轰象,既是一种趣向,也是根据棋手喜好的一种变着。

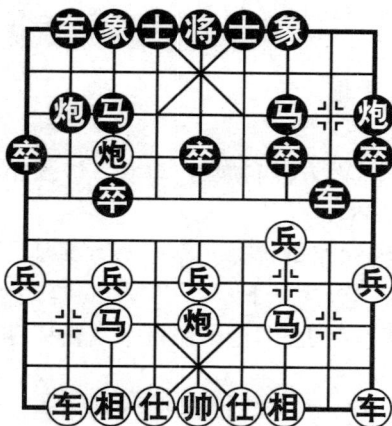

图 9－13－1

8. 车一平二　……

红平车及时邀兑,否则黑卒 7 进 1 活通马路。红方另有炮七进三打象和车八进六两种变化,简述如下:①炮七进三,车 2 平 3(如误走士 4 进 5,车一平二,车8进5,马三退二,象7进5,炮七退一,炮2进4,炮五平三,红方占优),车八进七,卒3进1! 兵七进一,卒7进1,兵三进一,车8平7,车一进二,马3进2,车八退一,车3进5,黑方子力活跃,呈反先之势;②车八进六,象3进5,炮七平三,炮2平1,以下与第5局红升边车殊途同归。

8.…… 车8进5 **9.** 马三退二 象3进5(图9-13-2)

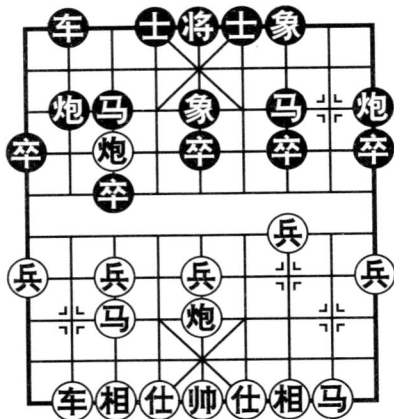

图9-13-2

如图9-13-2形势,红方有(1)炮五平三、(2)车八进六两种战法,分述如下:

(1)炮五平三——卸中炮。

10. 炮五平三 炮2进4

红方卸中炮准备取卒,黑方进右炮封车,双方进入相持状态。

11. 炮三进四 炮9进4

双方以炮互射兵、卒,在相持状态下显得尤为重要。以下红方出现①兵三进一、②马二进三两种变着。分述如下:

①兵三进一——"西乡引进杯"全国象棋个人锦标赛第2阶段淘汰制第1轮厦门汪洋对重庆谢岿局例。

12. 兵三进一 ……

趁机强渡三兵,对黑方潜伏威胁改进之着。

12.…… 炮9退1 **13.** 马二进一 ……

如误走车八进一摆脱封锁,则黑炮2平5伏重炮杀,黑方得车速胜。

13.…… 炮9平2

如改走炮2平5,马一进三!车2进9,马七退八,黑方无便宜。

14. 车八平九　……

忍让之正着！如改走车八进三,炮2平5,兵五进一,车2进6,红方无车,难以发动攻势。

14. ……　　　卒5进1　　**15. 兵三平四**　……

可改走车九进一或马一进二,快速出动强子。

15. ……　　　后炮退2!　　**16. 兵四进一**　……

红方兑炮与退炮均不利,弃兵解围实属无奈。

16. ……　　　炮2平6　　**17. 马一进三**　炮6平5

18. 马三进四　马7退9　　**19. 相七进五**　炮2退2

20. 马四退二　炮2进2　　**21. 马二退三**　马9进8

22. 仕六进五　马8进9　　**23. 车九平六**　马9退7

24. 车六进七　马3退1　　**25. 车六退三**　炮2平5

黑炮击中兵企图弃子抢攻,存在风险。不如改走马1退3。

26. 车六进四　……

如改走马三进五,卒5进1,车六进四,卒5进1,黑有强烈攻势。

26. ……　　　前炮平6　　**27. 车六平九**

黑方炮击中兵弃子抢攻计划被红方识破,终于失子败阵。

②马二进三——"五羊杯"全国象棋冠军邀请赛河北李来群对广东吕钦局例:

12. 马二进三　炮9退1　　**13. 相七进五**　卒5进1

14. 仕六进五　士6进5　　**15. 兵三进一**　象5进7

吃兵虽然舍象,但使左马活跃,利弊参半。

16. 炮三进三　象7退5　　**17. 炮三退一**　马7进6

如改走车2进3,红如接走马三进二,车2平3,车八进三,车3平8,马二进三,马3进4,车八进一,卒9进1,车八平六,马7进5,马三退五,马5退3,形成互缠局面。

18. 炮三退二　卒9进1　　**19. 兵七进一**　卒3进1

20. 相五进七　车2进4　　**21. 相七退五**　车2平3

22. 马七进八　炮2平3　　**23. 车八平七**　车3平2

24. 车七进三　车2进1　　**25. 炮七平四**　马3进2

26. 炮三平九　车2进4　　**27. 车七退三**　车2平3

28. 相五退七　马2进1

兑车后形势趋于缓和,后红方因出现失误而败。

（2）**车八进六**——左车过河（接图9-13-2）。

10. 车八进六 炮2平1

红方左车过河，免遭黑炮2进4的封锁，黑方平炮兑车，理所当然的一招。

11. 车八进三 马3退2 **12.** 炮七平三 ……

红方兑去双车，盘面暂多一兵，但左马呆滞、无根受制。以下黑方出现①炮9进4、②马2进3两种变着，分述如下：

①炮9进4——"西乡引进杯"全国象棋个人锦标赛第一阶段澳门李锦欢对重庆谢岿局例。

12. …… 炮9进4 **13.** 兵五进一 炮9平1

14. 马七进九 炮1进4 **15.** 炮三平九 马2进3

16. 炮九退一 马3进2

进入无车残棋阶段，双方拼命争夺兵卒。此手黑进外肋马瞄兵，局面已占优。

17. 兵五进一 ……

红冲中兵旨在渡三兵争先。如改走兵三进一，象5进7，兵五进一，马2进3，炮五进四，亦少一兵，居于下风。

17. …… 卒5进1 **18.** 兵三进一 卒5进1

19. 兵三进一 ……

应改走炮九平七吃卒，马2进3，炮七平五，士4进5，虽仍少一兵，但消灭了黑3卒，优于实战。

19. …… 马7退5 **20.** 马二进三 马2进3

21. 马三进二 马5进3

弃边卒选择正确。如改走卒9进1，则红马二进四，马5进3，马四进六，红马窥槽活跃，有对攻机会。

22. 马二进一 士4进5 **23.** 马一退二 前马进4

24. 仕四进五 炮1进3 **25.** 马二进四 卒5进1

26. 炮五平一 马3进5 **27.** 炮一退一 马4进2

28. 仕五退四 炮1平3 **29.** 仕六进五

黑得相多卒占优，结果获胜。

②马2进3——"启新高尔夫杯"全国象棋甲级联赛广东许银川对河北张江局例。

12. …… 马2进3

跳马保边卒，不及炮9进4积极有力。

13. 马二进三　马3进4　　　**14.** 兵三进一　炮9退1

15. 炮五平四　……

调整阵形,预防左马受制。

15. ……　　　炮9平3　　　**16.** 相七进五　卒1进1

17. 兵三平四　士6进5　　　**18.** 炮四进一　炮1平2

19. 仕六进五　炮3进1　　　**20.** 兵一进一　炮2进2

升炮伏卒3进1,消灭红方过河兵,力争平局。

21. 马三进二　炮2进1　　　**22.** 马二退一　炮2退1

23. 马一进三　马4进6　　　**24.** 兵五进一　炮3进4

25. 炮四退二　炮3平4　　　**26.** 仕五进四　马6进8

27. 马七进六　炮2退2　　　**28.** 马六进七　炮4退2

29. 兵四进一　炮4进2　　　**30.** 马七退九

红马又吃一卒,后逐步控制局势,蚕食而胜。

第8局　五八炮进三兵对三步虎(4)

——红马盘河

1. 炮二平五　马8进7　　　**2.** 马二进三　车9平8

3. 兵三进一　炮8平9　　　**4.** 马八进七　卒3进1

5. 炮八进四　马2进3　　　**6.** 炮八平七　车1平2

7. 车九平八　象7进5(图9-14-1)

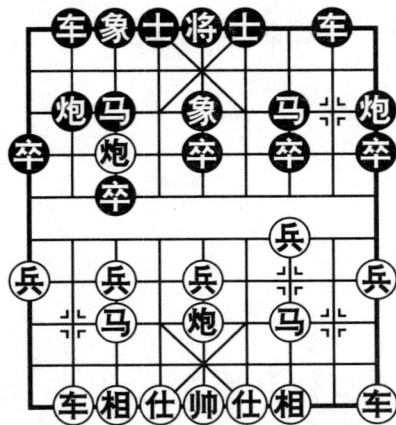

图9-14-1

黑飞左象,很别致,也很少见,一般多走前面介绍过的象3进5或车8进4,

变化较为丰富。

8. 马三进四　　……

针对黑补左象,红马盘河出击十分有力!既可马四进六咬马,又可马四进三踏卒瞄炮,好棋!

8. ……　　　　车 8 进 4

黑如改走炮 2 进 2,则红马四进三,炮 9 退 1,炮五平三,红方先手。

9. 兵三进一!　　……

弃兵引车,为亮右车开道,妙手!

9. ……　　　　车 8 平 7　　**10. 车一平二**　　马 7 退 5

黑退窝心马无奈,防红车二进七捉双。

11. 车八进六　　车 7 平 6　　**12. 车二进四**　　马 5 退 7

13. 炮五平四　　车 6 平 7　　**14. 相七进五**

红方占优(选自于幼华对孙启明的实战)。

【小结】　综观五八炮进三兵对三步虎之各路布局变化,其中以红升边车布局变例较能保持先手,值得读者借鉴。第 6 局中,黑第 9 回合跃右马盘河,红起右横车,采用联车夺炮兑车的变化,演成多兵稍好的盘面,红可满意。第 7 局中红卸中炮变例,会造成中局互缠形势,双方要斗中局功力;兑双车变例,主要是较量马炮兵残棋功底,往往亦会形成互缠局面。第 8 局红马盘河变例,有的放矢,一举占优,黑补左象的布局,尚需考量,应予改进。

第十章　中炮对反宫马

反宫马,因两马之间夹一炮,故又称"夹炮屏风马"。其布局特点是:利用士角炮牵制红方左马正起,以延缓红方的进攻速度。

反宫马应对当头炮早在 20 世纪 50 年代就已出现,但人们一直误认为"反宫马难以抵御当头炮"。80 年代初期,特级大师胡荣华著作《反宫马专集》的问世,以及众多棋手反复实战和深入研究,新招新变、新的攻防变例层出不穷,极大地丰富了"马炮争雄"的布局内容,使反宫马对抗当头炮风行于当今棋坛,成为重要的布局体系之一。

进入 21 世纪以来,反宫马正以其稳健且反弹力强的特点,与屏风马、顺手炮携手成为对抗当头炮的主要布局武器。

第一节　中炮横车对反宫马

第 1 局　　红冲中兵对黑补中炮

1. 炮二平五　　马 2 进 3　　**2.** 马二进三　　炮 8 平 6

3. 车一进一　　……

红起右横车,旨在占肋牵制黑方士角炮,然后左马正起,伺机向黑方中路及右翼发起进攻。

3. ……　　　　马 8 进 7

黑如改走车 9 进 1 也高横车,见下局。

4. 车一平四　　车 9 平 8　　**5.** 马八进七　　士 4 进 5

至此,形成了"中炮横车对反宫马"的布局阵势。

6. 兵五进一　　……

冲中兵直攻中路,着法凶猛,是当前流行的下法。

6. ……　　　　炮 6 平 5

架中炮,积极反击,着法干脆。

7. 马七进五　炮 2 进 4(图 10-1-1)

黑右炮过河与上一手反架中炮相配合,组织反击,紧凑有力。

如图 10-1-1 形势,红方有(1)兵五进一、(2)车四进五、(3)炮八退一三种攻法,分述如下:

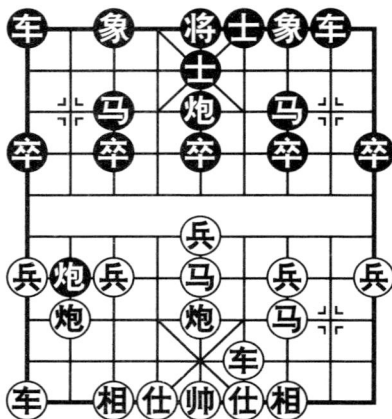

图 10-1-1

(1)**兵五进一**。

8. 兵五进一　……

弃中兵打开中路攻势,着法明快有力!

8. ……　　　炮 2 平 5　　**9.** 马三进五　车 1 平 2

以下红方有①炮八退一、②车九进二两种变着,分述如下:

①炮八退一——"将军杯"全国象棋甲级联赛广东许银川对北京杨德琪局例。

10. 炮八退一　……

退炮准备移中路,形成叠炮攻势,乃创新之招! 如改走车九进二保炮,见下局。

10. ……　　　卒 5 进 1　　**11.** 马五进六　炮 5 进 5

12. 马六进七!　……

红方兑马抢先,由此可见第 10 回合黑方改走卒 3 进 1 较好。

12. ……　　　车 2 进 2　　**13.** 相七进五　车 2 平 3

14. 炮八进八　士 5 退 4　　**15.** 车九平八　象 7 进 5

16. 兵三进一　士 6 进 5　　**17.** 车四进五　卒 5 进 1

18. 车四平三　车 8 平 7　　**19.** 车八进八　车 3 平 4

20. 兵七进一　　卒 5 进 1

如改走卒 5 平 6,则红兵三进一,马 7 退 6(如车 4 进 2,则车三平七! 红优),车三平四,亦是红优。

21. 兵三进一　　卒 5 进 1　　　　**22.** 相三进五　　马 7 退 6

23. 车三平四　　车 7 进 1　　　　**24.** 兵三进一　　卒 3 进 1

25. 兵七进一　　象 5 进 3　　　　**26.** 车四平七　　象 3 退 5

27. 仕六进五　　车 7 平 8

不如改走卒 1 进 1。

28. 车七平九

红多双兵,结果获胜。

②车九进二——沈阳卜凤波对吉林陶汉明局例(赛事同前)。

10. 车九进二　　车 8 进 6

如改走车 2 进 4,则红炮五退一(亦可车四进五),卒 5 进 1,马五进四,炮 5 进 6,炮八平五,马 7 进 5,仕六进五,车 2 平 4,车九平八,车 8 进 4,车八进四,卒 5 进 1,双方形成均势。

11. 炮八退一　　炮 5 进 2　　　　**12.** 车九平六　　炮 5 平 3

如改走车 8 平 7(如卒 7 进 1,则炮五进三,卒 5 进 1,炮八平五,红优),则炮八平五,炮 5 进 3,相七进五,红方占优。

13. 炮八平七　　炮 3 进 4　　　　**14.** 马五进六! 马 3 退 4

15. 车四平七　　马 4 进 5

进马象位,阵形呆板,似可改走车 2 进 2,伏车 2 平 4,优于实战着法。

16. 车七平四　　车 8 平 7　　　　**17.** 马六进四　　车 7 平 5

18. 车六进三　　……

进车骑河,准备车六平二攻黑左翼,运子灵活,恰到好处。

18. ……　　　　车 2 进 2　　　　**19.** 车六平二　　卒 5 进 1

20. 车二进二　　马 7 进 5　　　　**21.** 车二进二　　卒 5 进 1

22. 仕四进五　　卒 5 平 6　　　　**23.** 车二平三　　车 2 进 2

24. 马四进五!

弃马破士,突破黑方防线,终局红胜。

(2)**车四进五**——第 2 届"波尔轴承杯"象棋公开赛北京张申宏对浙江赵鑫鑫局例(接图 10-1-1)。

8. 车四进五　　……

红车进驻卒林,单刀直入,是一种常见的攻法。

8. ……　　　　卒 3 进 1　　**9.** 兵七进一　　马 3 进 4

10. 车四平三　　车 8 进 2　　**11.** 兵七进一　　马 4 进 6

12. 车三平四　　……

平车捉马,只好如此,如改走车三退二,则黑有炮 2 退 1 的反击手段。

12. ……　　　　马 7 进 8　　**13.** 车四退一　　炮 2 平 7

14. 相三进一　　马 6 进 8　　**15.** 车九进一　　炮 5 平 6

16. 炮八退一　　……

如改走马五进三,则前马进7,车四退四,马8进6,车四平三,炮7进2,车九平三(如后马进四,车8进6,黑有反击之势),炮6平7,前马进四,炮7进6,马四进二,马6进5,相七进五,双方平稳。

16. ……　　　　炮 7 退 5

黑方退炮,伏有炮 7 平 6 打车和运马争先的双重反击手段,是灵活的走法。

17. 车四退二　　……

红方退车,准备一车换双。如改走炮八平二,则炮 7 平 6,也是黑方占优。

17. ……　　　　后马进 6　　**18.** 车四进一　　马 8 退 6

19. 马三进四　　象 3 进 5　　**20.** 兵五进一　　……

红方疏于防守,改走炮八平三较为稳健。

20. ……　　　　炮 6 进 7

弃炮轰士抢攻,紧握战机,勇于进取的战斗风格跃然枰上。如改走卒 5 进1,炮五进三,红不难走。

21. 帅五平四　　车 8 进 7　　**22.** 帅四进一　　卒 5 进 1

23. 马四进三　　车 1 平 4　　**24.** 马三退五　　车 4 进 8

25. 仕六进五　　车 8 退 1　　**26.** 帅四退一　　车 8 进 1

27. 帅四进一　　炮 7 平 6

黑方优势,结果胜。

(3)**炮八退一** ——"蒲县煤运杯"全国象棋个人锦标赛男子甲组第 11 轮通信潘振波对沈阳卜凤波局例(接图 10-1-1)。

8. 炮八退一　　……

红退左炮,是在兵五进一、车四进五等着法基础上的改进之着,旨在加强中路进攻。

8. ……　　　　卒 3 进 1　　**9.** 炮八平五　　炮 2 平 5

10. 马三进五　　马 3 进 4　　**11.** 车九进二　　车 8 进 5

12. 车九平六　　马 4 进 5　　**13.** 后炮进二　　炮 5 进 3

14. 车四进五　……

如改走车六进二,黑卒5进1,车四进五,象3进5,车四平三,马7退8,车三平一,红方稍先。

14. ……　　　卒7进1　15. 车六进三　……

可改走车六进二,卒5进1,车四平三,马7退9,车六进四! 炮5进2,相七进五,车8平5,炮五平六,下有凶招,红方占先。

15. ……	象3进5	**16. 车四平三**	炮5进2
17. 相七进五	车8平5	**18. 炮五平六**	马7退8
19. 炮六退二	马8进9	**20. 车三平一**	车5进1
21. 兵一进一	车5平7	**22. 兵一进一**	车7平3
23. 车一平五	车3平1	**24. 兵一进一**	马9退8
25. 车五平三	前车平6	**26. 车六进一**	车6退4

黑方退车固守,结果战和。

【小结】　本局黑还架中炮,针锋相对,是抵抗红横车进中兵进攻的理想对策。演至如图10-1-1的形势,列举红方的三种攻法,黑方以过河炮破坏红方连环马为主要对抗方案,削弱其中路攻势,然后亮右车伺机反击,从所列实战局例看,(1)变的兵五进一,是红方的较佳选择,但先手扩大较难[黑方注意:(1)变中的①②两变,第10回合分别改走卒3进1、车2进4为宜],黑方应对得当,可与红方抗争。

第2局　红高右横车对黑高左横车

1. 炮二平五　马2进3　　2. 马二进三　炮8平6

3. 车一进一　车9进1(图10-2-1)

黑方采用对出横车的方式对抗,别出心裁。以下红若车一平四,则车9平4,可起到抑制红方中路盘头马攻势的作用。

如图10-2-1形势,红方有(1)车一平六、(2)炮八进四两种攻法,分述如下:

(1)**车一平六**——第2届"杨官璘杯"象棋公开赛第4轮湖北柳大华对浙江陈寒峰局例(原谱反向着法,现已理顺)。

4. 车一平六　车1进1

红车抢六路肋道,不让黑横车穿宫占肋;黑再高右横车,准备车9平4抢兑,着法针锋相对。

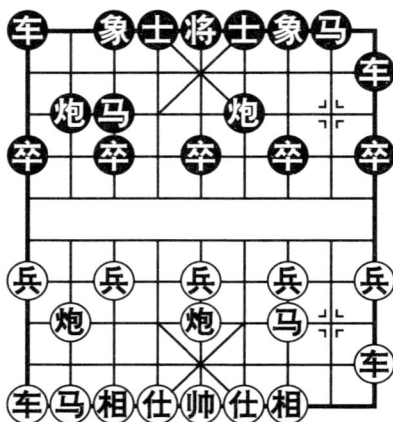

图 10 - 2 - 1

5. 炮八平七　卒 7 进 1　　**6.** 炮七进四　象 3 进 5

7. 兵五进一　……

红炮继打卒后再冲中兵,准备辅以盘头马助攻,布局走得灵活、得法。

7. ……　　　　车 9 平 4　　**8.** 车九进一　炮 2 进 4

9. 兵七进一　马 8 进 7　　**10.** 马八进七　士 4 进 5

11. 马三进五　马 7 进 6　　**12.** 兵三进一　……

红兑三兵,是大局感极强的走法。如改走兵五进一,则马 6 进 5,马七进五,卒 5 进 1,红无续攻手段,黑不难走。

12. ……　　　　车 1 平 2　　**13.** 兵三进一　象 5 进 7

14. 兵七进一　炮 2 平 9　　**15.** 兵五进一　马 6 进 5

16. 马七进五　车 4 进 7　　**17.** 车九平六　车 2 进 5

18. 马五进六　象 7 退 5　　**19.** 兵五平四　……

红方平兵,着法积极,力求变化。如改走马六进七,则炮 6 平 3,兵五进一,炮 9 平 5,仕六进五,炮 3 进 2,黑可抗衡。

19. ……　　　　车 2 平 6　　**20.** 兵四平三　炮 9 进 3

21. 车六平一　……

平车捉炮舍弃底仕,是保持主动的有力之着。如误走仕六进五,则炮 6 平 7,黑方反夺主动。

21. ……　　　　炮 9 平 8

黑如改走车 6 进 3,帅五进一,车 6 平 7,兵三进一,对攻中也是红占主动。

22. 车一平二　炮 8 平 9　　**23.** 兵三进一　卒 5 进 1

24. 车二退一　　炮6进7

黑炮轰仕,力求一搏。如改走炮9退5,则车二进五,也是红方占优。

25. 相三进一　　炮6平4　　**26.** 车二进四　……

红方升车巡河,着法简明。如改走帅五进一,则车6平7,红方自找麻烦。

26. ……　　　　马3退2　　**27.** 帅五平六

红方得子,结果获胜。

(2)**炮八进四**——第2届MMI世界象棋大师赛第4轮广东许银川对重庆洪智局例(接图10-2-1)。

4. 炮八进四　卒3进1　　**5.** 车一平七　象3进5

6. 兵七进一　卒3进1　　**7.** 车七进三　炮2退2

8. 炮八平七　卒7进1　　**9.** 马八进七　车9平2

10. 车九进一　……

也可改走马七进六,黑如接走士4进5,则马六进五,红多中兵,略占优势。

10. ……　　　　士4进5　　**11.** 车九平四　马8进7

12. 马七进六　炮2平3　　**13.** 车四进三　……

红方右车巡河,失察之着。如改走炮七进三,车1平3,炮五平七,车3平4,炮七平六,车4平2,车四进三,成平稳局面。

13. ……　　　　马3退1

黑方抓住红方疏漏,回马金枪,展开反击。

14. 炮七平六　马1进2　　**15.** 车七退二　……

如改走车七平八,则马2进4,车八进四,马4进6,也是黑方主动。

15. ……　　　　马2退3　　**16.** 炮六进二　车2进8

17. 马六退七　……

红方退马捉车,力求稳健。如改走车七进二,炮3进9,车七退八,车2平3,马六进五,车1平4,也是黑方好走。

17. ……　　　　炮3进3　　**18.** 马七退八　车1平4

19. 车四平七　炮6进1　　**20.** 炮六退四　马3进2

21. 车七平八　炮3退1

以上几个回合,黑方步步紧逼,走得紧凑有力,已令红方难于应付。

22. 炮五平六　车4平3　　**23.** 前炮进二　马2进3

献马捉炮,一击中的! 精彩好看!

24. 前炮平四　马3进4　　**25.** 帅五进一　炮3平4

26. 马八进九　车3进9　　**27.** 相三进五　车3平4

红阵支离破碎,败象已呈,终局黑胜。

【小结】 此布局黑方采用对出横车与红抗争,可以起到抑制红方中路攻势的作用,这别具一格的构思,耐人寻味。所列局例,(1)变红车一平六,布局新颖、构思独特,进攻得法,值得借鉴;(2)变红炮八进四,进攻节奏嫌缓,黑方得以宽松布阵,红方先手难以扩大。

第 3 局 其 他 变 例

(1)**中炮横车进三兵对反宫马**——"西乡引进杯"全国象棋个人赛第7轮黑龙江赵国荣对浦东宇兵局例。

1. 炮二平五　马2进3　　2. 马二进三　炮8平6

3. 兵三进一　卒3进1　　4. 马八进九　象7进5

5. 车一进一　……

红方左炮不动起右横车攻法新颖!通常多走车一平二,马8进7,炮八平七,车1平2,车九平八,炮2进4,兵三进一,卒7进1,兵七进一,卒3进1,车二进四,形成五七炮弃双兵对反宫马攻防阵势,双方另具复杂变化。

5. ……　　马8进7　　6. 车一平七　士6进5

补士固防,不如改走卒1进1,兵七进一,卒3进1,车七进三,车1进3,炮八平七,马3进2,黑可抗衡。

7. 兵七进一　卒3进1　　8. 车七进三　马3进2

9. 炮八进二!　卒1进1　　10. 马九进七　车9平8

11. 马三进四　炮2进3　　12. 车七平八　马2退3

13. 车九进一　……

开局至此,红方五大强子皆活,已占有较大的空间优势。

13. ……　　车1进3　　14. 车九平六　车8进9(图10-3-1)

如图10-3-1形势,黑车沉底胁相,作用不大,不如改走车8进4巡河相机应对。

15. 马四进六　马3进4　　16. 马七进六　车8退5

黑如改走车8平7杀相,则红马六进八,炮6退1,车六平四,黑方难以应付。

17. 马六进八　车8平3　　18. 车六平四　车3退1

19. 马八退七　象5进3　　20. 车四进五　炮6平3

21. 车四平三　象3进5　　22. 兵三进一

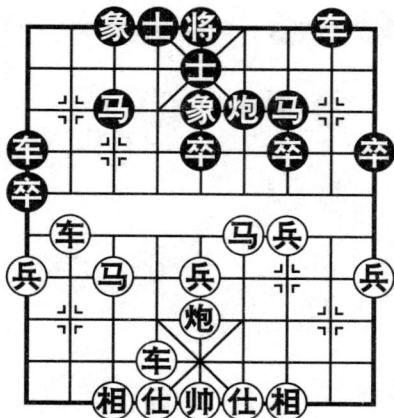

图 10-3-1

红兵渡河助战,优势逐步扩大,结果胜。

(2)**中炮横车夹马对反宫马进3卒**——第2届MMI世界象棋大师赛第2轮农协陈建昌对厦门汪洋局例。

1. 炮二平五 马2进3 **2.** 马二进三 炮8平6

3. 车一进一 马8进7 **4.** 车一平四 车9平8

5. 马八进七 士4进5 **6.** 兵五进一 卒3进1

黑挺3卒,活通右马,伺机马3进4兑去红方连环马,是加强中线防御的好手。

7. 马七进五 马3进4 **8.** 兵七进一 马4进5

9. 马三进五 车8进4 **10.** 炮八进三! ……

红炮骑河打车,构思巧妙。黑如接走卒3进1,则兵五进一,红占主动。

10. …… 车8进2 **11.** 车四进二 炮6退1(图10-3-2)

如图10-3-2形势,黑方退炮献炮,准备弃子抢先,构思奇特,有一定风险。此时一般多走象3进5巩固阵形。

12. 车四进五 车8平7 **13.** 马五退七 卒3进1

14. 兵九进一 ……

红挺边兵,准备边线运马,也是一着构思奇特的好手。

14. …… 卒3进1 **15.** 马七进九 象3进5

16. 兵九进一 卒3平2 **17.** 马九退八 车1平3

18. 马八进六 卒2进1

如改走卒2平3,则红可车九进三拴链。

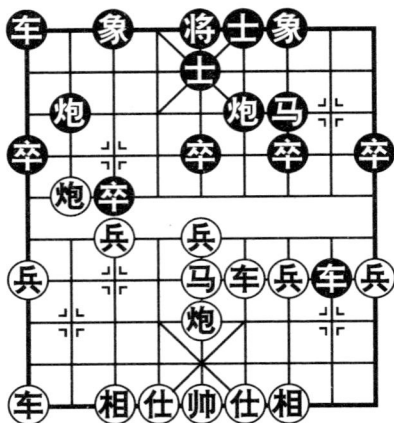

图 10－3－2

19. 炮五平四	卒 2 平 3	**20.** 马六退四	车 7 平 2
21. 炮八平六	车 3 进 4	**22.** 炮六进一	卒 1 进 1
23. 炮六平三	象 7 进 9	**24.** 相七进九	……

红飞边相,正着。如误走相七进五,则炮 2 平 1,车九平七,卒 3 进 1,黑方得车。

24. ……	车 3 平 7	**25.** 炮三平二	炮 2 退 1
26. 车四退四	车 2 平 8	**27.** 车九平八	炮 2 平 4
28. 车四进二	车 7 平 6	**29.** 车四退一	马 7 进 6
30. 炮二平四	马 6 进 4		

又经过一番纠缠,红方化解了黑方的攻势,牢牢巩固多子之优势,结果红胜。

【小结】 两种布局,前者赵国荣祭出的中炮进三兵横车攻反宫马的新着,一路领先扩势,没给黑方一点机会,黑方若想取得均衡之势,似有先天不足之虑,因此第 6 回合黑以改走卒 1 进 1 为妙;后者中炮横车夹马攻反宫马挺 3 卒,红炮骑河打车,效果极佳,黑方退炮献炮,太冒风险。笔者认为,后者布局黑处下风,红方主动,易发展成优势局面。

第二节　五六炮对反宫马

第1局　五六炮正马对黑平炮亮车（1）

1. 炮二平五　马2进3　　**2.** 马二进三　炮8平6

3. 车一平二　马8进7　　**4.** 炮八平六　车1平2

5. 马八进七　炮2平1

黑方平炮亮车,正着。如改走卒3进1,则车九平八,炮2进4,马七退九,炮2退2,车八进四,红方先手。至此,形成五六炮正马对反宫马平炮亮车的布局阵势。

6. 兵七进一　卒7进1　　**7.** 马七进六　士6进5(图10-4-1)

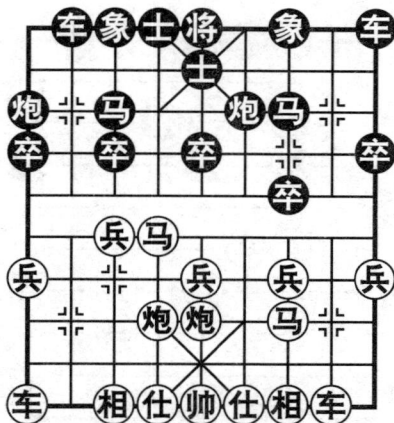

图 10-4-1

黑补左士使右翼巩固,是老式经典对抗手段,现在多走象7进5,详见下局介绍。宁波谢丹枫对陕西刘强时,黑补右士,实战着法是:士4进5,车二进六,车9平8,车二平三,炮6退1,马六进七,炮6平7,马七进九! 炮7进2,马九进七! 将5平4,炮六进一,车2进7,车九进二,车2平5,相七进五,红胜。

如图10-4-1形势,红方主要有(1)车九进二、(2)车二进六两种攻法,分述如下:

(1)车九进二。

8. 车九进二　车9平8

黑方兑车,减轻左翼压力,稳健的下法。如改走象7进5,则车二进六,车2进6,车二平三,车2平4(亦可改走车9平7,红如兵七进一,车2退1,马六进四,卒3进1,车三进一,车7进2,马四进三,卒3进1,黑方虽少子但多卒,双方可下),马六进四,马7退8,炮五退一,马8进9,车三平一,马9退7,车一平三,马7进9,车三平二,双方对峙,以后红方运子老到,得子获胜(这是于幼华对葛维蒲的实战)。

9. 车二进九　马7退8　　**10.** 炮六平七　象7进5

11. 车九平八　……

红方兑车,是"后中先"的稳健着法,也是这一布局变例的常用战术手段。如改走炮七进四,则车2进5,车九平七,马8进7,车七进一,炮6进3,炮五退一,炮6平8!马六退七,马3退2,下伏炮1平3拴链,黑方先手。

11. ……　　　　车2进7　　**12.** 炮五平八　炮1进4

13. 炮七进四　卒1进1(图10-4-2)

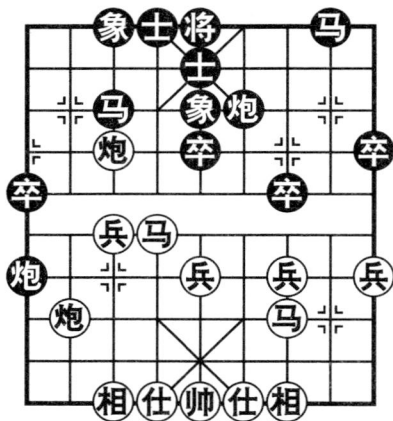

图10-4-2

如改走炮1平7,则马三退五!卒1进1,炮八进五,卒1进1,兵七进一,马8进7,相七进五,红方占优。

如图10-4-2形势,红方有①炮八进五、②兵七进一两种变着,分述如下:

①炮八进五——"将军杯"全国象棋甲级联赛江苏李群对广东李鸿嘉局例。

14. 炮八进五　马8进7　　**15.** 相三进五　炮1平7

红方飞相亦可改走兵七进一,则卒1进1,马三退五,红方易走;黑炮不打兵,可改走卒1进1,则兵七进一,卒1平2,兵七平八,炮1退1,马六退七,马7进6,炮八退三,卒5进1,兵八平七,卒5进1,兵七平六,炮6平7,炮八平七,马

3退2,黑可抗衡。

16. 兵一进一 ……

挺边兵良好等着。如改走兵七进一,则卒1进1,兵七平六,炮6退1,马六进八,马3退2,炮八平三,炮7退4,马三进四,卒9进1,双方呈均势。

16. …… 卒1进1 **17. 兵七进一** 卒1平2

18. 仕四进五 炮6进3

此处改走炮6退1为宜。

19. 炮七进三 象5退3 **20. 炮八平三** 炮7退2

21. 马三进四

在互缠中,红方赚得一象,残局获胜。

②兵七进一——"奇声电子杯"象棋超级排位赛北京蒋川对广东吕钦局例(接图10-4-2)。

14. 兵七进一 卒1进1 **15. 炮八进五** 马8进7

16. 马三退五 ……

红方退马窝心,是改进后的走法。如改走炮七平六,则马3进4,炮八平四,马4进6,马六进四,马6进7,马四进三,炮1平7,马三进一,炮7进3,仕四进五,士5进6,黑方反夺主动。

16. …… 炮1平7 **17. 相七进五** 卒5进1

18. 马五进七 炮6进2 **19. 马六进四** 马7进6

20. 兵七平六 炮7进1 **21. 相五进七** 炮7平8

22. 兵六平五 马6进7

经过一番交换,双方虽各有一兵卒过河,但红方中兵优于黑方边卒,黑右马位不佳,红方仍持先手。

23. 仕六进五 炮8退3 **24. 炮八退四** 马7进6

25. 后兵进一 马6退7 **26. 炮七平五** 马3进5

27. 前兵进一 马7退5

黑方乘兑子之机吃得一兵,反多一卒,残局献卒于"花心",精彩获胜。

(2)车二进六(接图10-4-1)。

8. 车二进六 ……

红车过河配合河口马,快攻下法。以下黑方出现①车9平8和②车2进6两种变例,分述如下:

①车9平8——"西乡引进杯"全国象棋个人锦标赛第1阶段男子组第7轮浙江张申宏对火车头才溢局例。

8.……   车 9 平 8

兑车是黑方的一种战法。此外另有车 2 进 6 的走法,详见下局介绍。

9. 车二平三 炮 6 退 1   **10.** 马六进七 车 2 进 3

11. 兵七进一 炮 6 平 7   **12.** 车三平四 炮 1 退 1

13. 马七退五 车 2 进 2   **14.** 炮六进七 卒 5 进 1

黑方中卒吃马交换后,红方主动。以往实战走卒 7 进 1,兵三进一,卒 5 进 1,炮七进五,车 2 平 7,炮五进三,象 7 进 5,车九进二,马 7 进 8,双方对攻。

15. 炮七进五 马 7 进 8   **16.** 炮五进三 象 7 进 5

17. 车四平三 马 8 进 7   **18.** 车九进二 车 8 平 6

19. 车九平六 车 6 进 4   **20.** 炮五进一 车 2 平 6

如改走车 6 平 3,炮五平七,车 3 平 6,车六进六! 红方可得子占优。

21. 炮七平八 炮 1 平 2   **22.** 兵七平六 后车退 1

如改走前车进 2 兑车,则车六平四,车 6 进 3,车三退一,车 6 平 7,炮八退四,红先弃后取,多兵占优。

23. 车三平四 车 6 退 2   **24.** 兵六平五 卒 7 进 1

25. 炮八退四 卒 9 进 1   **26.** 仕四进五 卒 1 进 1

27. 相七进五 卒 7 平 8   **28.** 车六进二 车 6 平 8

29. 炮八平三 炮 7 进 6   **30.** 炮三进二

兑子后红方明显占优,结果胜。

②车 2 进 6——"伊泰杯"全国象棋个人锦标赛决赛第 4 轮广东黄海林对北京王跃飞局例。

8.……   车 2 进 6

黑车过河以攻代守,战法积极。

9. 仕四进五 车 2 平 4   **10.** 马六进五 马 3 进 5

11. 炮五进四 象 7 进 5   **12.** 车二平三 炮 6 进 5

黑炮进驻红方仕角,新招! 选点巧妙,起到干扰红阵的作用。

13. 炮五平九   **……**

如改走兵五进一,则黑炮 6 退 7,车九平八,炮 6 平 7,车三平四,卒 7 进 1,黑有反击之机。

13.……   车 9 平 6   **14.** 车九平八 车 4 平 5

15. 相三进五 车 5 平 1

黑车杀边兵,正确选择。如改走车 5 平 7,则红炮六平四,车 7 进 1,车八进七,车 6 进 2,车八退四,车 7 平 8,车三平七,红多兵略优。

16. 炮六平四　车 1 退 3　　**17.** 车八进三　……

红车占兵林要道,要着。否则,黑车 6 进 6 后威胁红方右马,红方难下。

17. ……　　　车 1 进 1　　**18.** 车三平七　车 1 平 5

19. 马三退一　……

退马并不能选择到好位,不如改走兵三进一,卒 7 进 1,相五进三,车 5 平 7,相七进五,红有八路车掩护左翼,黑无好的进攻手段。

19. ……　　　车 6 平 8　　**20.** 马一退三　车 8 进 8

21. 车七平三　车 8 平 7　　**22.** 兵三进一　车 5 进 1

23. 兵三进一　马 7 进 5　　**24.** 车八进三　马 5 进 7

25. 车八平四　炮 1 进 7　　**26.** 车四进二　马 7 进 8

27. 车三平二　马 8 进 6　　**28.** 车四退六

又兑一子,局势简化,双方平稳,结果战和。

【**小结**】　本布局演至图 10-4-1 局面,所列红方两种战法:(1)车九进二属于稳步进取的走法,可以保持先手效力;(2)车二进六后,黑方出现①②两种变着,当推后者——②车 2 进 6 以攻代守的战法,其中第 12 回合炮 6 进 5 的新招,有效抵抗了红方的进攻,效果不错,值得借鉴。

第 2 局　五六炮正马对黑平炮亮车(2)

1. 炮二平五　马 2 进 3　　**2.** 马二进三　炮 8 平 6

3. 车一平二　马 8 进 7　　**4.** 炮八平六　车 1 平 2

5. 马八进七　炮 2 平 1　　**6.** 兵七进一　卒 7 进 1

7. 马七进六　象 7 进 5

黑补左象较上局补左士是新变化,也是目前较为流行的应着。

8. 车二进六　车 2 进 6(图 10-5-1)

黑进车抢占兵林要道,准备弃子是关键着法,构思了一套弃马取势的布局飞刀!这是杨德琪大师在第 5 届象棋大师冠军赛上所创。

如图 10-5-1 形势,红方有(1)仕四进五、(2)仕六进五两种战法,分述如下:

(1)**仕四进五**——"锦州杯"全国象棋团体赛男子组杭州傅光明对云南孙庆利局例。

　9. 仕四进五　士 6 进 5　　**10.** 车二平三　车 9 平 7

　11. 兵七进一　车 2 退 1　　**12.** 马六进四　……

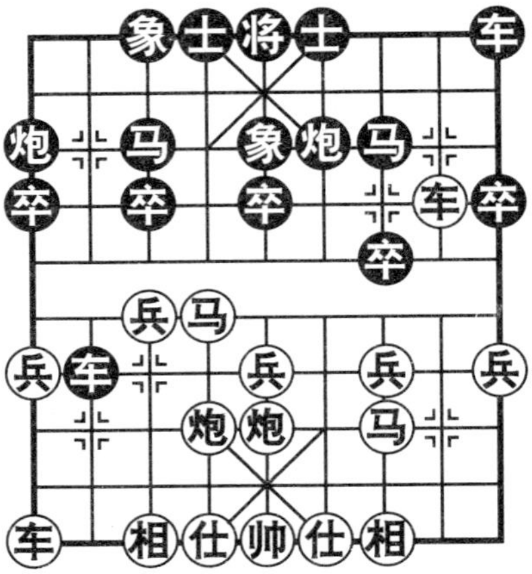

图 10 - 5 - 1

如改走马六进七,车 2 平 3,马七进九,象 3 进 1,炮五进四,马 3 进 5,车三平五,象 1 进 3,车五平三,炮 6 进 6! 车九平八,炮 6 平 7! 黑方足可抗衡(选自全国个人赛万春林先和张江的实战)。

12. ……　　　卒 3 进 1　　**13.** 车三进一　车 7 进 2

14. 马四进三　卒 3 进 1　　**15.** 炮六平七　　**……**

至此,红虽多一子,但左车被封,黑有 3 卒渡河,子力活跃,黑方可以满意。现红方平炮打马是改进之着,过去多走车九进二,卒 3 进 1,炮六进四,马 3 进 2,炮六平一,炮 1 平 3,黑有强烈攻势(选自第 5 届全国象棋大赛冠军赛战例,孙勇征先胜杨德琪,黑虽失利,但不属于布局问题)。

15. ……　　　马 3 进 4　　**16.** 炮五进四　炮 1 平 3

17. 炮七进五　炮 6 平 3　　**18.** 前马退一　车 2 退 2

19. 马一退三　将 5 平 6　　**20.** 兵三进一　象 5 进 7

黑方弃马取势的布局飞刀得以回报,现夺回失子,局势可以满意。

21. 炮五退一　象 7 退 9　　**22.** 炮五平二

红虽多两兵,但左车未动,黑方子力活跃,各有千秋,结果弈和。

(2)仕六进五——赛事同前,广西秦劲松对甘肃焦明理局例(接图 10 - 5 - 1)。

9. 仕六进五　　**……**

红支左仕是陈翀大师在全国象棋团体赛中弈出的新招。

9. ……　　　士 6 进 5　　**10.** 车二平三　　**……**

红此时宜先走炮六退二,再以炮五平六掩护盘河马,与上一手仕六进五相连贯,局势富有弹性。

10. ……　　　车2平4　　**11.** 马六进七　车9平7

12. 马七进九　象3进1　　**13.** 车九平八　象1退3

14. 兵七进一　……

送兵微妙,意在炮轰中卒,如径走炮五进四,则车4退3,炮六平五,炮6进5,黑方先手,占优。

14. ……　　　车4平3　　**15.** 炮五进四　马3进5

16. 车三平五　马7进8　　**17.** 相七进五　车3退2

18. 车八进四　马8进7　　**19.** 车五平九　卒9进1

20. 车九平四　车3退2　　**21.** 兵九进一　车7平8

大致形成均势,结果弈和。

【小结】　此布局,(1)变黑方弃马取势的布局飞刀,效果良好,布局成功,引人注意,预计会有更新的发展;(2)变红第10回合应改走炮六退二,变化较为丰富,局势易于发展。实战变化,格调平稳,局势平淡,红方无便宜可占。

第3局　五六炮正马对黑左横车

1. 炮二平五　马2进3　　**2.** 马二进三　炮8平6

3. 车一平二　马8进7　　**4.** 炮八平六　卒7进1

5. 马八进七　车1平2　　**6.** 车九平八　车9进1(图10-6-1)

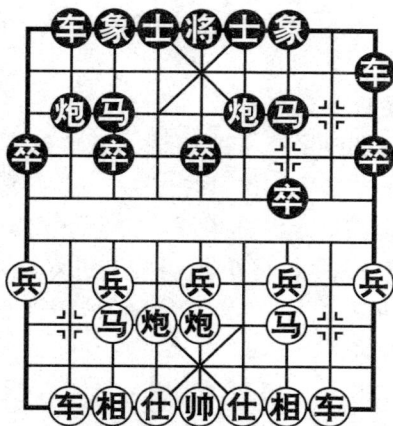

图 10-6-1

至此,形成五六炮正马对反宫马黑左横车阵势,如图 10-6-1。黑起左横车意在穿宫牵制红方左翼兵力。

7. 车二进六 车 9 平 4 　　**8.** 仕四进五 士 4 进 5

以下红方有(1)车八进四、(2)车二平三两种战法,分述如下:

(1)车八进四——升左车伺机而动,新兴攻法。

9. 车八进四 马 7 进 6 　　**10.** 车二平三 象 7 进 5

11. 兵三进一(图 10-6-2) ……

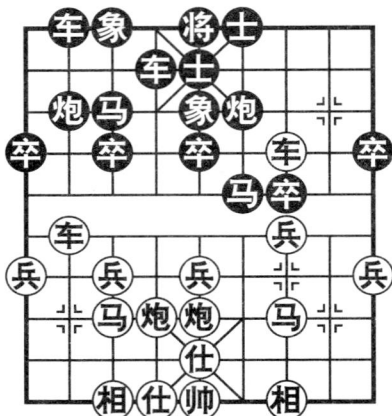

图 10-6-2

如图 10-6-2 形势,黑方有①卒 7 进 1、②车 4 进 4 两变,分述如下:

①卒 7 进 1——"大江摩托杯"象棋全国个人赛第 6 轮湖北柳大华对广东宗永生局例。

11. …… 卒 7 进 1

黑兑卒为正常之着。如改走车 4 进 4,请见下局。

12. 车三退二 炮 2 进 2 　　**13.** 兵七进一 车 4 进 5

本赛事第 2 轮北京蒋川对上海孙勇征双方也下成同一局面,黑方走车 4 进 3,炮六进二,卒 3 进 1,炮五平六,马 6 进 4,马七进六,卒 3 进 1,车八平七,车 4 平 8,车七进二,红方主动。

14. 马三进四 炮 6 进 3 　　**15.** 车三平四 马 6 退 8

16. 炮五平二 象 5 退 7 　　**17.** 炮二进一 车 4 退 2

黑如误走车 4 平 5,则红炮六进七,黑方丢车。

18. 相三进五 卒 3 进 1 　　**19.** 车四平六 车 4 平 7

20. 兵七进一 车 7 平 3 　　**21.** 车六平七 车 3 进 1

22. 车八平七　马3进4　　**23.** 马七进六　马4进6

24. 炮二平三　炮2平4　　**25.** 马六退四　马6退8

26. 炮三进三！

红进炮卒林,先手扩大,黑子力分散,穷于应付,结果红胜。

②车4进4——赛事同上,第8轮北京蒋川对上海林宏敏局例(接图10-6-2)。

11. ……　　　　车4进4　　**12.** 车八平六　马6进4

13. 兵七进一！　马4进3　　**14.** 炮五平七　炮2进5

黑进炮邀兑也很有反击力度。如改走卒7进1,则车三退二,炮2进5,炮七进四,炮2平7,车三退二,卒9进1,车三进四,车2进4,炮六平五,红方可取得多兵优势。

15. 兵三进一　炮2平4　　**16.** 仕五进六　车2进7

17. 炮七退一　……

如误走炮七进四,则车2退4！兵七进一,象3进1,车三进一,卒9进1,红七路炮难逃。

17. ……　　　　车2平4　　**18.** 相三进五　将5平4

19. 仕六进五　车4平3　　**20.** 炮七平九　卒3进1

21. 兵三平四　……

平兵对攻,积极着法。如改走兵七进一,车3退3,红方无趣。

21. ……　　　　卒3进1　　**22.** 兵四进一　炮6平8

23. 兵四平五　卒3平2　　**24.** 前兵进一！象3进5

25. 车三平八！车3退1　　**26.** 车八退二　车3平1

27. 炮九平六

红多中兵,形势有利,结果获胜。

(2)**车二平三**——第4届"嘉周杯"象棋特级大师冠军赛女子组江苏张国凤对广东陈丽淳局例(开局次序略异,经变化还原成实战)。

9. 车二平三　炮6退1　　**10.** 车八进六　……

红方挥车过河是改进后的走法。这之前张国凤曾走兵五进一,车4进5,兵五进一,炮6平7,车三平四,象7进5,黑可对抗。

10. ……　　　　炮6平7　　**11.** 车三平四　车4进1

12. 兵五进一　卒3进1

黑挺3卒,嫌缓,易为红方所算。可改走车4平6,红如车四进一,则炮2平6,车八平七(如车八进三,马3退2,炮五进四,炮6平5,炮五退一,红虽占先,但黑可应付),象3进5,兵五进一,卒5进1,马三进五,卒5进1,炮五进二,马7进6,黑可应付。

13. 兵五进一　卒5进1　　**14.** 马三进五　车4进4

15. 炮五进三　马7进5

可改走象3进5,炮六平二,要比实战走法好。

16. 炮六平二　炮7平9　　**17.** 炮二进四　炮9进5

18. 帅五平四　……

出帅催杀,并使黑炮打马不带"将军",是迅速取胜之要着。如改走炮二平五,马3进5,车四平五,炮9平5,马七进五,车4平5,黑尚可应付。

18. ……　　　　　将5平4

如改走象3进5,则炮二平五,马3进5,车八平五,炮9平5,车五平六,红方速胜。

19. 炮二平五　马3进5　　**20.** 车四平五　炮9平5

21. 马七进五　象3进5

黑方飞象,无奈之着。如改走车4平5,则车五平六,士5进4,车六进一,将4平5,车八平四,车5退2,车四进三,将5进1,车四退一,将5退1,车六进一,红方胜定。

22. 炮五平四　将4平5

至此黑方失子失势,结果红胜。

【小结】 此布局为黑反宫马左横车战法,意在牵制红方左翼子力。从布局观和策略上讲,构思较有积极意义,但经所列实战验证,反击乏力,效果并不理想。中炮方稳中带先,攻势易发展。黑方欲与红方抗衡争势,需挖掘潜力或另辟蹊径。

第4局　五六炮正马对黑抢挺7卒新变

1. 炮二平五　马2进3　　**2.** 马二进三　炮8平6

3. 车一平二　卒7进1

黑方抢挺7路卒,意在避开红方进三兵的变化,是战略性的一手,也是反宫马防御体系中的一种基本阵势,为胡荣华首创。

4. 车二进八　……

进车压马延缓黑方出子速度,是红方的可攻之着。

4. ……　　　　　士4进5　　**5.** 炮八平六(图10-7-1)　……

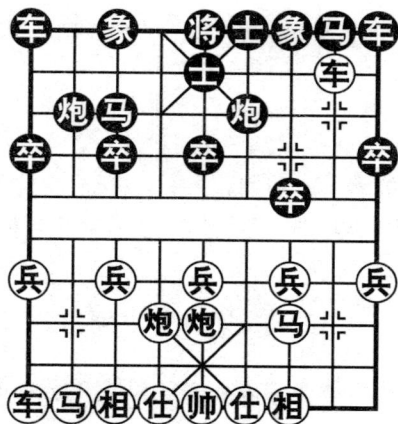

图 10-7-1

红平肋炮防黑炮 2 退 1 逐车,并顺势开通左翼子力,展开进攻,好棋,也是对付反宫马抢挺 7 卒的一种常见攻法。

如图 10-7-1 形势,黑方有(1)炮 2 退 1、(2)象 3 进 5 两种变着,分述如下:

(1)炮 2 退 1——"将军杯"全国象棋甲级联赛第 11 轮广东吕钦对开滦宋国强局例。

5.……　　　炮 2 退 1　　6. 车二退四　……

退车巡河嫌软,可改走炮六进六,将 5 平 4,炮六平七,象 3 进 5,车九进一,车 1 平 3,炮七平六! 炮置虎口有惊无险,黑方难受。

6.……　　　象 3 进 5　　7. 马八进七　马 8 进 7

8. 车九平八　炮 2 平 4

如改走车 1 平 4,详见下局。

9. 兵七进一　车 9 平 8

兑车落后手,不如改走马 7 进 6。

10. 车二进五　马 7 退 8　　11. 车八进八　炮 4 退 1

12. 马七进八　马 8 进 7　　13. 马八进七　马 7 进 6

14. 兵五进一　炮 4 平 3

黑此时以改走炮 6 进 1 打马为宜。

15. 兵五进一　……

冲中兵紧凑。如改走车八平七,则黑马 6 退 4,红方吃亏。

15.……　　　马 6 进 7　　16. 车八平七　车 1 平 2

17. 仕四进五　马 7 进 5　　18. 相三进五　车 2 进 3

如改走卒 5 进 1,则马七退五,炮 6 平 7,兵七进一,亦是红优。

19. 兵七进一　卒 5 进 1　　**20.** 马七退五　马 3 进 5

21. 兵七平六　炮 6 退 1　　**22.** 车七退五　炮 6 进 3

23. 车七平四　炮 6 平 4　　**24.** 车四进三

红方弃兵实施拴链战术,为以后谋子打下基础,着法简明有力,结果胜。

(2)**象 3 进 5**——第 7 届"老运会"象棋比赛第 7 轮寿县傅宝胜对金安王安全局例(接图 10 - 7 - 1)。

5. ……　　象 3 进 5　　**6.** 马八进七　炮 2 退 1

7. 车二退四　……

"伊泰杯"全国象棋个人赛第 3 轮山东王新光对云南黎德志双方也下成同一局面时,红方走炮六进六,车 1 平 4,炮六平七,车 4 平 3(应改走车 4 进 1,炮七进一,车 4 进 6,炮七退一,车 4 平 3,黑方得子占优),炮七平六,炮 2 平 3,车九进一,炮 6 进 5,炮五退一,炮 6 进 1,炮五进一,车 3 平 4,车九平六,炮 6 退 4,兵五进一,红方主动,占优,结果获胜。

7. ……　　马 8 进 7　　**8.** 车九平八　车 1 平 4

9. 仕六进五　炮 2 平 3　　**10.** 兵七进一　车 4 进 6

11. 马七进六　车 9 平 8　　**12.** 车二进五　马 7 退 8

13. 马六进五　车 4 退 3　　**14.** 马五退四　马 8 进 7

15. 车八进三　……

红升车兵林线,掩护盘河马,必走之着。

15. ……　　马 7 进 6　　**16.** 马四退六　车 4 平 8

17. 马六进五!　……

红方跃马出击,紧凑有力,下伏马五进四,士 5 进 6,车八进五,炮 3 退 1,车八平七捉双的棋,红方先手扩大。

17. ……　　炮 6 平 7　　**18.** 兵五进一　炮 3 退 1

黑退炮嫌软,不如径走马 6 进 7。

19. 车八平四　马 6 进 7　　**20.** 炮五进一　马 7 退 6

21. 相三进五　……

如改走车四进二,则黑炮 7 进 5,红仍持先手。

21. ……　　马 6 进 5　　**22.** 车四平五　……

红如改走马三进五,则黑车 8 进 2,红中兵被捉死,不利。

22. ……　　卒 3 进 1　　**23.** 兵七进一　炮 3 进 4

24. 车五平八　车 8 平 5　　**25.** 马三进二　车 5 平 8

至此红多中兵占主动,后来虽失利,但不属于布局问题(本变与笔者 2007 年比赛吻合,信手拈来,特作说明)。

【小结】 此布局,红平炮六路与上着进车压马紧密配合、遥相呼应,对黑形成左右夹击之势,是目前公认的对付反宫马抢挺 7 卒的理想定式。所列局例(1)变红改第 6 回合为炮六进六,可早早获得优势;(2)变红马踏中卒,攻法简明有力,亦可稳获优势局面。

第三节 五七炮对反宫马

第 1 局 五七炮进三兵对反宫马左象

1. 炮二平五 马 2 进 3　　2. 马二进三 炮 8 平 6
3. 车一平二 马 8 进 7　　4. 兵三进一 卒 3 进 1

红方进三兵,意在破坏黑方构成"肋炮左马盘河"的理想阵形,弈理清晰,实战中采用较多,发展前景看好;黑方对挺 3 卒,活通马路,乃常见战术。

5. 马八进九 象 7 进 5

黑飞左象是在飞右象基础上发展起来的一种新式变例,其特点是:9 路车缓出,以加强左翼防御,伺机在右翼对红方左路进行封锁反击,使子力均衡展开,攻守兼备,更富弹性。

6. 炮八平七 车 1 平 2　　7. 车九平八 炮 2 进 4(图 10-8-1)

如图 10-8-1 形势,形成五七炮进三兵对反宫马挺 3 卒左象的布局。对于人们较为熟悉的红弃双兵热门变例将在下面介绍,本局为先手方介绍第二个"热门变例"。

面对图 10-8-1 形势,红方主要有(1)兵五进一、(2)兵九进一两种攻法,分述如下。

(1)兵五进一
①"启新高尔夫杯"全国象棋甲级联赛第 11 轮湖南程进超对上海孙勇征局例。

8. 兵五进一 ……
冲中兵畅通兵线,是一种新颖的着法。

8.…… 士 4 进 5
此局面下,以往多走士 6 进 5,详见下局。

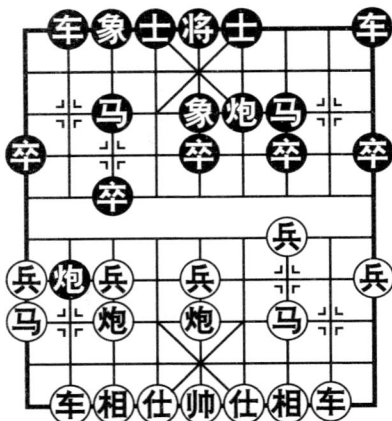

图 10 - 8 - 1

9. 兵七进一 ……

弃七兵准备车二进三捉炮抢先，如改走车八进一，亦较为易走。

9. …… 卒 3 进 1 **10.** 车二进三 炮 2 退 1

退炮打中兵对抢先手。如改走炮 2 进 2，则兵五进一，卒 5 进 1，马三进五，车 2 进 6，炮五进三，炮 2 退 1，车八进一，马 3 进 5，车八平二，卒 3 平 4，双方互缠。

11. 兵五进一 卒 5 进 1 **12.** 马三进五 卒 3 平 4

13. 兵九进一 ……

应改走炮五进三打中卒，较为积极主动。

13. …… 炮 2 进 3 **14.** 马五进四 ……

进马嫌急，仍应改走炮五进三。

14. …… 炮 6 进 1 **15.** 马七进九 卒 4 平 3

弃卒阻马伏炮 2 退 2 打车，佳着！

16. 炮七进二 炮 2 退 2 **17.** 马七退六 ……

退马失着！应改走车二进四捉马争先，红可战。

17. …… 炮 2 退 2！

退炮打马，好棋，伏炮 6 平 2 打车，反先夺势。

18. 车二平五 炮 6 平 2 **19.** 车五进二 ……

弃车抢攻，背水一战。如改走车八进五，马 3 进 2，马四进三，车 9 平 7，红亦被动。

19. …… 后炮进 6 **20.** 炮五进五 象 3 进 5

21. 马四进五　车2进1　　**22.** 马六退八　……

如改走马五进三，将5平4，炮七平六，车9平7，车五平六，车2平4，黑方大优。

22. ……　　　　车9平7　　**23.** 马五进七　将5平4

24. 炮七进二　马7进5　　**25.** 马八进七　车7进2

红方一番急攻未见成效，最终因子力不济而致负。

②第3届全国体育大会象棋赛第3轮湖南谢业枧对上海胡荣华局例（接图10－8－1）。

　8. 兵五进一　士6进5　　**9.** 兵七进一　卒3进1

10. 车二进三　炮2退2　　**11.** 兵五进一　卒5进1

12. 炮七进五　……

红炮兑马是对上局马三进五的重大改进。

12. ……　　　　炮6平3　　**13.** 马三进五　炮3进2

如改走卒3平4，炮五进三，卒4进1，马五进六，炮2平5，车八进九，炮3进3，帅五进一，卒4进1，车八退六，黑车难发挥作用，对攻中红多子易走。这就是炮兑马之后才跳盘头马的原因。

14. 马五进七　车9平6

快出车助战。如改卒5进1，马七退六，卒5平6，马九进七，红方先手扩大。

15. 车二平五　车2进3　　**16.** 仕六进五　车6进3

17. 兵九进一　马7进5　　**18.** 马七进五　马5退3

至此，红方子力完全控制局面，黑方处于守势。

19. 马五退六　炮3平8　　**20.** 车五进二　炮8平2

21. 马六退四　炮8退4　　**22.** 马九进七　炮2进2

23. 车五平二　炮8平6　　**24.** 马四进五

红方主动，结果胜。

（2）**兵九进一**——"威凯房地产杯"全国象棋排名赛第3轮浙江赵鑫鑫对广东许银川局例（接图10－8－1）。

　8. 兵九进一　……

红挺边兵活马，稳步进取的走法。

8. ……　　　　士6进5　　**9.** 兵五进一　马3进4

黑方跃马，新着。如改走车9平6，炮五平四，车6平7（如炮6进7轰仕，则相三进五，红方易走），车八进一，红仍持先手。

10. 兵七进一　……

红弃七兵,是寻求对攻的强硬走法。如改走炮五进四,马4退6,仕四进五,马6进5,炮五退一,变化相对稳健。

10.…… 卒3进1 **11.** 炮五进四 马4进3

12. 马三进五 **……**

右马盘中授人以隙。此手以改走仕六进五巩固阵地为宜。

12.…… 炮2平5

黑方以炮打马,算准一车换双后可以反夺主动,精彩着法。

13. 车八进九 炮5退3 **14.** 炮七平五 马3退5

黑方再度弃炮踩兵,战法刚劲有力。

15. 炮五进四 炮6进1 **16.** 炮五平三 **……**

如改走仕六进五,则马7进5,相七进五,后马进3,相五进七,炮6平5,也是黑方占优。

16.…… 马5进6 **17.** 帅五进一 马6退4

18. 帅五退一 炮6平5 **19.** 车八退六 马4进6

20. 帅五进一 车9平6 **21.** 车二进五 **……**

红如改走车二进七捉马,则车6进4,车二平三,马6退5,相七进五,将5平6,炮三平四(如帅五平六,马5进3,黑方速胜),车6退1,帅五平六,炮5平4,红方亦难抗衡。

21.…… 车6进5 **22.** 车二平六 车6平5

23. 相七进五 车5平4 **24.** 车六平五 车4平7

25. 帅五平六 车7平4 **26.** 帅六平五 车4退1

27. 车五进一 **……**

红方弃车砍炮,无奈之着。如改走车五退二,则卒3平4,帅五平四,马6退5,车五平四,车4平7,黑亦胜势。

27.…… 车4平7

黑先手平车催杀,"死子不急吃",走法细腻。如即走马7进5,则车八平四,黑要取胜,需费周折。

28. 帅五平六 马7进5 **29.** 仕六进五 马6退5

黑方占优,结果胜。

【小结】 此布局列举了五七炮进三兵对反宫马飞左象的三个局例,从实战效果看,(1)变之②红方改进的先用炮换马,着法机警,战法可取,优势明显,值得借鉴。其余两个局例,黑方均可与红方分庭抗礼,红方着法值得进一步探讨。

第2局　五七炮进三兵右横车对反宫马左象

1. 炮二平五　　马2进3　　2. 马二进三　　炮8平6
3. 兵三进一　　卒3进1　　4. 马八进九　　象7进5
5. 炮八平七　　车1平2　　6. 车九平八　　炮2进4
7. 车一进一　　……

起横车是有计划的战斗部署。应避免演成五七炮弃双兵的战斗变化。

7. ……　　　　　　马8进7(图10-9-1)

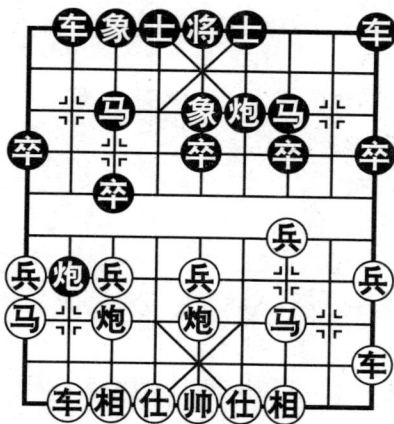

图10-9-1

如图10-9-1形势,红方有(1)车一平七、(2)车一平四两种战法,分述如下:

(1)**车一平七**。

8. 车一平七　　……

"车藏炮后"是许波大师精心设计创新使用的布局飞刀,他曾以此战术战胜河北特级大师李来群。如改走常见的车一平四,详见下局。

8. ……　　　　车9平8　　9. 兵七进一　　……

红冲七兵,准备打通七路线,以下黑方有①炮2平3、②车8进4两种变着,分述如下:

①炮2平3——"伊泰杯"全国象棋个人赛第6轮北京张强对成都李艾东局例。

9. ……　　　　炮2平3　　10. 车八进九　　炮3进2

11. 车八退九　炮3退3　　**12.** 炮五平六　车8进4

在番禺全国象棋团体赛第2轮许波对李来群时,李走士4进5(如炮3平4,则车八进七!),炮六进四,车8进4,炮六平三,红方先手,结果许胜。

此时,黑方经过深思熟虑,升车巡河,李艾东大师设计了弃炮兑7卒的反击方案,力争主动。

13. 相七进五　卒7进1　　**14.** 相五进七　卒7进1

红方如改走兵三进一,则车8平7,相五进七(如车八进四,则马7进6,相五进七,马6进4!),卒3进1,相三进五,卒3平4,黑方均有先手。

15. 相七退五　卒7进1　　**16.** 马三退五　马3进4!

跃马反击,正确! 防红有车八进七的手段。

17. 马五退七　车8平5　　**18.** 车八进四　马4进5

黑方先手马踏中兵,局势已反先。观枰面,红虽多一子,但子力壅塞,偏于一隅;黑各子活跃且多三卒,形势占优。

19. 炮七退一　卒3进1

催卒渡河助阵,红势雪上加霜。

20. 车八进四　车5平4　　**21.** 车八退五　马7进6

22. 炮七平五　卒7平6　　**23.** 相五进七　马5退3

24. 车八平七　马3进5　　**25.** 炮五进五　士6进5

以上一段,双方攻守俱紧,红虽谋得中卒,但缺一相,仍难挽回颓势。

26. 仕六进五　炮6平7　　**27.** 车七进三　马6进7

28. 相三进五　炮7进2

升炮机警,准备向红方右翼底线发动攻击,以下红虽顽强抵抗,但最终在黑方猛烈攻击下认负。

②车8进4——赛事同上,四川黄仕清对上海谢靖局例。

9. ……　　　　车8进4

黑方左车巡河也是一种走法,较直接走炮2平3相对缓和一些。

10. 兵七进一　炮2平3　　**11.** 炮七平六　车2进9

12. 马九退八　车8平3　　**13.** 仕六进五　炮6进4

黑左炮过河,结成担子炮,准备下一手压马打相,实施反击,紧凑有力之着。

14. 马三进四　　……

红方跃马盘河,刻不容缓的一手。如改走马八进九,则炮7平8,相三进一,马3进4,红势受制。

14. ……　　　　车3进1　　**15.** 炮六进五　车3平6

车吃红马与红交换,无奈之着,否则中路受攻。

16. 炮六平三　马3进4　**17.** 马八进九　士6进5

18. 炮五进四　炮6平8　**19.** 马九进七　马4进3

20. 炮五平一　车6退3　**21.** 炮三进一　车6退1

22. 炮三退一　车6平9　**23.** 炮一退二　……

这一段黑车频捉红方双炮,显得过于消极,现红炮退至巡河好位,下一手准备兵五进一,打破红车被黑方马炮封锁的尴尬局面,黑方的"消极"帮了倒忙。

23. ……　　车9进1　**24.** 兵五进一!　马3退4

25. 兵五进一

红车解封,中兵渡河助战,得理不让人,结果胜。

(2)**车一平四**——赛事同上,河北陈翀对河北张江局例(接图10-9-1)。

8. 车一平四　……

红车平肋捉炮,是一种常规的攻法。

8. ……　　士6进5　**9.** 车四进三　车9平8

10. 兵九进一　……

红挺九兵活马,不如兵七进一(同样活通马路)积极,以下黑如车8进4,则仕六进五,黑方不能卒7进1活通左马,红方可战。

10. ……　　车8进4　**11.** 兵七进一　炮2平3

红进七兵被黑平炮兑车有机可乘,还是改走仕六进五为宜。

12. 车八平九　……

躲车软弱。不如改走炮七平六,车2进9,马九退八,下有马八进九的先手,好于实战着法。

12. ……　　炮3平1　**13.** 车九平八　车2进9

14. 马九退八　炮1进3

黑沉底炮攻相,局势已反先。

15. 马八进九　车8平4　**16.** 兵七进一　车4平3

黑车吃兵稳健。如改车4进5,则帅五进一,车4平3,车四平七,双方对攻,红势不弱。

17. 炮七进一　马3进4　**18.** 车四平六　炮6进5

19. 炮五平七　车3平2　**20.** 马九退七　炮1退3

21. 仕四进五　炮6进1　**22.** 马七进五　……

红马进中,自乱阵形,还是以改走马七进九为宜。

22. ……　　炮1进3　**23.** 帅五平四　……

出帅帮黑走棋,是一步开门揖盗的坏棋。

23.…… 炮6退6 **24.** 帅四平五 车2进3

黑方占据主动,结果胜。

【小结】 此布局中,许波大师"车藏炮后"的布局飞刀,遇到李艾东大师的"弃马金枪",可见不谙此道者必将"中刀身亡"。从所列实战看,"金枪"制"飞刀"是不争的事实。(1)变之②黑车8进4巡河,不如直接炮2平3后,祭出"弃马金枪"的绝招为妙。笔者认为,"飞刀"对"金枪"的布局,仍有发展空间,期望更新的招法早日浮出水面。(2)变红车一平四曲线出击,攻势受到遏制,黑方可从容应战。

第3局　五七炮弃双兵对反宫马左象

1. 炮二平五　马2进3　　　**2.** 马二进三　炮8平6

3. 车一平二　马8进7　　　**4.** 兵三进一　卒3进1

5. 马八进九　象7进5　　　**6.** 炮八平七　车1平2

7. 车九平八　炮2进4　　　**8.** 兵七进一　卒3进1

9. 兵三进一　卒7进1　　　**10.** 车二进四(图10－10－1)　……

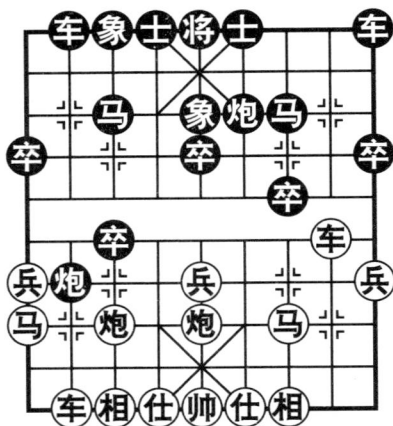

图10－10－1

至此,形成五七炮弃双兵对反宫马右炮封车的典型局面。此变例从20世纪80年代至今经久不衰,内容丰富,变化复杂,深受棋手喜爱。

如图10－10－1形势,黑方主要有(1)炮2平3、(2)卒7进1两种应法,分述如下:

（1）**炮2平3**。

10. ……　　　　　炮2平3

平炮兑车是激烈的对攻下法。

11. 车八进九　　……

此外亦有车八平九躲车,则炮6进4,车二平七,马3进4,兵五进一(如车七平六,则马4进2,马九进七,马2进3,车九进二,炮6平3,车九平七,炮3退2,均势),炮6平7! 相三进一,炮3平6,兵五进一,马4进5,车七平四,马5进3,车四退一,炮7平1,马九退八,车2进8,黑方夺得主动。

11. ……　　　　　炮3进3　　**12.** 仕六进五　　马3退2

13. 炮五进四　士6进5　　**14.** 炮五退一　马2进3(图10-10-2)

如图10-10-2形势,红方主要有①相三进五、②车二平四、③炮七平六三种战法,分述如下:

①相三进五——"锦州杯"全国象棋团体赛第5轮青岛张锴对吉林张伟局例。

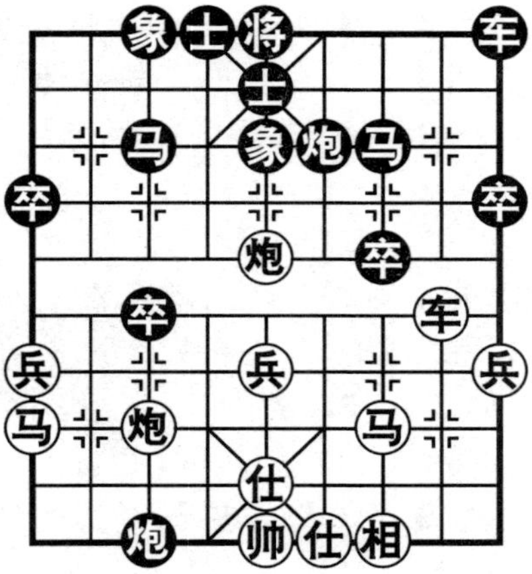

图10-10-2

15. 相三进五　卒3进1　　**16.** 马九进七　炮3退3

17. 车二平四　　……

平车捉炮,逼黑左车保炮自堵将门,红方的用意,参见下局介绍。

17. ……　　　　　车9平6　　**18.** 车四平七　马3进5

19. 车七退一　炮6进6

"缺相怕炮攻",黑方挥炮进入红阵下二路,紧凑、有力,盘面黑方已占优。

20. 炮七平八　车6进4　　**21.** 兵五进一　将5平6

22. 炮八进三　　马5进3　　**23.** 炮五进三　　车6退1

24. 炮五平二　　马3进5

红方虽保一仕,却丢中兵,并不便宜。

25. 车七平五　　马5退3　　**26.** 炮八退三　　将6平5

27. 炮二退八　　车6平5

黑方强行兑车,残局阶段凭借7卒渡河助战,劫得一子,结果获胜。

②车二平四——"蒲县煤运杯"全国象棋个人赛第9轮河北苗利明对上海胡荣华局例(接图10-10-2)。

15. 车二平四　　车9平6　　**16.** 相三进五　　卒3进1

17. 马九进七　　炮3退3　　**18.** 车四平七　　马3进5

至此,与上局变化殊途同归。

19. 车七进五　　……

不吃炮而吃象,积极进取的战法,较为凶悍。

19. ……　　　　炮3退4

退炮正着。如改走马5退3,车七退二!炮6平3,炮七进五,马7进5,炮五进二,士5进4,炮七进二,将5进1,炮七平四,将5进1,兵五进一,红占优。在这个变着中,若不是黑车自堵将门,只需将5平6化解,不会造成丢车的局面,由此可见车二平四捉炮的深远意义和作用。

20. 炮五进二　　士5进4　　**21.** 炮五平三　　……

如不打马而改走炮七平六,则将5进1,炮五平三,马5退7,马三进四,炮6平5,马四进六,车6进4,马六进七,车6平3,以下与本局实战相同。

21. ……　　　　马5退7　　**22.** 炮七平六　　……

如改走马三进四,炮6平5,马四进六,马7退5!车七平八,炮5进5,帅五平六,炮3进2,车八退四,炮3退3,黑方多子占优。

22. ……　　　　将5进1　　**23.** 马三进四　　……

进马正确,如改走炮六进七,将5平4,马三进四,炮6平5,马四进六,车6进4,马六进七,车6平3,黑方多子占优。

23. ……　　　　炮6平5　　**24.** 马四进六　　车6进4

25. 马六进七　　车6平3　　**26.** 车七退一　　将5退1

27. 炮六平八　　将5平6

黑如改走马7进5,则炮八进七,士4进5,车七进一,士5退4,车七平六,将5进1,马七退九,双方对攻激烈,各有千秋。

28. 炮八进七　　炮5退2　　**29.** 炮八平五

红兑炮后,局势简化,终成和局。

红如不兑炮改走车七平三,车3退2,车三进一,将6进1,炮八平五,马7进5,车三退三,马5进4,车三退一,车3进4,兵五进一,红方较优。

③炮七平六——"启新高尔夫杯"全国象棋甲级联赛第17轮江苏徐超对开滦宋国强局例(接图10-10-2)。

15. 炮七平六 ……

平六路炮以车胁卒,也是一种战法,可根据具体情况选择应用。

15. …… 炮3退2 　　**16.** 炮六退一 卒3进1

17. 马九进七 车9平8 　　**18.** 车二平四 炮6进2

19. 炮六平七 ……

如改走炮六进六,则马7进5,炮六进一(如车四进一,士5进4,车四平三,士4退5,车三退一,车8进4,兵五进一,炮3平2,双方互缠),炮6退4,车四进二(如炮五进二,士5进6,车四进三,车8进1,红方失子),车8进6,马七进五,炮3退4,车四退四,卒7进1,炮五进二,士5进6,车四平七,车8退5,车七进四,车8平4,各有千秋。

19. …… 马3进5

也可改走车8进3,红如接走兵五进一,马3进5,马三进五,炮3平8,马五进七,马5进3,后马进九,象3进1,黑方足可抗衡。

20. 马三进二 车8进3 　　**21.** 仕五进四 ……

红方扬仕,伏马二进四,车8平6,炮七平四夺子的手段。如改走兵五进一,卒7进1,车四平三,炮6退4,相三进五,炮6平7,车三平四,马5进3,黑可抗争。

21. …… 卒7进1 　　**22.** 车四平三 炮6平8

23. 马七进九 炮3退5 　　**24.** 炮七进五 车8退3

25. 马九进八 炮3平2

红方主动,惜以后走误,黑胜。

(2)**卒7进1**——"锦州杯"全国象棋团体赛第7轮黑龙江二队李洪全对甘肃刘勇局例(接图10-10-1)。

10. …… 卒7进1

弃卒是最新变化。

11. 车二平三 马7进6 　　**12.** 车三平七 车9平7

黑方反弃双卒,争得平车象位牵制红方三路马的手段,丰富了双弃兵的变例。

13. 炮七进五 ......

如改走马三进四,车7进5,炮七进五,炮6平3,炮五进四,士6进5,相三进五,车7平8,至此黑车对红方河沿车马形成了牵制,下着伏有车2进3提炮的反击之着,可与红方对抗。此变例在2006年全国体育大会和象甲联赛中得到证明。

13. ......　　炮6平3　　**14.** 炮五进四　士6进5

15. 马三进二　马6进5!

红方进马邀兑,意在左车右移控制黑方左翼,是一步新着;黑弃炮马踏中兵,颇有胆识!

16. 车七进三　车2进3　　**17.** 相七进五　马5退4

18. 车七退二　车2平5　　**19.** 车七平六　炮2平5

20. 仕六进五　车7进9

黑方弃炮的结果是赢得一相和中路的攻势。

21. 马二进四　车7退1　　**22.** 车六进一　......

如改走车八进三,则黑炮5进2,仕四进五,车5进4,红方立溃。

22. ......　　车5平4　　**23.** 马四进六　炮5平8

24. 马六进七　将5平6　　**25.** 车八进六　炮8进3

26. 相三退三　士5进6　　**27.** 车八平一　车7进1

以后黑仕沉底车炮的攻势,巧妙战和。

【小结】 五七炮双弃兵对反宫马左象的攻守战法,变化复杂,究竟孰优孰劣,至今棋坛尚无定论。本局演至图10-10-1形势,(1)变中所列①②③变例,因双方对攻激烈,虽为黑两胜一和,但红方若攻守得宜,机会仍较多;(2)变黑方反弃双卒,是新招,开五七炮双弃兵对反宫马变例之先河,推动了此布局的发展,所列局例证明,黑反弃双卒,可取得与红方分庭抗礼之局面。

第四节　五八炮对反宫马

第1局　五八炮进七兵对反宫马挺7卒

1. 炮二平五　马2进3　　**2.** 马二进三　炮8平6

3. 车一平二　马8进7　　**4.** 兵七进一　......

红挺七兵是常见的攻法之一,如改走兵三进一,见下局。

4. ……　　　卒 7 进 1　　**5.** 炮八进四　……

红方进炮打卒,逼黑方补士象后,可争到马八进七这步棋,以消除黑方士角炮限制红马正起的作用。至此,形成五八炮进七兵对反宫马布局阵势。

5. ……　　　象 3 进 5　　**6.** 马八进七　……

红如急于贪卒改走炮八平五,黑则马 3 进 5,炮五进四,士 6 进 5! 马八进七,车 1 平 3,兵五进一,卒 3 进 1,兵七进一,车 3 进 4,马七进五,炮 6 进 1,车九平八,炮 2 平 3,炮五平八,炮 6 平 5,仕六进五,马 7 进 6,黑方反占先机。

6. ……　　　士 4 进 5　　**7.** 炮八平五(图 10 - 11 - 1)　……

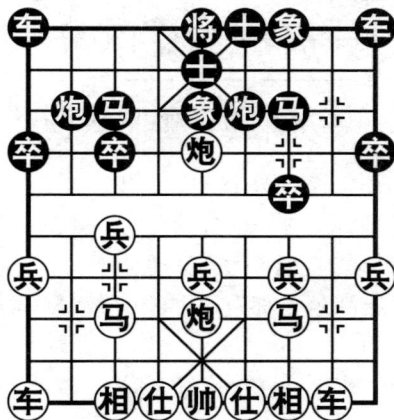

图 10 - 11 - 1

红炮击中卒,是简明有力的下法,另有马七进六和兵五进一两种攻法,简介如下:①马七进六,车 1 平 4,马六进五,马 7 进 6,兵五进一,车 4 进 6,兵五进一,马 6 进 7,马五进七,炮 6 平 3,车二进六,炮 3 进 3,车二平七,炮 3 平 5,仕六进五,车 9 平 8,黑方反先;②兵五进一,车 1 平 4,兵五进一,卒 5 进 1,马三进五,车 9 平 8,车二进九,马 7 退 8,炮五进三,炮 6 进 3,仕六进五,马 8 进 7,相七进五,炮 6 平 5,车九平六,车 4 进 9,帅五平六,马 3 进 5,兵三进一,形成无车残棋,红虽稍先,但取胜困难。

如图 10 - 11 - 1 形势,黑方有(1)炮 6 进 5、(2)卒 3 进 1 两种变着,分述如下:

(1)炮 6 进 5。

7. ……　　　炮 6 进 5

黑方伸炮打马,积极抢先,易引起对攻之势。

8. 马七进六　车 1 平 4　　**9.** 前炮平九　车 4 进 5

10. 车九平八（图 10－11－2）······

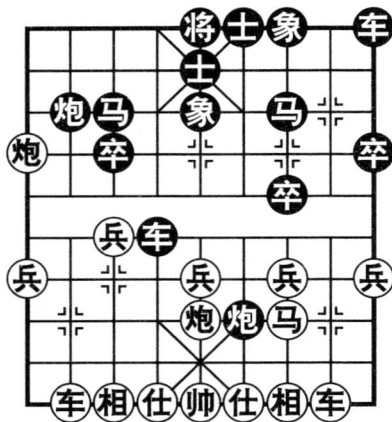

图 10－11－2

红方弃马平车捉炮，谋求左翼抢攻，如图 10－11－2，以下黑方主要有①炮 2 进 5、②炮 2 进 4、③炮 2 退 2 三种应法，分述如下：

①炮 2 进 5——"启新高尔夫杯"全国象棋甲级联赛第 8 轮开滦景学义对四川蒋全胜局例：

10. ······　　　　炮 2 进 5　　**11.** 炮九进三　　车 4 进 1

12. 仕四进五　　车 4 平 1　　**13.** 仕五进四　　炮 2 平 4

黑如改走炮 2 平 6 打仕，则车八进九，士 5 退 4，车八平七，马 3 进 5，车七平八，马 5 退 3，车八平七，马 3 进 5，按 1999 年以前的规则，双方不变判和，黑方可利用规则与红方对抗。但按现在的规则，黑方属于"两打对一打"，应由黑方变着，这也是目前红方兴起此种布局的原因。

14. 车八进二　　炮 4 退 1

红方进车捉炮，好棋！下伏兑车的手段，也是对过去车八进九的改进；黑方如改走炮 4 平 6，则车八进七，又会形成上述"两打对一打"，由黑变着，黑亏，红方占先。

15. 车八平九　　车 1 进 1　　**16.** 相七进九　　车 9 平 8

17. 车二进九　　马 7 退 8　　**18.** 兵五进一　　马 8 进 7

19. 兵五进一

至此，红方多中兵易走，结果胜。

②炮 2 进 4——"大江摩托杯"重庆全国象棋个人赛湖北汪洋对吉林陶汉明局例（接图 10－11－2）。

10. …… 　　　　炮 2 进 4

伸炮兵林邀兑,准备弃还一子以争先,战法稳健。

11. 车八进三 　　**……**

红方选择兑炮,无奈之着。如改走炮九进三,黑则车 4 进 1,车二进六,车 9 平 8,车二平四,炮 6 退 3,下伏炮 6 平 2 打车的手段,形成双方对攻,黑方不乏机会。

11. …… 　　　　马 3 进 1 　　**12. 车八进三** 　　车 9 平 8

13. 车二进九 　　马 7 退 8 　　**14. 车八平九** 　　车 4 平 3

黑方弃还一子,争得这手平车吃兵,局面已近于均势。

15. 兵五进一 　　炮 6 退 4 　　**16. 车九进三** 　　士 5 退 4

17. 兵五进一 　　车 3 平 5 　　**18. 车九退四** 　　马 8 进 7

红方略优,结果战和。

③炮 2 退 2——全国象棋个人赛男子甲级第 2 轮上海万春林对黑龙江赵国荣局例(接图 10 - 11 - 2)。

10. …… 　　　　炮 2 退 2

如改走炮 2 平 1,红则车八进七,炮 6 退 5,车八平九,马 3 进 1,车九进二,士 5 退 4,车九退三,车 4 平 3,车二进六,红方优势。

11. 车二进七 　　车 9 进 2

黑如改走马 7 进 6,则车八进七,车 4 退 3,炮九进三,士 5 退 4,炮九退二,红方优势。

12. 车二平一 　　象 7 进 9 　　**13. 仕四进五** 　　**……**

红方上仕先手捉炮,试探黑方应手,老练!红如直接走车八进七捉炮,黑则炮 6 退 5,炮九进一(红如炮五进五打中象,黑士 5 退 4,炮九进一,象 9 退 7,炮九平七,炮 6 平 3,车八平七,象 7 进 5,车七平五,马 7 退 5,形成红方少子、黑退马窝心互有牵制的局面),象 9 退 7,炮九平七,炮 6 平 3,车八进二,士 5 退 4,车八退二,炮 3 进 3,炮五进五,马 7 进 5,相三进五,炮 3 进 2,马三退一,车 4 进 1,双方各有顾忌。

13. …… 　　　　炮 6 退 2 　　**14. 车八进七** 　　炮 6 平 3

平炮打兵兼保马,是疑问手!宜改走车 4 退 3 护马兼保中象,以后不致缺象受攻。以下红如接走炮九进一,则象 9 退 7,炮九平七打马,炮 2 平 3,下伏炮 6 退 3 捉死红炮的手段,红方无益。

15. 炮五进五 　　士 5 退 4 　　**16. 相三进五** 　　炮 3 退 1

17. 炮五退二 　　炮 2 平 3 　　**18. 炮九进一** 　　车 4 退 3

19. 车八退一 　车4进2　　　**20.** 炮五平七 　车4平3

21. 炮九平三 　马3进5　　　**22.** 炮三平九 　马5进6

23. 马三退一 　车3进5　　　**24.** 车八进三 　马6进5

黑方毅然弃炮换双相抢攻,不愿缺象少卒坐以待毙,势在必拼,结果因少子而落败。

(2)**卒3进1**——第5届"威凯房地产杯"全国象棋排名赛,第2阶段第3轮重庆洪智对上海孙勇征局例(接图10-11-1)。

7. ……　　　　　卒3进1

黑弃3卒,寻求变化的走法。也可改走马3进5,变化与以下实战殊途同归。

8. 兵七进一 　马3进5　　　**9.** 炮五进四 　车1平3

10. 车九平八 　车3进4　　　**11.** 马三退五 　……

红退右马,保持变化。如改走马七进六,则车3平4,车二进四,车9平8,车二平四,车8进3,车八进六,炮6退1,车四进四,车8平5,车八进一,车4进1,局势迅速简化。

11. ……　　　　　马7进6

黑左马盘河是一种应法,另有两种着法:①车3退1,马七进六,车3平4,马五进七,车9进2,炮五退一,炮2平4,车二进四,车9平8,车二平四,马7进8,车八进九,炮4退2,马六进八,车4进1,炮五进一,红优;②车9进2,车二进六!马7进6,车八进六,车3平4,马七进八,炮2进3,车八退二,马6进5,马五进四,马5退6,车八进五,车4退4,车八平六,将5平4,炮五退一,红方主动。

12. 车八进六 　车3进2　　　**13.** 炮五退一 　车9进2

14. 车二进六 　马6进7　　　**15.** 相七进五 　……

红方补相不如改走车八平九吃卒摧杀实惠。但不宜走车二平七兑车,否则,马7进8,马五进四,马8退6,帅五进一,马6退4,帅五退一,马4退5,车七退三,马5进6,黑一车换马炮不难走。

15. ……　　　　　车3退2　　　**16.** 炮五进一 　车9平7

17. 马七进六 　马7进6　　　**18.** 车八平九 　炮2平4

19. 炮五进二 　……

红方弃炮轰士,下伏马六进五踩双车的手段,是迅速加强主动的好手!

19. ……　　　　　车7退1

黑如误走车3平4,则炮五平六,炮4进3,车九进三,将5进1,车二进二,炮6退1,炮六平四,红方速胜。

20. 车二平四 炮6平7 **21.** 相三进一 车7平5

黑平车吃炮无奈,如改走马6退7,则车九进三,炮4退2,车四进三,将5平6,车九平六,将6进1,炮五平三,红方得子胜定。

22. 车四退五 车3平4 **23.** 马六进四 炮7平8

黑如改走车5平6,则马四进五踩象,红方大占优势。

至此,黑缺士少卒,结果红胜。

【小结】 五八炮进七兵对反宫马挺7卒,红方进炮射卒,先声夺人,并争得左马正起,创意新颖,战法积极可取。(1)变红方弃子战术有很强的实用价值,并在全国大赛上屡建战功;(2)变黑方先弃3卒后,用马换炮抢先活车,以后左马盘河出动左翼兵力,若能恰当安排左车出路,足可与红方周旋。

第2局 五八炮进三兵对反宫马挺3卒

1. 炮二平五 马2进3 **2.** 马二进三 炮8平6
3. 车一平二 马8进7 **4.** 兵三进一 车9进1

红方进三兵制黑左马头,合乎棋理;黑方起横车,也是反宫马的一种基本定式。除此之外,黑方此局面下常见的走法是卒3进1。

5. 炮八进四 ……

红方飞炮过河打中卒,先发制人,颇具针对性,战法强劲、有力。除此之外,另有兵七进一或马八进九的下法,简介如下:①兵七进一,车9平4,炮五平四,车4进3(如车4进5,马八进七,卒3进1,兵七进一,车4平3,相七进五,车3退2,炮八退一,红方主动),马八进七,卒3进1,马三进四,车4平5,马四退六(红退马强手!如误走马四进三?车5平6,炮四进五,炮2平6,红阵失调,黑方易走),车5平4,马六进七,炮2平1,炮八进五,士4进5,车九平八,互缠;②马八进九,车9平4,仕四进五,车4进4,相三进一,卒3进1,炮八平七,车1平2,车九平八,炮2进4,车二平四(红如车二进六,炮6平4,车二平三,象3进5,黑方右翼子力集中,有攻击潜力),士4进5,车四进四,车4平6,马三进四,象3进5,局势平稳。

5. …… 卒3进1(图10-12-1)

如图10-12-1形势,红方主要有(1)马八进七、(2)炮八平三两种战法,分述如下:

(1)**马八进七**——"启新高尔夫杯"全国象棋甲级联赛第1轮四川王跃飞对湖南程进超局例。

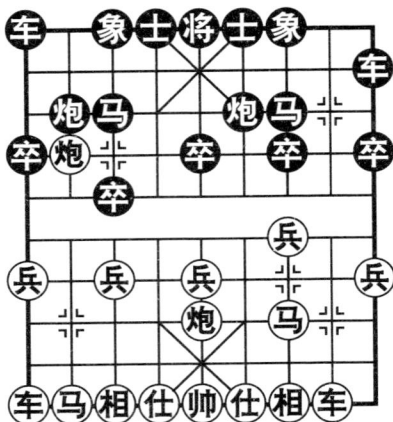

图 10－12－1

6. 马八进七 ⋯⋯

进七路马加强中路攻防,是红方一种下法,另有炮八平三的走法,见下局。

6. ⋯⋯ 车 9 平 4

横车过宫着法积极!

7. 炮八平三 象 7 进 5 　　　**8.** 车九平八 车 1 平 2

9. 炮五平四 ⋯⋯

卸炮整形,稳扎稳打。若攻中路,难以突破。

9. ⋯⋯ 炮 2 进 4 　　　**10.** 车八进二 马 3 进 4

11. 相三进五 马 4 进 3 　　　**12.** 仕四进五 车 2 进 2

13. 车二进六 卒 3 进 1 　　　**14.** 炮三平九 ⋯⋯

似可改走炮三平一打边卒,则马 7 进 9,车二平一,伏炮四进七或车一平五杀中卒,红势不赖。

14. ⋯⋯ 车 4 进 2 　　　**15.** 炮九进二 士 6 进 5

16. 兵三进一 象 5 进 7 　　　**17.** 车二平三 炮 6 退 2

18. 车三退一 炮 6 平 7 　　　**19.** 车八进一 车 2 进 4

20. 车三进二 炮 7 进 7 　　　**21.** 车三退五 车 2 退 5

22. 炮九退一 车 2 进 1 　　　**23.** 炮九进一 卒 3 平 4

以上红方一车换马炮象,黑过河一卒,各有千秋,结果黑胜。

(2)炮八平三(接图 10－12－1)。

6. 炮八平三 象 7 进 5

以下红方出现①车九进一、②马八进九两种战法,分述如下:

①车九进一——全国象棋个人赛男子甲组第3轮黑龙江张晓平对浙江陈寒峰局例。

7. 车九进一 ……

红提左横车,很具针对性,下伏车九平四捉炮的先手。

黑如改走车1平2,车九平四,炮6退1,车二进七,马3进2,马三进二(红如马八进九,卒3进1! 红方左翼先受攻击),炮6平3,炮五平一,卒3进1,马二进一,车9平4,马一进三,士4进5,炮三平一,对攻中红方占先。

8. 车九平四 士4进5 **9. 马八进九?** ……

红方左马屯边,软着,大有疑问! 应立即走车二进八,威胁黑方7路马,逼黑表态。

9. …… **车1平2** **10. 车二进八 炮2进6!**

这两回合黑先抢亮右车,后进炮点相眼,下伏将5平4攻击红方底仕和胁车之恶手。黑方抢先动手发难,击中红方棋形要害!

11. 车四进三 ……

红如改走车四进六吃炮,黑则将5平4,车四平三,车4进8,帅五进一,车4退1,帅五退一,炮2进1,马九退八,车4进1,帅五进一,车2进8,连杀,黑速胜。

11. …… **炮2平1** **12. 仕四进五 车4进7**

黑车进相腰,切断红相联系,集结主力猛攻。

13. 炮五平四 马3进4 **14. 车四退一 车2进9**

15. 炮四进五 车2平3!

下伏炮1进1绝杀手段,红如接走帅五平四,则车4平5杀仕喂车妙手擒王! 黑胜。

②马八进九——第2届"常家庄园杯"全国象棋冠军混双赛第6轮王琳娜/赵国荣组合对伍霞/胡荣华组合之局例。

7. 马八进九 ……

红马屯边缺乏针对性。

7. …… **车1平2** **8. 车九进一 炮6进5**

黑方进炮,骚扰红阵,也有伺机调整阵形之意。

9. 车九平六 炮6平1 **10. 相七进九 炮2进7**

黑方沉炮叫将寻求对攻。如改走马3进2,车六进二,车2进1,炮五平六,局势相对平稳。

11. 相九退七 炮2平1 **12. 车二进七 车2进9**

黑方弃马沉车攻相,继续贯彻对攻思路。如改走马 7 退 5,则车六进七,红亦大占优势。

13. 车二平三　车 2 平 3

如改走炮 1 平 3,仕六进五,黑无续攻手段。

14. 车六进六　车 3 退 3

黑应改走士 6 进 5,红如接走炮五进四,则将 5 平 6,车六平七,炮 1 平 4,相三进五,车 3 平 2,车七平八,车 2 退 7,帅五平六,既显顽强,也好于实战。

15. 仕六进五　车 3 进 3　**16.** 仕五退六　士 6 进 5

17. 炮五进四　车 3 退 1　**18.** 仕六进五　将 5 平 6

19. 车六平七　车 3 进 1　**20.** 仕五退六　车 3 平 2

21. 车七退一

红方多子占优,结果胜。

【小结】　此布局列举的红方两种战法,(1)变红卸中炮后,攻法缓慢,黑方得机右炮封车、调兵遣将,足可与红抗衡;(2)变中红提左横车,针对性强,战法可取,只要注意及时用右车威胁黑方 7 路马,应能获得理想之势。但这种战法在各类大赛中使用较少,其优劣不便轻易下结论,并有待在以后的实战中充实和发展。

第五节　中炮对反宫马参考布局

第 1 局　　五六炮对反宫马——红进七兵对黑挺 7 卒右炮压马

1. 炮二平五　马 2 进 3　　**2.** 马二进三　炮 8 平 6

3. 车一平二　马 8 进 7　　**4.** 兵七进一　卒 7 进 1

5. 炮八平六　炮 2 进 6(图 10－13－1)

红平炮士角准备续走马八进七布成五六炮正马式,黑挥炮压马是一步凭棋感走出的新招!从对局进程看,此招并不理想。常见应法多走车 1 平 2,以下马八进七,炮 2 平 1,马七进六,士 6 进 5,车九进二,车 9 平 8,车二进九,马 7 退 8,车九平七,象 7 进 5,黑可抗衡,详见下局介绍。

6. 车九进二　车 1 平 2　　**7.** 车二进一!……

好棋!伏车九平八兑车得子的手段,迫黑炮回撤,使其封马计划无法实现,

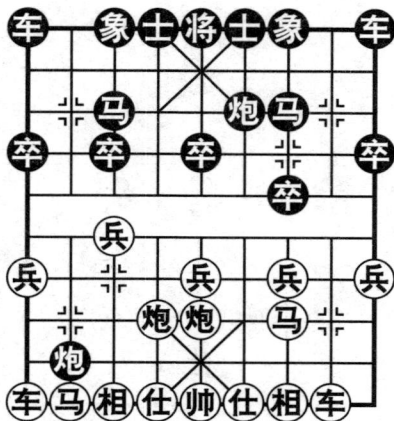

图 10－13－1

压马新招落空。

7. ……　　　炮 2 退 2　　**8.** 兵五进一　炮 6 平 5

9. 车九平七　车 2 进 4　　**10.** 马八进九　车 9 进 1

宜改走车 9 平 8 兑车,则车二进八,马 7 退 8,车七进一,炮 2 退 1,车七平六,炮 2 平 5,仕四进五,马 8 进 7,黑势不弱。

11. 车七进二　车 9 平 4　　**12.** 仕四进五　马 7 进 6

进马嫌急,不如改走炮 2 进 1,红若炮五平八,则车 2 进 3,兵七进一,卒 3 进 1,车七进二,车 4 进 1,伏炮 5 退 1 打车还击,好于实战。

13. 车二平四　车 4 进 3

红车平肋钉马,伏兵七进一得子的巧着;黑伸车河口,恶手,顿使局势更加恶化。

14. 马九退七　炮 2 进 2　　**15.** 车四进三　马 6 退 7

16. 车四进四　炮 2 退 1　　**17.** 马七进六　炮 2 平 5

18. 相三进五　车 4 平 6　　**19.** 车四平七　马 7 退 5

20. 兵七进一　卒 3 进 1　　**21.** 兵五进一　……

连弃两兵,吹响进军号,撕开黑方防线。

21. ……　　　炮 5 进 2

22. 马六进七　车 6 退 2

23. 前车平六(图 10－13－2)

如图 10－13－2 形势,红马挂角后势不可当,黑方难逃此劫,最后红方获胜。
本局例选自北京张申宏对广东宗永生的实战。

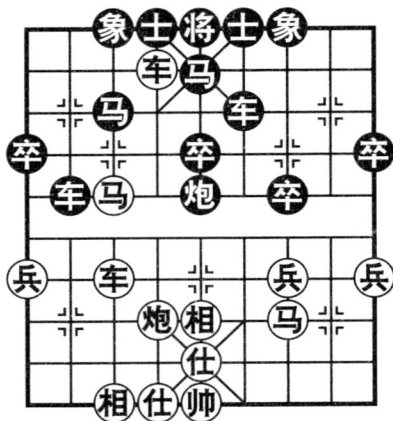

图 10－13－2

【小结】 此布局,黑方挥炮压马新招虽被红方化解,但第10回合如选择车9平8兑车,局面将会有所改观,新招给红方提出新的研究课题,其效果有待更多实战的检验。

第2局 五六炮对反宫马——红进七兵先锋马对
黑平炮亮车补左士

1. 炮二平五　马2进3　　**2.** 马二进三　炮8平6

3. 车一平二　马8进7　　**4.** 炮八平六　车1平2

5. 马八进七　炮2平1　　**6.** 兵七进一　卒7进1

7. 马七进六　士6进5(图10－14－1)

如图10－14－1形势,黑补左士是经典的对抗手段。若补左象,黑方构思了一套弃马取势的布局飞刀!此着由杨德琪大师在"九天杯"第5届象棋大师赛上弈出,见以下括号内评注。现将2004年全国个人赛万春林先和张江的实战介绍如下:象7进5,车二进六,车2进6,仕六进五(以往红方多走仕四进五或车九进二),士6进5,车二平三,车9平7,兵七进一,车2退1,马六进七(新式飞刀!红如改走马六进四,则卒3进1,车三进一,车7进2,马四进三,卒3进1,马三退四,炮6进1,下伏车2退1捉死红马弃马取势之"飞刀"),车2平3,马七进九,象3进1,炮五进四,马3进5,车三平五,象1进3,车五平三,炮6进6!车九平八,炮6平7!黑方足可抗衡。

8. 车九进二　象7进5

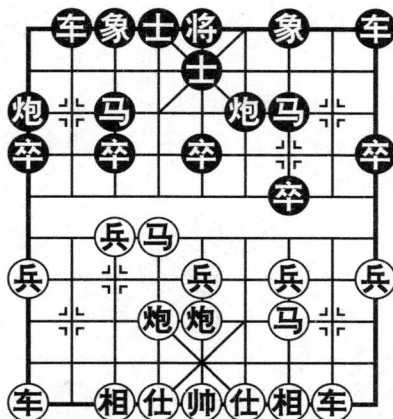

图 10－14－1

黑方亦可车 9 平 8 兑车,则车二进九,马 7 退 8,车九平七,象 7 进 5,车七进一,马 8 进 7,兵五进一,车 2 进 4,兵五进一,卒 5 进 1,马六进七,炮 6 进 3,车七平五,炮 6 平 5,炮五进二,卒 5 进 1,车五进一,炮 1 进 4,双方呈均势。

9. 车二进六　　　车 2 进 6　　**10.** 车二平三　　车 2 平 4

黑方平车与红方对捉马,是葛维蒲大师首创的着法,感觉迟缓,难见成效。不如改走车 9 平 7,红如兵七进一,车 2 退 1,马六进四,卒 3 进 1,还原成上述弃马取势之飞刀式,没有不满,足可一战。

11. 马六进四　　马 7 退 8　　**12.** 炮五退一!……

退炮活用"鸳鸯炮",这是于幼华构思巧妙的一把布阵飞刀!精致、含蓄、匠心独运,暗助红马窥槽取势。黑如接走车 4 退 2,则马四进六,车 4 退 1,炮五平六打死黑车,红胜定。

12. ……　　　　　马 8 进 9　　**13.** 车三平一　　马 9 退 7

14. 车一平三　　马 7 进 9　　**15.** 车三平一　　马 9 退 7

16. 车一平三　　马 7 进 9　　**17.** 车三平二　　车 9 平 8

18. 车二平一　　马 9 退 7　　**19.** 炮五平六　　车 4 平 2

20. 马四进六　　炮 6 退 1　　**21.** 车一平三　　马 7 进 9

22. 车三平四　　炮 1 退 1　　**23.** 车九平七　　马 9 进 8

24. 车四平三　　车 2 进 2　　**25.** 后炮平七　　卒 1 进 1

黑方 3 路线不堪重负,且看于幼华的进攻技巧。

26. 兵七进一　　炮 1 平 3　　**27.** 炮六退一　　车 2 退 2

28. 车七平六　　……

红方运子功夫老到,以下黑如车2平3,则炮七进一,伏炮六平七,红方攻势如火如荼。

28.…… 马3进1 **29.车三平五** 车2平3

如改走马1进3,则马六进七,炮6平3,车五平七,黑要丢子。

30.炮七进一(图10-14-2)

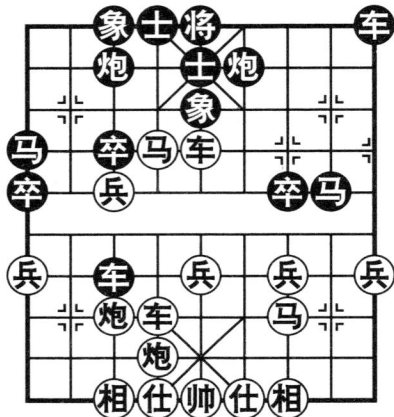

图10-14-2

如图10-14-2形势,黑方3路线告急,红方进攻手段多多,最后红方获胜。本局例选自黑龙江于幼华先胜浦东葛维蒲的实战。

【小结】 此布局,红方第12回合炮五退一的布局飞刀,构思巧妙,黑方第10回合车2平4捉马新招难以成立。欲与红方抗衡,黑需另辟蹊径。

第3局　五七炮对反宫马——五七炮进三兵对反宫马左象

1.炮二平五 马2进3 **2.马二进三** 炮8平6

3.车一平二 马8进7 **4.兵三进一** 卒3进1

5.马八进九 象7进5 **6.炮八平七** 车1平2

7.车九平八 炮2进4 **8.兵五进一**(图10-15-1) ……

此时冲中兵是步新招!常见的着法有两种:①兵七进一,卒3进一,兵三进一,卒7进1,车二进四,形成典型的五七炮弃双兵变例,变化见下局;②兵九进一,士6进5,兵五进一,车9平6,炮五平四,车6平7(如炮6进7轰仕,则相三进五,红方易走),车八进一,红仍持先。

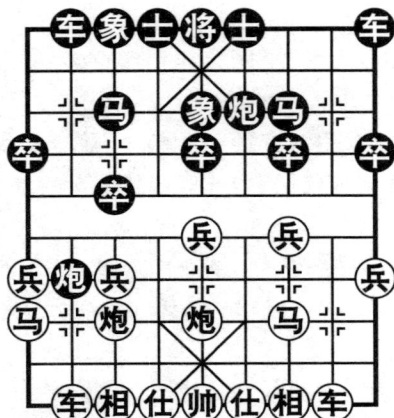

图 10 - 15 - 1

8.……　　　　士 4 进 5　　**9. 兵七进一**　　……

针对黑方补右士（通常补左士），弃兵准备进车兵林捉炮争先，战法积极。

9.……　　　　车 3 进 1　　**10. 车二进三**　炮 2 退 1

11. 兵五进一　卒 5 进 1　　**12. 马三进五**　卒 3 平 4

13. 兵九进一　炮 2 进 3

红进边兵捉炮，反使八路车被压。宜走炮五进三打中卒，可以满意。

14. 马五进四　……

上马嫌急，仍可选择炮五进三。

14.……　　　　炮 6 进 1

15. 马九进七　卒 4 平 3

16. 炮四进二　炮 2 退 2

17. 马七退六　……

退马欲争先反受其累，因下一手黑退炮打马，伏炮 6 平 2 打车，反先夺势。应改走车二进四捉马，足可一战。

17.……　　　　炮 2 退 2

18. 车二平五　炮 6 平 2

19. 车五进二（图 10 - 15 - 2）

至此，如图 10 - 15 - 2 形势，红方虽弃车抢攻，背水一战，但难挽败局，最后黑方妙手

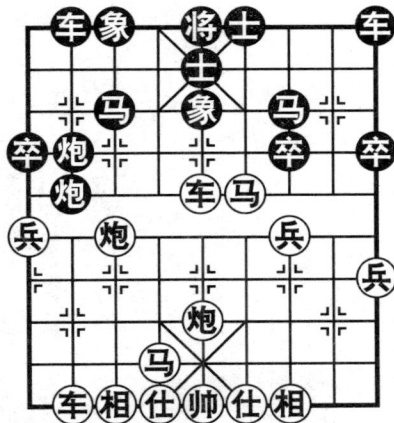

图 10 - 15 - 2

获胜。

本局例选自"启新高尔夫杯"全国象棋甲级联赛第 11 轮湖南程进超先负上海孙勇征的实战对局。

【小结】 此布局红方采用兵五进一的新招,最后虽然落败,但实战中如应对工整,亦不乏机会。因此需继续探索,并需经实战加以丰富和检验。

第 4 局　五七炮对反宫马——五七炮弃双兵对反宫马左象

1. 炮二平五	马 2 进 3	2. 马二进三	炮 8 平 6
3. 车一平二	马 8 进 7	4. 兵三进一	卒 3 进 1
5. 马八进九	象 7 进 5	6. 炮八平七	车 1 平 2
7. 车九平八	炮 2 进 4	8. 兵三进一	卒 7 进 1

至此,双方形成五七炮进三兵对反宫马左象的基本阵势。飞左象是对飞右象的重要改进,它使右翼空虚的弱点得到了弥补。这一着法首次出现在河北刘殿中对辽宁赵庆阁之战中,以后发展迅速,其变化复杂,对攻激烈,此战法一直沿用至今。

9. 兵七进一　卒 3 进 1　　10. 车二进四(图 10 - 16 - 1)　……

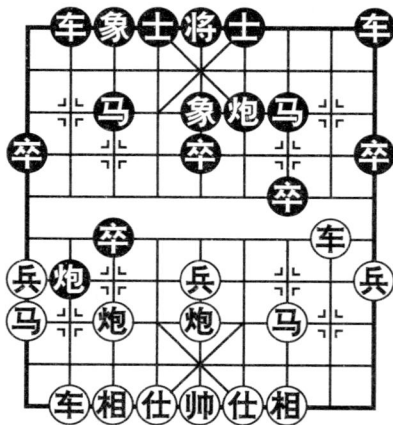

图 10 - 16 - 1

红方先弃七兵、献三兵,然后升车巡河捉卒,配合七路炮攻击黑方 3 路马,次序井然,战法积极,俗称"五七炮弃双兵",如图 10 - 16 - 1。

10. ……　　　炮 2 平 3

平炮打相兑车,强硬的对攻之态。另有两种变着,简介如下:①卒3平2,兵九进一,炮6进4,车二平八,车2进5,马九进八,炮6平7,马八进七,炮7进3,仕四进五,炮3平3,马七进五,象3进5,炮七进五,车9平8,车八进三,炮3进2,炮七平三,炮7平9,车八平七,车8进9,马三退四,车8退6,马四进三,炮3平4,炮五平八,双方对攻,红方多子占优(这是广东许银川先胜河北阎文清的实战);②士6进5,车二平七,马3退1,马三进四,车9平8,马四进五,马7进6,仕六进五,车2进3,车七退一,炮2进2,兵五进一,卒7进1,兵五进一,马6进7,马五进三,车8进6,马三退四,炮2平1,车八进六,马1进2,双方互缠,各有千秋(这是"益谦杯"象棋网络友谊赛中出现的新变化)。

11. 车八进九 ……

如改走车八平九躲车避兑,以下炮6进4,车二平七,马3进4,兵五进一(如车七平六,马4进2,马九进七,马2进3,车九进二,炮6平3,车九平七,炮3退2,均势),炮6平7(新招)!相三进一,炮3平6,兵五进一,马4进5,车七平四,马5进3,车四退一,炮7平1,马九退八,车2进8,车九进二(应车四平七,马3进1,车七平九,马1退2,前车平八,车2进2,兵五进一,马7进5,车九进六,和势甚浓),马3进4,炮五进四,马7进5,车四平九,车2进1,前车平七,马5进3,黑方优势。(选自广东许银川先负黑龙江赵国荣的实战)

11. ……	炮3进3	**12.** 仕六进五	马3退2
13. 炮五进四	士6进5	**14.** 炮五退一	马2进3
15. 车二平四	……		

平车捉炮变化复杂激烈,如改走炮七平六或相三进五,则变化相对缓和。选择何种战法由红方根据喜好选择。

15. ……	车9平6	**16.** 相三进五	卒3进1
17. 马九进七	炮3退3	**18.** 车四平七	马3进5
19. 车七进五	炮3退4		

红方杀象抢攻,战法可取。如改走车七退一吃炮,则炮6进6,兵五进一,车6进4,炮七平六,炮6平7,相五退三,卒7进1,炮六进三,车6退2,炮六进三,将5平6,车七进六,马5进3,车七退三,车6进4,马三进五,马7进8,车七平二,马8退6,双方对攻,各有顾忌。(选自江苏言穆江对上海林宏敏的实战)

黑方退炮,正着。如改走马5退3,则车七退二!炮6平3,炮七进五,马7进5,炮五进二,士5进4,炮七进二,将5进1,炮七平四,将5进1,兵五进一,红方占优势。

20. 炮五进二	士5进4	**21.** 炮五平三	……

如不打马而改走炮七平六,则将5进1,炮五平三,马5退7,马三进四,炮6平5,马四进六,车6进4,马六进七,车6平3,以下与本局实战殊途同归。

21.……　　　　　马5退7　　22.炮七平六　　……

如改走马三进四,则炮6平5,马四进六,马7退5!车七平八,炮5进5,帅五平六,炮3进2,车八退四,炮3退3,黑方多子占优。

22.……　　　　　将5进1　　23.马三进四　　炮6平5

24.马四进六　　车6进4　　25.马六进七　　车6平3

26.车七退一　　将5退1　　27.炮六平八　　将5平6

可改走马7进5,则炮八进七,士4进5,车七进一,士5退4,足可与红方抗衡。

28.炮八进七　　炮5退2(图10-16-2)

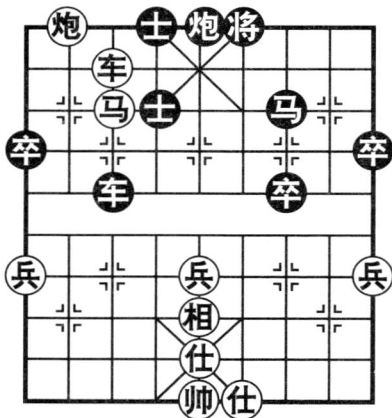

图10-16-2

如图10-16-2形势,红方以下走炮八平五兑炮使黑方局势舒展,最后局势简化成和。不如改走车七平三,以下车3退2,车三进一,将6进1,炮八平五,士4退5,兵五进一,红中兵渡河助战,机会较多。

本局例选自太原全国象棋个人赛第9轮河北苗利明先和上海胡荣华的实战对局。

【小结】　此布局中,黑第27回合如改走马7进5,则演变下去将形成无车棋、多卒略优之势,不会导致图10-16-2的红车七平三捉马较优盘面的出现。综上所述,此布局变化复杂,对攻激烈,双方优劣一时难下定论,有待在实战中继续探索。

第5局　五八炮对反宫马——五八炮进七兵对反宫马

1. 炮二平五　马2进3　　**2.** 马二进三　炮8平6

3. 车一平二　马8进7　　**4.** 兵七进一　炮2平1

平炮准备亮车，是一种创新求变的招法。这是张江大师首试的新招，旨在避开俗套，出奇制胜。流行的走法是卒7进1，炮八进四，士4进5，马八进七，象3进5，炮八平五，另具攻防变化。详见下局。

5. 炮八进四　……

强攻的好手！如改走马八进七，车1平2，车九平八，炮6进5串打，黑方得子；又如马八进九，车1平2，车九平八，黑方满意。

5. ……　　　　车1平2

出车捉炮卖空头抢攻实属无奈。如改走士4进5，则马八进七，车1平2，车九平八，黑右车被封。由于原平边炮尽快亮出右车的想法被破坏，局面更加不利，故出车捉炮，无奈之举。

6. 炮八平五　马3进5　　**7.** 炮五进四　车2进7

进车捉马希望对方飞相，想当然的走法。黑此时及时兑车走车9平8方是上策，虽委屈但好于实战。

8. 车九进二！（图10-17-1）　……

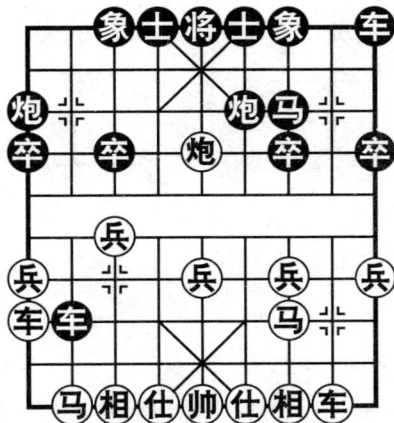

图10-17-1

如图10-17-1形势，红弃马兑车，着法强硬，有胆有识的佳着！如手软走相七进五，则炮6平2，马八进六，车2平4，炮五退二，车4进1，车二进五，车4退6，红方同样失子，局面反而不利。

8. ……　　　车2进2

吃马太贪,犹如放虎出笼,宜走车2平1,马八进九,炮6进4,炮五退二,车9平8,车二进九,马7退8,兑去双车,虽似为红方优势,但残棋战线漫长。

9. 车二进五！	**炮6平2**	**10. 炮五退二**	**炮2进3**
11. 兵七进一	**车9平8**	**12. 车二平六**	**车2平3**
13. 车九平六	**炮1退2**	**14. 相三进五！**	**……**

补相老练,恰到好处！一招化解了黑方车炮侧击,攻不忘守。如急于兵七进一,则车3退4,战炮、沉炮,红反而麻烦。

14. ……	**车3退3**	**15. 仕六进五**	**炮2进4**

16. 帅五平六(图10-17-2)

至此,如图10-17-2形势,红炮镇空门,双车通头,黑方形势严峻。最后红方形成立体攻势,一举获胜。

本局例选自太原全国象棋个人赛男子甲组第5轮重庆洪智先胜河北张江的实战。

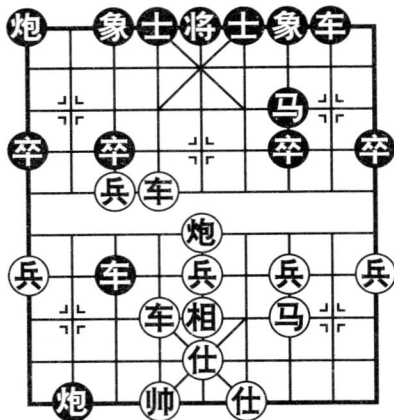

图 10-17-2

【小结】　此布局,黑方平边炮的新招受阻于红方炮八进四,即使实战中采取兑掉双车的战法,也是红方胜势。红方空头炮威力太大,黑方需另辟蹊径。

第6局　五八炮对反宫马——五八炮进三兵对
反宫马左横车

1. 炮二平五	**马2进3**	**2. 马二进三**	**炮8平6**
3. 车一平二	**马8进7**	**4. 兵三进一**	**车9进1**

黑起左横车,着法新颖别致,旨在以快速出动强子来弥补7路马头受制的弱点,这也是反宫马的一种基本定式结构。此手黑方常见的走法是卒3进1,马八

进九,象 7 进 5,以下红方多走炮八平六或炮八平七,形成流行的五六炮和五七炮套路,有着较宽的棋路可供选择。

5. 炮八进四　……

红飞炮过河射卒,是近年来较为流行的战法,它简明有力,且颇具针对性。红另有两变均难占优(比赛中已很少出现),简介如下:①兵七进一,车 9 平 4,炮五平四,车 4 进 3(黑如车 4 进 5,马八进七,卒 3 进 1,兵七进一,车 4 平 3,相七进五,车 3 退 2,炮八退一,红方主动),马八进七,卒 3 进 1,马三进四,车 4 平 5,马四退六(争先之强手!如改走马四进三,车 5 平 6,炮四进五,炮 2 平 6,红方阵形失调,黑好下),车 5 平 4,马六进七,炮 2 平 1,炮八进五,士 4 进 5,车九平八,双方互缠;②马八进九,车 9 平 4,仕四进五,车 4 进 4,相三进一,卒 3 进 1,炮八平七,车 1 平 2,车九平八,炮 2 进 4,车二平四(如车二进六,则炮 6 平 4,车二平三,象 3 进 5,黑方右翼子力集中,具有攻击潜力),士 4 进 5,车四进四,车 4 平 6,马三进四,象 3 进 5,局势平稳。

5. ……　　　　卒 3 进 1!(图 10-18-1)

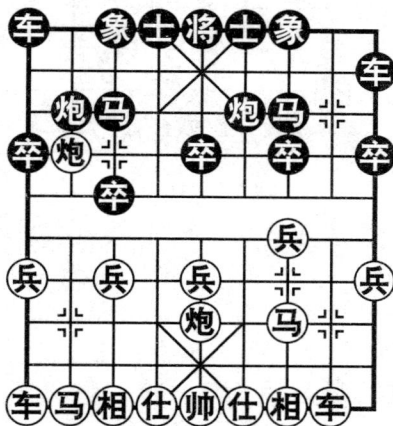

图 10-18-1

如图 10-18-1 形势,黑方挺 3 卒看似与上着起横车的构思自相矛盾,而实际上是黑方赛前精心设计的布局飞刀!此局面下,过去经典理论认为,还架中炮势在必行,即炮 6 平 5,以下马八进七,车 9 平 4,兵七进一,车 4 进 3,马三进四,车 4 平 2(黑如车 4 平 6,则炮八退二,卒 7 进 1,炮五平四,车 6 平 5,车二进四,河沿线上红方重兵集结,黑方显然不利),炮八平五,马 3 进 5,马四进五,炮五平一,炮 5 进 4,仕六进五,虽红方稍优,但黑亦可抗衡。

6. 炮八平三　　象 7 进 5　　**7.** 车九进一　　车 9 平 4

8. 车九平四　　士 4 进 5　　**9.** 马八进九?　……

红左马屯边正中黑方飞刀！欲知如何中刀,且慢慢往下看！

　　9. ……　　　车 1 平 2！

　　黑亮右车看似正常而平淡,实则含蓄凶狠,暗伏炮 2 进 6 点穴、出帅胁士抽车之杀机,并顺势集结火力围攻红方空虚左翼。此招隐蔽,难以察觉,这是浙江大师陈寒峰在全国个人赛第 3 轮执黑对黑龙江大师张晓平从开局伊始所精心设计的,可谓"陈式飞刀"。

　　10. 车二进八　　炮 2 进 6！(图 10 - 18 - 2)

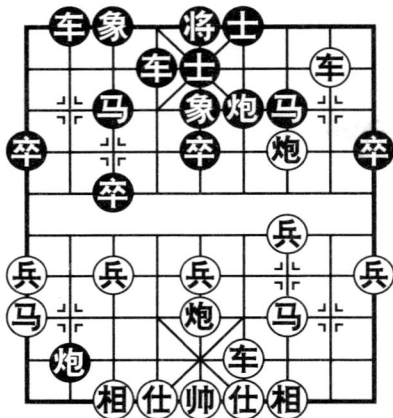

图 10 - 18 - 2

　　如图 10 - 18 - 2 形势,黑方进炮点相眼,一着击中红方棋形要害,至此"飞刀"完全形成,红在劫难逃。

　　11. 车四进三　　……

　　如改走车四进六吃炮,则将 4 平 5,车四平三(如改仕四进五,则士 5 进 6,车二平六,将 4 进 1,红方双车皆无,黑胜定),车 4 进 8,帅五进一,车 4 退 1,帅五退一,炮 2 进 1,马九退八,车 4 进 1,帅五进一,车 2 进 8,连杀,黑速胜。

　　11. ……　　　炮 2 平 1　　**12.** 仕四进五　　车 4 进 7

　　至此,黑方车点相腰,切断红相联系,双车炮形成归边之势。战至第 15 回合,黑妙手擒王。

　　本局例选自太原全国象棋个人赛第 3 轮男子甲组黑龙江张晓平先负浙江陈寒峰的实战。

　　【小结】 此布局飞刀乃目前出现的最新战法,黑方仅用 28 分钟,对弈 15 个回合就杀王制胜,耐人寻味。回想实战,红方第 9 回合若立即走车二进八！威胁 7 路黑马,迫黑表态,黑若仍走车 1 平 2 亮车,红则车二平三,将 5 平 4,马八进七,黑方"飞刀"实难得逞。张大师布局一步随手,招致无穷后患,教训深刻。